Sozialökonomische Schriften zur Ruralen Entwicklung
Socioeconomic Studies on Rural Development
Band/vol. 79

Herausgeber/Editor: Prof. Dr. Dr. Dr. h.c. Frithjof Kuhnen
Schriftleiter/Executive Editor: Dr. Ernst-Günther Jentzsch
Büsgenweg 2, D-3400 Göttingen
Tel. 0551/393902

Arbeit aus dem Institut für Rurale Entwicklung
der Georg-August-Universität, Göttingen

Andreas Budde

Ägyptens Landwirtschaft im Entwicklungsprozeß

— Eine kritische Analyse —

edition herodot

CIP-Titelaufnahme der Deutschen Bibliothek

Ägyptens Landwirtschaft im Entwicklungsprozess : e. krit.
Analyse / hrsg. von Andreas Budde. - 1. Aufl. - Aachen :
Alano-Verl., Ed. Herodot, 1988
  (Sozialökonomische Schriften zur ruralen Entwicklung ; Bd. 79)
  ISBN 3-924007-48-9
NE: Budde, Andreas [Hrsg.]; GT

© 1988 by ALANO Verlag GmbH & Co KG, Kongreßstraße 5, D-5100 Aachen
Programm edition herodot
Herausgeber: Dr. M. Krischke Ramaswamy

Alle Rechte vorbehalten. All rights reserved.
℗ PolyCon, Hardegsen
Printed in Germany.

ISBN 3-924007-48-9

Vorwort

Die vorliegende Arbeit entstand in der Zeit von 1984-1987 am Institut für Rurale Entwicklung der Georg-August-Universität Göttingen.

Für die Betreuung danke ich meinem Doktorvater Prof. Dr. Dr. Dr. h.c. Frithjof Kuhnen, der mich in jeder Hinsicht optimal unterstützte, mir den für die Anfertigung einer Dissertation nötigen wissenschaftlichen Freiraum einräumte und bei Problemen stets wertvolle Ratschläge und Anregungen gab.

Herrn Prof. Dr. Winfried Manig danke ich für die Übernahme des Korreferats und die fruchtbaren Diskussionen, allen anderen Mitarbeitern des Instituts für ihre Mithilfe.

Besondere Erwähnung verdient die Unterstützung meiner Familie, insbesondere meiner Frau und meiner Mutter, die wesentlich zum Gelingen der Arbeit beitrug.

Schließlich gilt mein Dank der Konrad-Adenauer-Stiftung für die finanzielle Förderung.

Abstract

The objective of the present study is to make a contribution to the discussion of the development process and on the importance which is attached to agriculture. This is done by analysing the development in Egypt in view of obtaining as concrete results and evidence as possible though this approach which is specific to the country.

However, to do justice to the fundamental set of problems, the basic structures of the process of social differentiation must first be examined and then the historical and modern literature analysed with a view to ascertaining the role attributed to agriculture in that process. But this examination does not give indications as to the exact development of the analytical procedure determined, primarily, by the planned orientation.

This development is based on the periods of sovereignty and government which, in Egypt precisely, represent significant turningpoints. This historical approach suggests an analysis of the economic, social and agro-political changes.

For the purpose of comparison, the individual government periods are presented according to an uniform pattern and analysed respectively according to a model which is also homogeneous and which is finally applied to the whole period. Whereas the form of the presentation model is based on specific conditions in Egypt, the economic, sociological and agro-political criteria of the analytical pattern are developed by interpreting the appropriate special literature.

The survey of the natural framework conditions prevailing in agriculture in Egypt ist followed by the analysis which starts with the period around 1800, i. e., the final phase of the Mamelukes' reign and the French campaign in Egyt. Then, in succession, the five periods of sovereignty and government of Egypt's modern history are presented and appraised uniformly: Pasha Mohammed Ali' s central government, the Khedives' government, Britsh occupation, the constitutional monarchy and, finally, the Republic.

In the final assessment - which ist also sub-divided according to the discipline - of the whole period, the most important basic patterns of economic, sociological and agro-political development are recorded and thus form the basis of the following final appraisal which ist integrated, i. e., designed to go beyond the discipline. Following the characterization of the most significant guidelines and undesirable trends as well as the relevance of the theories dealt with initially, the study ist concluded by an appraisal of the country's future prospects.

Inhaltsverzeichnis

Vorwort

Inhaltsverzeichnis	I
Tabellenverzeichnis	VI
Schaubilderverzeichnis	VIII

1.	**Grundlagen**	**1**
1.1.	Einführung und Zielsetzung	2
1.2.	Der gesellschaftliche Entwicklungsprozeß	2
1.3.	Die Rolle der Landwirtschaft in den Werken älterer Autoren	6
1.4.	Moderne Aussagen über die Rolle der Landwirtschaft im Entwicklungsprozeß	11
1.5.	Herleitung der analytischen Vorgehensweise	21
1.6.	Natürliche Rahmenbedingungen	26
2.	**Endphase der Mamelukenherrschaft und französischer Ägyptenfeldzug - Der Ausgangspunkt der Analyse (vor 1805)**	**30**
2.1.	Das politische Umfeld	30
2.2.	Agrarsektor und ländlicher Raum	31
2.2.1	Ländliche Besitz- und Sozialstruktur	31
2.2.2.	Bewässerung und landwirtschaftliche Flächen	35
2.2.3.	Die wichtigsten Agrarprodukte	37
2.2.4.	Technik der Landbewirtschaftung	37
2.3.	Wesentliche außerlandwirtschaftliche Bereiche	39
2.4.	Französische Reformbestrebungen	39

3.	**Mohammed Ali - Der Versuch einer gelenkten Entwicklung (1805 - 48)**	**43**
3.1.	Das politische Umfeld	43
3.2.	Agrarsektor und ländlicher Raum	44
3.2.1.	Ländliche Besitz- und Sozialstruktur	44
3.2.2.	Bewässerung und landwirtschaftliche Flächen	50
3.2.3.	Ökonomische Entwicklung des Agrarsektors	52
3.2.4.	Die wichtigsten Agrarprodukte	55
3.2.4.1.	Baumwolle	55
3.2.4.2.	Andere Produkte	57
3.2.5.	Technik der Landbewirtschaftung	58
3.3.	Wesentliche außerlandwirtschaftliche Bereiche	58
3.3.1.	Verkehr und Infrastruktur	58
3.3.2.	Die nichtlandwirtschaftlichen Wirtschaftszweige	59
3.3.3.	Ausländische Einflüsse in Wirtschaft und Politik	61
3.3.4.	Handel mit dem Ausland	62
3.3.5.	Die öffentlichen Finanzen	62
3.4.	Erklärung und Wertung der dargestellten Vorgänge	63
3.4.1.	Ökonomische Interpretation	63
3.4.2.	Soziologische Interpretation	66
3.4.3.	Agrarpolitische Interpretation	69
4.	**Mohammed Alis Nachfolger - Eine Dynastie verspielt ihr Erbe (1848 - 82)**	**73**
4.1.	Das politische Umfeld	73
4.2.	Agrarsektor und ländlicher Raum	74
4.2.1.	Ländliche Besitz- und Sozialstruktur	74
4.2.2.	Bewässerung und landwirtschaftliche Flächen	79
4.2.3.	Ökonomische Entwicklung des Agrarsektors	80
4.2.3.1.	Festigung des marktwirtschaftlichen Systems (1848 - 61)	80
4.2.3.2.	Der Baumwollboom (1861 - 65)	82
4.2.3.3.	Ausbau der Baumwollexportwirtschaft (1865 - 82)	84
4.2.4.	Die wichtigsten Agrarprodukte	85
4.2.4.1.	Baumwolle	85
4.2.4.2.	Andere Produkte	86

4.2.5.	Technik der Landbewirtschaftung	86
4.3.	Wesentliche außerlandwirtschaftliche Bereiche	88
4.3.1.	Verkehr und Infrastruktur	88
4.3.2.	Die nichtlandwirtschaftlichen Wirtschaftszweige	88
4.3.3.	Ausländische Einflüsse in Wirtschaft und Politik	89
4.3.4.	Handel mit dem Ausland	90
4.3.5.	Die öffentlichen Finanzen	92
4.4.	Erklärung und Wertung der dargestellten Vorgänge	92
4.4.1.	Ökonomische Interpretation	92
4.4.2.	Soziologische Interpretation	95
4.4.3.	Agrarpolitische Interpretation	97
5.	**Okkupation - Die Eingliederung Ägyptens ins Britische Empire**	**101**
5.1.	Das politische Umfeld	101
5.2.	Agrarsektor und ländlicher Raum	102
5.2.1.	Ländliche Besitz- und Sozialstruktur	102
5.2.2.	Bewässerung und landwirtschaftliche Flächen	106
5.2.3.	Ökonomische Entwicklung des Agrarsektors	107
5.2.3.1.	Dominanz der Baumwollwirtschaft (1882 - 1914)	107
5.2.3.2.	Krise der Nahrungsmittelproduktion (1914 - 22)	110
5.2.4.	Die wichtigsten Agrarprodukte	112
5.2.4.1.	Baumwolle	112
5.2.4.2.	Andere Produkte	112
5.2.5.	Technik der Landbewirtschaftung	115
5.3.	Wesentliche außerlandwirtschaftliche Bereiche	116
5.3.1	Verkehr und Infrastruktur	116
5.3.2.	Die nichtlandwirtschaftlichen Wirtschaftszweige	116
5.3.3.	Ausländische Einflüsse in Wirtschaft und Politik	116
5.3.4.	Handel mit dem Ausland	117
5.3.5.	Die öffentlichen Finanzen	118
5.4.	Erklärung und Wertung der dargestellten Vorgänge	118
5.4.1.	Ökonomische Interpretation	118
5.4.2.	Soziologische Interpretation	121
5.4.3.	Agrarpolitische Interpretation	124

6.	Konstitutionelle Monarchie - Stagnation und Unfähigkeit zum Wandel (1922 - 52)	128
6.1.	Das politische Umfeld	128
6.2.	Agrarsektor und ländlicher Raum	129
6.2.1.	Ländliche Besitz- und Sozialstruktur	129
6.2.2.	Bewässerung und landwirtschaftliche Flächen	132
6.2.3.	Ökonomische Entwicklung des Agrarsektors	134
6.2.3.1.	Die Agrarwirtschaft in der Krise (1922 - 39)	134
6.2.3.2.	Schwankungen der Agrarkonjunktur (1939 - 52)	137
6.2.4.	Die wichtigsten Agrarprodukte	141
6.2.4.1.	Baumwolle	141
6.2.4.2.	Andere Produkte	144
6.2.5.	Technik der Landbewirtschaftung	145
6.3.	Wesentliche außerlandwirtschaftliche Bereiche	146
6.3.1.	Verkehr und Infrastruktur	146
6.3.2.	Die nichtlandwirtschaftlichen Wirtschaftszweige	146
6.3.3.	Ausländische Einflüsse in Wirtschaft und Politik	147
6.3.4.	Handel mit dem Ausland	148
6.3.5.	Die öffentlichen Finanzen	148
6.4.	Erklärung und Wertung der dargestellten Vorgänge	149
6.4.1.	Ökonomische Interpretation	149
6.4.2.	Soziologische Interpretation	151
6.4.3.	Agrarpolitische Interpretation	153
7.	Republik - 'Arabischer Sozialismus' und Politik der Öffnung (1952 -)	157
7.1.	Das politische Umfeld	157
7.2.	Agrarsektor und ländlicher Raum	158
7.2.1.	Ländliche Besitz- und Sozialstruktur	158
7.2.2.	Bewässerung und landwirtschaftliche Flächen	167
7.2.3.	Ökonomische Entwicklung des Agrarsektors	168
7.2.3.1.	Orientierung an sozialistischen Mustern (1952 - 67)	168
7.2.3.2.	Veränderte wirtschaftliche Vorzeichen (1967 -)	172
7.2.4.	Die wichtigsten Agrarprodukte	179
7.2.5.	Technik der Landbewirtschaftung	180
7.3.	Wesentliche außerlandwirtschaftliche Bereiche	181
7.3.1.	Verkehr und Infrastruktur	181

7.3.2.	Die nichtlandwirtschaftlichen Wirtschaftszweige	181
7.3.3.	Ausländische Einflüsse in Wirtschaft und Politik	182
7.3.4.	Handel mit dem Ausland	184
7.3.5.	Die öffentlichen Finanzen	185
7.4.	Erklärung und Wertung der dargestellten Vorgänge	186
7.4.1.	Ökonomische Interpretation	186
7.4.2.	Soziologische Interpretation	189
7.4.3.	Agrarpolitische Interpretation	191
8.	**Erklärung und Wertung der dargestellten Vorgänge im Gesamtzusammenhang**	**195**
8.1.	Ökonomische Interpretation - konstante Hauptproduktionsrichtung, aber unrationelle Faktorverwendung	195
8.2.	Soziologische Interpretation - starke Beharrungskräfte in den gesellschaftlichen Grundmustern	207
8.3.	Agrarpolitische Interpretation - Übereinstimmung der Ziele, Differenzen bei der Umsetzung	215
9.	**Integrierte Abschlußbewertung - Bilanz und Perspektiven**	**224**
10.	**Zusammenfassung**	**230**
	Literaturverzeichnis	**235**

Tabellenverzeichnis

Tabelle 1:	Veränderungen in der Landverteilung (in Feddan)	48
Tabelle 2:	Typische Drei-Jahres-Rotation mit Baumwolle	58
Tabelle 3:	Entwicklung der Flächen von ushuriya- und kharajiya-Land (Schätzwerte in Feddan)	77
Tabelle 4:	Baumwollanbaufläche und -erträge pro Feddan 1865-74	85
Tabelle 5:	Ägyptens Handelspartner	91
Tabelle 6:	Der ägyptische Außenhandel 1845-79 (jeweils Jahresdurchschnitte)	91
Tabelle 7:	Aufteilung der Gesamtfläche (Privat- und Waqfland) auf unterschiedliche Betriebsgrößen (in v.H.)	103
Tabelle 8:	Entwicklung des Wertes guten Kulturlandes 1882-1912 (in £.E./Feddan)	108
Tabelle 9:	Entwicklung der Preisindices verschiedener Waren 1913-22 (Jahresdurchschnitt)	111
Tabelle 10:	Zwei-Jahres-Rotation mit Baumwolle	115
Tabelle 11:	Aufteilung der Gesamtfläche (Privat- und Waqfland) auf unterschiedliche Betriebsgrößen (in v.H.)	129
Tabelle 12:	Entwicklung verschiedener Arten von Pacht	131
Tabelle 13:	Entwicklung der landwirtschaftlichen Nutz- und Anbaufläche (in 1.000 Feddan)	133
Tabelle 14:	Entlohnung ungelernter landwirtschaftlicher Arbeitskräfte (in Piaster/Tag)	136
Tabelle 15:	Die Entwicklung des Mineraldüngerangebots (in 1.000 Tonnen)	137
Tabelle 16:	Flächenanteile der wichtigsten Agrarprodukte (in v.H. der Gesamtfläche)	138
Tabelle 17:	Entwicklung des Preisindizes verschiedener Warengruppe (1953 = 100)	140
Tabelle 18:	Entwicklung der Wochenlöhne in Industrie und Landwirtschaft (in Millième)	141
Tabelle 19:	Entwicklung des Tierbestandes (in 1000)	145
Tabelle 20:	Landverteilungen im Rahmen der Agrarreform	160
Tabelle 21:	Staatliche Anbauplanung und tatsächlicher Anbau 1983 (Taja el Bescha)	163

Tabelle 22:	Landwirtschaftliche Betriebe und Flächen nach Größenklassen	164
Tabelle 23:	Staatlich festgesetzte Preise im Verhältnis zu Marktpreisen in £.E. (1967/68)	171
Tabelle 24:	Ernteflächenindizes der wichtigsten Agrarprodukte	173
Tabelle 25:	Verbrauch von Handelsdünger (1.000 t Nährstoffgehalt)	174
Tabelle 26:	Preisindex für die Lebenshaltung (1966/67 = 100)	174
Tabelle 27:	Reale Pro-Kopf-Einkommen der gesamten und der ländlichen Bevölkerung (in konstanten Preisen von 1959/60)	175
Tabelle 28:	Entwicklung des Viehbestandes (in 1.000)	180
Tabelle 29:	Entwicklung der landwirtschaftlichen Nutz- und Anbaufläche sowie der Bevölkerung (1813-1980)	197
Tabelle 30:	Die ökonomischen Bewertungsaspekte im Gesamtzeitraum	206
Tabelle 31:	Die soziologischen Bewertungsaspekte im Gesamtzeitraum	214
Tabelle 32:	Die agrarpolitischen Bewertungsaspekte im Gesamtzeitraum	222

Schaubildverzeichnis

Schaubild 1:	Die Entwicklung der Baumwollexporte 1821-1949 (Gewichte in Quintar)	56
Schaubild 2:	Die ägyptischen Baumwollausfuhren 1849-82	87
Schaubild 3:	Entwicklung der Durchschnittserträge / Feddan bei Baumwolle	113
Schaubild 4:	Die ägyptischen Baumwollausfuhren 1881/82-1922/23	114
Schaubild 5:	Entwicklung der Durchschnittserträge/ Feddan bei Baumwolle	142
Schaubild 6:	Die ägyptischen Baumwollausfuhren 1922-52	143
Schaubild 7:	Entwicklung der Durchschnittserträge/ Feddan bei Baumwolle	177
Schaubild 8:	Die ägyptische Baumwollproduktion 1952-83	178
Schaubild 9:	Das Faktorendreieck	199
Schaubild 10:	Wirkung von Kostenverschiebungen auf die Lage des Relationspunktes R	200

1. Grundlagen

1.1. Einführung und Zielsetzung

Der Entwicklungsprozeß, die ihn bestimmenden Kräfte und die ihm innewohnenden Risiken sind ein nahezu unerschöpfliches Objekt wissenschaftlicher Betätigung. Nach anfangs weitverbreiteter Unterschätzung der Wichtigkeit, die der Landwirtschaft in diesem Prozeß zukommt, ist seit geraumer Zeit ein proagrarischer Richtungswechsel zu verspüren, den auch die vorliegende Arbeit mitvollzieht, da sie die landwirtschaftliche Komponente des Entwicklungsprozesses in den Mittelpunkt ihrer Untersuchungen stellt.

Das Ziel besteht darin, zur intensiv geführten Diskussion über Entwicklung und Bedeutung des Agrarsektors im gesellschaftlichen Differenzierungsprozeß konstruktiv beizutragen. Dies soll in erster Linie durch die Analyse der Entwicklung in Ägypten geschehen, da einer länderspezifischen Untersuchung zwar der Nachteil einer beschränkten Perspektive anhaftet, in dieser Beschränkung aber zugleich die Möglichkeit liegt, möglichst konkrete Aussagen und Erkenntnisse zu gewinnen. Um durch diesen primär länderspezifischen Ansatz nicht den Blick für die oben erwähnte grundsätzliche Problemstellung zu verlieren, ist als Basis der Untersuchung eine Behandlung der entwicklungstheoretischen Grundlagen erforderlich, wobei zu berücksichtigen ist, daß ein Überblick über diese sehr komplexe Materie im Rahmen einer solchen Arbeit bei weitem nicht umfassend sein kann. Er ist aber unverzichtbar, um Vorstellungen und Aussagen über den Entwicklungsprozeß und die Rolle, die der Agrarsektor darin spielt, aufzuarbeiten.

Dabei ist jedoch zu berücksichtigen, daß sich diese Vorstellungen im Zeitablauf verändert haben. Bei einer Beurteilung des Entwicklungsverlaufs sind historische Veränderungen und Entscheidungen deshalb vor allem in ihrem jeweiligen Umfeld zu sehen. Dies soll jedoch nicht daran hindern, die Entwicklung eines historischen Zeitraums auch nach modernen Bewertungsmaßstäben zu analysieren, um daraus z.B. Schlußfolgerungen über die Wirksamkeit gewisser Maßnahmen und die Auswirkungen der jeweiligen Politiken ziehen zu können.

Auswahl und Gewichtung dieser Bewertungsmaßstäbe können vom disziplinären Empfinden nicht völlig getrennt werden. Wirtschaftswissenschaftler, Sozialwissenschaftler oder Historiker werden jeweils unterschiedliche Schwerpunkte setzen.

Die später noch genauer darzulegende Vorgehensweise dieser Arbeit weist zeitliche und disziplinäre Gliederungselemente auf.

Das Anliegen besteht darin, die Veränderungen des ägyptischen Agrarsektors darzustellen und aus der Sicht unterschiedlicher Disziplinen zu analysieren, um abschließend eine umfassende und integrierte Beurteilung des Entwicklungsverlaufs zu ermöglichen.

Als Vorbereitung der Thematik und Basis zur Herleitung der genauen analytischen Vorgehensweise sind aber zunächst die schon eingangs erwähnten grundlegenden entwicklungstheoretischen Ausführungen erforderlich. Sie beschäftigen sich zunächst mit den Grundzügen des gesellschaftlichen Entwicklungsprozesses und behandeln anschließend historische und moderne Theorien über diesen Prozeß sowie über die Rolle, die die Landwirtschaft darin spielt.

1.2. Der gesellschaftliche Entwicklungsprozeß

Ausgangspunkt der Entwicklung aller Gesellschaften war und ist eine subsistenzorientierte Lebens- und Wirtschaftsweise. Das Wort Subsistenz, abgeleitet vom lateinischen 'subsistere', hat eine doppelte Bedeutung. Es bezeichnet sowohl das Minimum an Nahrung und Unterkunft, welches zur Erhaltung des Lebens erforderlich ist, als auch eine Lebensweise, in der diese Bedürfnisse durch Eigenproduktion befriedigt werden.

Subsistenzorientierte Lebensweisen sind gegenwärtig vor allem in den Entwicklungsländern weit verbreitet, wobei 'reine' Subsistenzbetriebe kaum vorkommen, sondern meist Mischformen existieren. Exakte Zahlen liegen zwar nicht vor, jedoch kann man auf Grund von FAO-Schätzungen und Länderstudien davon ausgehen, daß sich Mitte der 70er Jahre ca. 80 v.H. der Agrarbevölkerung in den Entwicklungsländern, d.h. ca 1,4 Mia. Menschen, mit Nahrungsmitteln selbst versorgten und hierfür zwischen 30 v.H. und 50 v.H. der Fläche in Anspruch nahmen (Jentzsch, 82, S. 342 f).

Die Gruppe der Subsistenzproduzenten ist sehr vielschichtig. Viele Bewirtschafter haben Mühe, ihr Überleben durch die Erträge des Betriebes zu sichern, andere erwirtschaften unter besseren Bedingungen genug für eine sichere und ausreichende Ernährung, wieder andere betreiben die Landwirtschaft nur nebenbei.

Die Hauptgemeinsamkeit subsistenzorientierter Betriebe ist, daß sie meistens auf die Bedürfnisse der engeren sozialen Gruppe, vorwiegend der Familie, ausgerichtet sind und ihre Arbeitskräfte auch in erster Linie aus Mitgliedern dieser Gruppe bestehen. Die Ausrichtung auf das Hauptziel der Bedarfsdeckung und die Beschränkung auf Familienarbeitskräfte mit flexiblem Lohn hat ein Verhalten zur Folge, das mit den herkömmlichen ökonomischen Methoden, die die Optimierung exakt definierbarer Variablen, etwa des Einkommens, anstreben, nur unzureichend zu erklären ist, wie schon Tschajanow in seinen Arbeiten über das Wirtschaftsverhalten russischer Bauern zeigte (169).

Der Begriff Subsistenz ist nicht auf die Stufe des Betriebes beschränkt. Er läßt sich auch auf lokale, regionale und nationale Aggregationsebenen übertragen. Hier ist dann entweder ein Gebilde mit keinen oder nur sehr geringen Außenhandelsbeziehungen gemeint, das intern jedoch durchaus modern strukturiert sein kann, z.B. ein auf Autarkie bedachter Nationalstaat, oder eines, das hauptsächlich aus Selbstversorgungseinheiten besteht.

Das Gegenstück zur Subsistenzwirtschaft, die marktintegrierte Wirtschaft, setzt ein gewisses Maß an Arbeitsteilung voraus. So sind marktintegrierte Betriebe auf die Funktionsfähigkeit von Beschaffungs- und Absatzwegen angewiesen, da sie einen bedeutenden Teil ihrer Produktionsmittel von außerhalb des Betriebes beziehen und ihre Produktion größtenteils veräußern. Die Organisation dieser Betriebe ist nicht darauf ausgerichtet, alle für die Bedürfnisbefriedigung der Bewirtschafter notwendigen Güter selbst herzustellen, sondern durch eine möglichst rationelle Betriebsführung ihre Gewinne zu maximieren. Lohnarbeitskräfte werden soweit herangezogen, wie es wirtschaftlich lohnend erscheint.

Diese Betriebe haben zwar durch die Marktverflechtung und die nach ökonomischen Gesichtspunkten ausgerichtete Betriebsführung die Chance, einen im Verhältnis zur Subsistenzwirtschaft höheren Lebensstandard zu realisieren, müssen jedoch gleichzeitig die gestiegenen Risiken des freien Unternehmers tragen.

Reine Subsistenzwirtschaft ist heute relativ selten. Meistens wird ein mehr oder weniger großer Anteil der Produktion vermarktet. Diese partielle Marktintegration dient anfangs sowohl dazu, einen gewissen Bargeldbedarf für Steuern u.ä. zu decken, als auch zur Beschaffung von Gütern, die selbst nicht oder nicht so gut zu produzieren sind. So entwickeln sich allmählich, zunächst meist auf lokaler oder regionaler Ebene, arbeitsteilige Prozesse, deren Ablauf es genauer zu untersuchen gilt.

Das Schlüsselwort dieser Prozesse heißt Spezialisierung. Dies ist nach Nicholls eine Lehre, welche die heutigen Entwicklungsländer aus den historischen Erfahrungen der westlichen Länder ziehen können. (119, S. 25) Arbeitsvorgänge, die der traditionelle Haushalt selbst ausführt, wie z.B. die Herstellung von Kleidungsstücken, die Produktion von Geräten und Werkzeugen, aber auch die Verarbeitung von Agrarprodukten sowie große Teile der Ausbildung und Erziehung der Kinder, werden nach und nach ausgelagert und von Spezialisten übernommen, die sich zunächst auch zum großen Teil aus dem Agrarsektor rekrutieren. Bedeutende Produktivitätssteigerungen werden so erreicht.

Voraussetzung hierfür ist jedoch, daß die Landwirtschaft in der Lage ist, genügend große Agrarüberschüsse für die Versorgung der allmählich steigenden Zahl nicht in der Landwirtschaft Beschäftigter zu erzeugen, was durch neue, außerlandwirtschaftlich entwickelte Betriebsmittel und Verfahren erleichtert wird.

Die der Landwirtschaft vor- und nachgelagerten Bereiche benötigen für ihren Aufbau außerdem die Bereitstellung von Kapital, eine Aufgabe, die zumindest in den Anfangsphasen des gesellschaftlichen Differenzierungsprozesses vorwiegend von der Landwirtschaft erfüllt werden muß.

Der gesellschaftliche Wandel kann außerdem nur dann fortschreiten, wenn sich auch die zunächst noch traditionellen Normen, Wertvorstellungen und Verhaltensweisen der Landbevölkerung ändern. So ist es z.b. für die Erwirtschaftung von Agrarüberschüssen erforderlich, vom überlieferten Streben nach Selbstversorgung im Familien- und Stammesverband allmählich abzugehen. Andere Merkmale einer traditionellen Gesellschaft, wie z.b. die starre Sozialordnung, die Scheu vor Risiken und geringe Mobilität, wirken sich ebenfalls hemmend aus.

Die Ausgestaltung neuer Institutionen, wie z.B. Schulungs- und Beratungseinrichtungen, Banken, neue administrative Einheiten sowie der Ausbau von funktionsfähigen Bezugs- und Absatzmärkten sind ebenfalls notwendige Bestandteile des Entwicklungsprozesses. Vor allem die Märkte als Ausgleichsort für Angebot und Nachfrage sind der wichtigste Impulsgeber für die Entwicklung der einzelnen Wirtschaftsbereiche und -sektoren und somit von großer Bedeutung für die Veränderungen im strukturellen Aufbau einer Volkswirtschaft.

Die Ursachen für volkswirtschaftliche Strukturwandlungen sind Produktivitäts- und Nachfrageveränderungen. Bei steigendem Einkommen wandeln sich die Präferenzen der Verbraucher. Die Nachfrage nach manchen Produkten steigt sehr stark, während sie sich bei anderen nur geringfügig verändert. Andererseits sind die produktionstechnischen Bedingungen bei den einzelnen Gütern sehr verschieden, woraus unterschiedliche Produktivitätssteigerungen resultieren.

Allgemein läßt sich sagen, daß die Sektoren, in denen die Produktivität rascher zunimmt als die Nachfrage, ihre Produktionskapazitäten einschränken müssen, während es im umgekehrten Fall zu einer Ausdehnung kommt.

Der Angebotsdruck bewirkt in den rückläufigen Sektoren tendenziell sinkende Preise und Einkommen, was für die Produktionsfaktoren den Anreiz verstärkt, in andere Sektoren abzuwandern (Tangermann, 163, S. 9).

Das Grundproblem der Landwirtschaft ist, daß ihre Bedeutung, gemessen durch den landwirtschaftlichen Anteil an der Gesamtzahl der Erwerbstätigen und am Bruttoinlandsprodukt, langfristig relativ zu den anderen Sektoren sinkt. Dies ist einerseits auf die oben beschriebene Auslagerung von Funktionen zurückzuführen sowie auch auf die Tatsache, daß bei steigenden Einkommen der Anteil der Ausgaben für Nahrungsmittel an den Gesamtausgaben der Haushalte sinkt (Engelsches Gesetz) (Engel, 49, S. 169).

Das Engelsche Gesetz gilt jedoch nicht für Staaten, in denen weite Bevölkerungskreise nahe am Subsistenzminimum leben. Hier ist es wahrscheinlich, daß zunächst die Ausgaben für Nahrungsmittel noch proportional mit der Einkommenssteigerung zunehmen, das Engelsche Gesetz also noch nicht gilt. Diese Situation wird als 'Vor-Engel-Situation' bezeichnet (Ojala, 122, S. 38 f).

Andere Autoren haben dem bereits eine 'Nach-Engel-Situation' hinzugefügt, in der innerhalb der Ausgaben für Nahrungsmittel der Anteil der komplementären Sach- und Dienstleistungen wächst, so daß die Ausgabenquote für Nahrungsmittel insgesamt langsamer abnimmt als die auf der Erzeugerstufe gemessenen Primärleistungen der Landwirtschaft (Burk, 26, S. 325 ff),ein Phänomen, das in einigen westlichen Industriestaaten zu beobachten ist (OECD, 121, S. 23).

Der gesellschaftliche Entwicklungsprozeß ist insgesamt ein äußerst komplexes Gebilde sozialer, politischer, technischer und anderer Komponenten, die neben die schon dargestellten, vorwiegend ökonomischen treten und untereinander vielfältige Verbindungen und Abhängigkeiten aufweisen. So werden in wirtschaftlich nur gering entwickelten Gesellschaften die ökonomischen Rollen häufig eher nach dem Status einer Person verteilt als nach ihrer Kompetenz, diese Rolle auch ausfüllen zu können. Traditionell vorgeschriebene und sanktionierte Regeln beschränken nicht nur die Selektionsmöglichkeiten für bestimmte Rollen, sondern engen auch den Austausch von Gütern und Dienstleistungen ein (Hoselitz, 74, S. 263 ff). Wesentliche Bestimmungsgrößen der sozialen Systeme, wie Werte, Normen und Rollen, weisen insbesondere in traditionsbestimmten ländlichen Gesellschaften häufig eine hohe Stabilität auf, was auch für die entsprechenden Institutionen, allen voran die Familie, gilt.

Die Lockerung, Veränderung oder Auflösung dieser relativ statischen Lebens- und Verhaltensweisen sowie die Annahme dynamischer Formen bilden die sozialen Bestandteile des gesellschaftlichen Differenzierungsprozesses, die ein lohnendes Gebiet der Sozialforschung darstellen, da die bisherigen Erklärungsansätze nur in Teilen befriedigen können.

Bei all ihrer Verschiedenheit wiederholen sich jedoch in vielen Theorien einige Merkmale, die für eine soziale Mobilisierung kennzeichnend zu sein scheinen und neben die ökonomischen Determinanten Pro-Kopf-Einkommen und Anteil der Landwirtschaft an der Gesamtwirtschaft treten. Hierzu gehören der Grad von Urbanisierung und Mobilität, die Informationsmöglichkeiten sowie Bildung bzw. Ausbildung.

Je nach dem Schwerpunkt, den der jeweilige Autor setzt, kommen noch andere wichtige Komponenten ergänzend hinzu. So betont Lerner die Bedeutung der politischen Partizipation und sieht für den Entwicklungsprozeß ein gemeinsames Wachstum von sozialökonomischen, kulturellen, politischen und kommunikatorischen Teilbereichen als entscheidend an (96, S. 362 ff). Hagen legt das Gewicht auf die möglichst breit vorhandene Existenz von problemlösenden Fähigkeiten und den Willen, diese auch umzusetzen, was durch ein positives Verhältnis zur handwerklich/ technischen Arbeit ergänzt wird. Als Hauptträger und -anwender dieser zur gesellschaftlichen Dynamisierung erforderlichen Fähigkeiten sieht er hochmotivierte Nachkommen einer durch Statusverlust ihrer Bedeutung beraubten ehemaligen Führungsschicht, die mit den überkommenen Werten und Regeln brechen und so zu gesellschaftlichen Innovatoren werden (59).

Lerners Betonung der politischen Partizipation hat, unabhängig von ihrem Wahrheitsgehalt, den Blick auf zweifellos vorhandene Grundzüge des Entwicklungsprozesses im politischen Bereich gerichtet. Diese betreffen vor allem die Aufweichung zunächst relativ autonomer lokaler Machtstrukturen zugunsten eines oder mehrerer erstarkender Zentren. Ein Teil der lokalen Bindungen muß auf neue, höher aggregierte Ebenen übertragen werden, eine Universalisierung der überkommenen Partikularismen findet statt. Fortschritt oder Stillstand des gesamtgesellschaftlichen Entwicklungsprozesses hängen entscheidend von der Art und Zusammensetzung der Entscheidungsträger auf den verschiedenen Ebenen und dem Verhältnis ab, das sie zueinander haben. Trotz der Vielfalt der zu berücksichtigenden Unterschiede läßt sich doch allgemein sagen, daß die Einbringung der den lokalen Machtstrukturen immanenten Möglichkeiten in den Entwicklungsprozeß positiv zu bewerten ist. Diese Vorteile, wie z.B. Nähe zum Geschehen, evtl. größeres Vertrauen der Bevölkerung, Überschaubarkeit, werden jedoch durch lokal mächtige Solidarstrukturen, wie Großfamilie, Clan, Kaste, gefährdet, die vor Ort oft so stark sind, daß eine an sich machbare und produktive kooperative Ausgestaltung des gesellschaftlichen Lebens kleiner Einheiten daran scheitern kann (Nicholas, 118).

1.3. Die Rolle der Landwirtschaft in den Werken älterer Autoren

Unter den älteren entwicklungstheoretischen Ansätzen nehmen die klassischen Theorien einen hervorragenden Platz ein. Sie entstanden vorwiegend in England, dem Land, das als erstes von der industriellen Revolution erfaßt wurde. So ist es verständlich, daß sich die damaligen englischen Verhältnisse und Besonderheiten in diesen Theorien widerspiegeln, deren Relevanz für die ägyptische Entwicklung im weiteren Verlauf der Arbeit deutlich werden wird.

Kennzeichnend für die Lage Englands war zu dieser Zeit vor allem, daß die Versorgung mit preiswerten Nahrungsmitteln durch die Kontrolle weiträumiger überseeischer Neulandgebiete und die Beherrschung der Weltmeere jederzeit gesichert und die einheimische bäuerliche Bevölkerungsschicht durch Maßnahmen des Landadels verdrängt war. Aus der bäuerlichen Schicht kam auch der Großteil der proletarischen Massen, die in der schnell wachsenden Industrie beschäftigt wurden.

Der erste große klassische Nationalökonom war der Schotte Adam Smith (1733-1790). In seinem 1776 erschienenen Hauptwerk "Inquiry into the Natural and Causes of the Wealth of Nations" betont Smith vor allem die Bedeutung der Arbeit als eigentliche Quelle des Reichtums einer Nation und die Arbeitsteilung als wichtigstes Organisationsprinzip der Volkswirtschaft (54, S. 169). Persönliche Entscheidungsfreiheit und Eigeninitiative sind für ihn die Grundlage des wirtschaftlichen Gedeihens. Obwohl Smith die Bedeutung von Handel und Gewerbe unterstreicht, vernachlässigt er die Agrarwirtschaft durchaus nicht (159, S. 315 ff). Allerdings schätzt er ihre Produktivitätsreserven auf Grund mangelnder Spezialisierungsmöglichkeiten geringer ein als die der gewerblichen Wirtschaft (159, S. 11 u. S. 573) und warnt vor der "verhängnisvollen Überschreitung der jeder politischen Gesellschaft gesetzten agrarischen Grenze" (130, S. 25).

Smith sieht das Gedeihen der Landwirtschaft im Zusammenhang mit Industrie und Handel (159, S. 573 ff). Ländlichen Großgrundbesitz lehnt er ab und gehört so "zweifellos zu den Wegbereitern des Agrarindividualismus" (54, S. 169).

Thomas Robert Malthus (1766-1834) ist, was die Möglichkeiten zur Produktivitätssteigerung in der Landwirtschaft betrifft, noch pessimistischer als Smith. Produktionssteigerungen sind für ihn nur durch Flächenausdehnung vorstellbar, weil das damalige Bewußtsein von einer relativ statischen Agrartechnik geprägt war (130, S. 24). In seinem " Essay on the Principle of Population" von 1798 legte er seine bekannte Gesetzesformel dar, nach der sich bei geometrischer Progression des Bevölkerungswachstums, jedoch nur arithmetischer des Wachstums der Agrarproduktion, auf lange Sicht ein Rückgang des realen Pro-Kopf-Einkommens ergibt (100). Die exogen vorgegebenen agrarischen Ressourcen begrenzen also das Bevölkerungswachstum, ein Phänomen, das auch als Malthussche Bevölkerungsfalle bezeichnet wird.

David Ricardo (1772-1823) greift Malthus Vorstellungen auf und entwikkelt sie zu seiner Grundrentenlehre weiter. Die Hauptaussage dieser Lehre ist, daß, wenn bei gegebenem Sozialprodukt das Bevölkerungswachstum die Nahrungsmittelproduktion übersteigt, sich die Nahrungsmittelpreise andauernd erhöhen und die Grundrenten der Bodenbesitzer somit zunehmen müssen. Als Folge wird die Lohnquote der Arbeiter sinken und außerdem auch die Gewinnquote der Unternehmer, was Ricardo für noch verhängnisvoller hält (149). Neben dieser Lehre entwickelt er noch das "Gesetz der komparativen Kosten", in dem er anhand der Produktionskosten "natürliche" Agrar- und Industrieländer unterscheidet.

Obwohl John Stuart Mill (1806-1873) zunächst sowohl die Grundannahme von Malthus als auch die weiterführenden Theorien Ricardos in Zweifel zieht, macht er sich diese Gedanken bald auch zu eigen und propagiert in der Folge die seiner Meinung nach bestehenden Lösungsmöglichkeiten (111):

Einführung des Freihandels, Abschaffung der die Getreideeinfuhr behindernden britischen Gesetze und somit Versorgung mit preiswertem überseeischen Getreide. Der Sieg der Freihandelsidee in England, gipfelnd in der Abschaffung der Getreidezölle 1848/49 und die forcierte Umwandlung Englands in einen Industriestaat ist wesentlich auf das Wirken Mills und seiner Anhänger zurückzuführen.

Der Glaube an den Vorrang der Industrie vor der Landwirtschaft im Entwicklungsprozeß übertrug sich auch auf Karl Marx. Seine Äußerung, daß "das industriell entwickeltere Land dem minder entwickelten nur das Bild der eigenen Zukunft" zeigt (103, S. 12), begründet die auch heute noch sichtbare Betonung vor allem der Schwerindustrie in vielen sozialistischen Ländern. Der Weg der Agrarwirtschaft im Entwicklungsprozeß ist für Marx eindeutig determiniert. Die überkommenen bäuerlichen Strukturen haben ausgedient und werden im Laufe der Entwicklung zunächst kapitalistischen Produktionsweisen weichen müssen. Die Tendenz zum Großbetrieb ist dabei klar vorgezeichnet. Wenn sich dennoch viele bäuerliche Kleinbetriebe zu behaupten vermögen, ist dies auf die vorkapitalistische Selbstausbeutung der Bauern durch überhöhten Arbeitseinsatz und stark eingeschränkte Lebenshaltung zurückzuführen.

Zusammenfassend lassen sich die Hauptaussagen der Klassiker folgendermaßen darstellen: Exogen vorgegebene natürliche Ressourcen, vor allem landwirtschaftlich nutzbare Böden, bilden die Obergrenze für den volkswirtschaftlichen Entwicklungsprozeß, in dem die Produktivitätsführerschaft der Industrie unbestritten ist. Kapitaleinsatz, Bevölkerung und Arbeitskräftepotential vermehren sich jedoch endogen, bis sie an die Obergrenze stoßen und so ein stationärer Endzustand eintritt.

Die Bedeutung des technischen Fortschritts, der es ermöglichen könnte, diesen Endzustand zu verschieben, wird von den Klassikern gering veranschlagt, da auch er ihrer Meinung nach dem Gesetz des abnehmenden Ertragszuwachses unterliegt. Der Außenhandel, nach komparativen Kostenvorteilen aufgeteilt zwischen "natürlichen" Agrarländern (mit Bodenreserven) und "natürlichen" Industrieländern (mit ausgelasteten bzw. nicht anbaugerechten Böden), wirkt ebenfalls wie ein technischer Fortschritt, weist jedoch auch abnehmende Grenzerträge auf (Hemmer, 67, S. 118).

Die Lehren der englischen Klassiker, allen voran Smiths, fanden weit über die Grenzen des britischen Weltreichs Beachtung und Nachahmer. So entwickelte sich auch in Deutschland eine liberalistische Denkschule, zu deren ersten Vertretern Albrecht Thaer (1752-1828) gehörte. Da die Agrarwissenschaften noch kein so verzweigtes und komplexes Gebiet darstellten, war es Thaer möglich, neben seinen grundlegenden Untersuchungen in den Bereichen Agrartechnik und landwirtschaftliche Betriebslehre auch noch Überlegungen zur ökonomischen, sozialen und politischen Ausgestaltung des Agrarsektors anzustellen. Er geht, wie schon der Titel eines seiner bekanntesten Werke zeigt, davon aus, daß die Landwirtschaft an sich ein Gewerbe wie andere auch darstellt und konsequentes Gewinnstreben nicht nur das Beste für den Einzelnen, sondern auch für die Allgemeinheit ist (165). Folgerichtig war ihm vor allem eine entsprechende Beeinflussung der landwirtschaftlichen Strukturen wichtig, was auch in seinen Beiträgen zu den preußischen Reformen zum Ausdruck kommt. Gegenüber einer rein mechanischen Liberalisierung und Mobilisierung des Bodens favorisiert Thaer den Ausbau der individuellen Fähigkeiten durch erzieherische Förderungsmaßnahmen, wie er überhaupt einer der Ersten ist, der in der wissenschaftlichen Diskussion auf die Bedeutung der heute als 'Humankapital' bezeichneten Eigenschaften hinweist.

Die von Thaer repräsentierte liberalistische Schule blieb über viele Jahrzehnte in der agrarwissenschaftlichen Diskussion, wenn sie diese auch nicht immer dominierte. Dies wird auch bei ihrem zweiten wichtigen Exponenten deutlich, Friedrich Aereboe (1865-1942). Zunächst vorwiegend mit betriebswirtschaftlichen und Taxationsproblemen beschäftigt, vertrat er eine rational-liberale Auffassung zu einer Zeit, in der mehr und mehr dirigistische und autarkistische Regungen aufkamen. Allen seinen Werken ist die grundlegende Forderung nach einem möglichst hohen Maß an Freiheit und Freizügigkeit eigen, die den fähigen Arbeiter, Bauern und Großlandwirt fördern soll, aber auch den weniger tüchtigen der Konkurrenz aussetzt. Dies ist also eine Bestätigung der von Thaer propagierten Unterstützung der Kenntnisse und Möglichkeiten des Individuums. Den Konkurrenzkampf will Aereboe auch der gesamten Landwirtschaft nicht ersparen, da dessen Unterdrükkung im internationalen Maßstab eine Verarmung der Völker bedeuten würde (3).

Einen interessanten Zwischenton bilden die Warnungen vor staatlichen Eingriffen, da sich diese negativ auf die ländliche Bevölkerungsvermehrung auswirken könnten, wie etwa die damals sehr aktuelle Befürwortung des Anerbenrechts. Hierauf wird bei der Behandlung anderer zeitgenössischer Autoren noch zurückzukommen sein.

Die oft als zu rational empfundenen Liberalisten riefen schon früh Gegenbewegungen hervor, die nicht so stark an ökonomischen Analysen interessiert waren. Diese romantischen und konservativen Stimmen neigten eher zu einer gefühlsbetonten Einschätzung der Landwirtschaft und 'des Bauern', was besonders bei Riehl (1823-1897) deutlich wird. Schon der Titel seines Hauptwerks "Naturgeschichte des deutschen Volkes als Grundlage einer deutschen Sozialpolitik" läßt erkennen, daß sein Anliegen sozial und politisch ist. Den umwandelnden und zersetzenden Tendenzen der durch die beginnende Industrialisierung geprägten Zeit stellt Riehl das Bild einer Landwirtschaft und eines Bauerntums gegenüber, das die reinen, positiven Beharrungskräfte des Volkslebens darstellt und somit als Fundament der Gesellschaft besonders geeignet ist (142).

Die Vorstellung von der Landwirtschaft als konservativer Quelle der nationalen Kraft und Stärke, die sich einer rein ökonomischen Bewertung entzieht, wird über einen langen Zeitraum von Personen höchst unterschiedlicher Provenienz aufgegriffen, so z.b. vom österreichischen Nationalökonom und Staatstheoretiker Müller (1779-1829) (siehe z.B. 21, S. 129 ff) und dem in der praktischen Politik stehenden preußischen Staatsmann Bismarck (1815-98) (53, S. 497), der zudem in der für den Agrarsektor wichtigen Frage der Freiheit des internationalen Handels eine Wendung von der traditionellen Freihandelsorientierung zur Erhebung von Schutzzöllen vollzog.

Auch der Nationalsozialismus übernahm einige Elemente dieser Richtung, die er jedoch in der ihm eigenen Art ideologisch übersteigerte. Bei der praktischen Umsetzung standen sich zwei grundlegend unterschiedliche Auffassungen gegenüber: die 'klassische' nationalsozialistische, von Darre (1895-1959) entwickelte 'Blut und Boden'-Politik und die seit Kriegsbeginn besonders von Himmler immer stärker angestrebte, aber auf Grund der kurzen Zeit weitgehend in der Planung verbliebene großräumige germanische Neubesiedlung im Osten. Darre wies der Landwirtschaft die Rolle der Blutsquelle der deutschen Nation zu (38), deren Bestand er durch die weitgehende Einschränkung der Verfügbarkeit des bäuerlichen Besitzes, insbesondere durch die ungeteilte Vererbung auf den Anerben, sichern und fördern wollte. Neben dieser stark mystifizierten Hauptaufgabe sollte der Agrarsektor die Selbstversorgung des Volkes mit den wichtigsten Nahrungsmitteln sicherstellen, was zusammen mit den angestrebten Verbesserungen der ökonomischen Lage der 'Blutsquelle' zur Verdrängung des freien Marktes und zur Einrichtung von Marktordnungen führte, die eine Stabilisierung der Getreidepreise in mittlerer Höhe bringen sollten. Die theoretisch noch vager formulierte zweite Position wies der Landwirtschaft die Hauptaufgabe zu, durch Bereitstellung von 'Wehrbauern' die deutsche Herrschaft über Osteuropa auszubauen.

Die sozialistische Bewegung ließ sich hingegen zunächst von den schon dargestellten Ansichten Karl Marx leiten. Als aber die Unterschiede zwischen der marxistischen Theorie und der Realität z.B. bei der Entwicklung des ländlichen Kleinbesitzes immer offensichtlicher wurden, kam es zur Spaltung. Den einen, z.b. Kautsky (1854-1938) (86), erschien es wichtiger, die 'reine Lehre' zu bewahren und dabei über gewisse Ungereimtheiten bei der landwirtschaftlichen Entwicklung hinwegzusehen, die anderen, bald als 'Revisionisten' bezeichnet, wollten sich nicht einer als nötig erachteten Überarbeitung der sozialistischen Agrartheorie entziehen. Die normative Kraft des Faktischen verlor auch bei den Sozialisten nicht ihre Wirkung, die Reformpartei, zu deren Hauptvertretern sich David (1863-1930) entwikkelte, erlangte allmählich die Oberhand. Das Erscheinen seines Hauptwerkes (1903) und dessen Überarbeitung (1922) (39) markieren ungefähr den Zeitraum, in dem der Revisionismus zur beherrschenden Agrarlehre der Sozialdemokratie wurde und die seitdem gültige, kleinbauernorientierte Politik begann. Die Sozialdemokraten lehnten entsprechend den vermeintlichen Interessen ihrer Zielgruppe den Warencharakter von Grund und Boden ab, wandten sich gegen eine grundsätzliche Erhaltung der überkommenen Agrarstruktur und befürworteten eine Stärkung des staatlichen Einflusses.

1.4. Moderne Aussagen über die Rolle der Landwirtschaft im Entwicklungsprozeß

In den ersten 10 bis 15 Jahren nach dem Zweiten Weltkrieg, die in den Industrieländern vom Wiederaufbau und wirtschaftlichen Aufschwung gekennzeichnet waren, wurden entwicklungstheoretische Fragen in einem bis dahin unbekannten Maß wissenschaftlich untersucht.[1] Obwohl diese Analysen vorwiegend in den westlichen Ländern entstanden, beschäftigten sie sich nicht, wie vor dem Krieg, mit Problemen der eigenen gesellschaftlichen Entwicklung, sondern stellten die 'unterentwickelten' Länder in den Mittelpunkt. Dabei wurde zunächst die eigene Erfahrung eines relativ raschen wirtschaftlichen Aufschwungs auf diese Weltregionen übertragen, die Geschichte der Industrieländer als Richtschnur für die Entwicklungsländer angesehen. Wirtschaftswachstum, meßbar in der Erhöhung des Volkseinkommens, wurde als das Rezept gegen die Unterentwicklung angesehen, die vorwiegend auf Defizite bei den Produktionsfaktoren Kapital und Humankapital zurückzuführen sei. Eine rasche, durch Kapitalhilfe und technische Unterstützung geförderte

---
[1] Für eine umfassendere und dennoch kompakte Darstellung dieser Thematik siehe: (Kuhnen, 92, S. 157 ff)

Industrialisierung erschien als das geeignete Mittel zur Entwicklungsförderung, während die Landwirtschaft wegen des in den Industrieländern stetig sinkenden Anteils an der Gesamtwirtschaft nur geringe Beachtung erfuhr.

Eines der wichtigsten Werke, die breite Kreise der Wissenschaft in diese Richtung lenkten, waren Lewis Ausführungen über "Economic Development with Unlimited Supplies of Labour" (97, S. 139 ff), die ein gleichgewichtiges Wachstumsmodell einer zweisektoralen Wirtschaft beschreiben. Beim ersten Sektor handelt es sich um einen modern wirtschaftenden volkswirtschaftlichen Bereich, der Lohnarbeitskräfte beschäftigt, reproduzierbares Kapital einsetzt und seine Erzeugnisse verkauft, um Gewinn zu erzielen. Dem zweiten, traditionellen Bereich fehlen diese Merkmale. Der erste Sektor wurde weithin mit der Industrie, der zweite mit der Landwirtschaft gleichgesetzt. Da Lewis im zweiten von einer Grenzproduktivität der Arbeit ausgeht, die null erreicht, sieht er die Möglichkeit, durch den Transfer überzähliger Arbeitskräfte in den ersten Sektor dort eine Reinvestition der Gewinne vorzunehmen, um durch diese Kapitalakkumulation die Industrialisierung zu fördern. Viele zeitgenössische Entwicklungstheoretiker zogen den Schluß, daß ein Ressourcenabzug aus der Landwirtschaft und die Unterdrückung des traditionellen Agrarsektors eine angemessene Entwicklungsstrategie sei.

Fourastié geht sogar noch über Lewis Annahmen hinaus. Er weist der Landwirtschaft zwar ebenfalls nur eine abnehmende Bedeutung zu, sieht die vielversprechendsten Aussichten aber nicht im industriellen, sondern im tertiären, im Dienstleistungssektor (127, S. 252 ff). Die geringe Beachtung, die der Agrarsektor in den 50er Jahren erfuhr, wurde durch zwei Entwicklungen noch verstärkt. Dies war zunächst die 1949 von Prebisch aufgestellte These von der Verschlechterung der Austauschbeziehungen für Länder, die Agrarprodukte ausführen und Industrieerzeugnisse einführen (52). 1958 folgte Hirschmanns Konzept über die Rückwirkungen von Investitionen in bestimmten volkswirtschaftlichen Bereichen auf andere Bereiche. Der Autor kommt zu dem Ergebnis, daß Investitionen im industriellen Sektor zu einem schnelleren und breiter angelegten Wirtschaftswachstum führen als in der Landwirtschaft.

Insgesamt war die Mehrzahl der entwicklungstheoretischen Ansätze dieser Jahre ökonomisch geprägt. Entsprechend dem Hauptziel Wirtschaftswachstum galt für den vernachlässigten Agrarsektor das Unterziel, die Nahrungsmittelproduktion mittels moderner Techniken zu erhöhen und die Einkommenslage der Betriebe zu verbessern. Erste Zweifel an der einseitig ökonomischen Ausrichtung wurden Ende der 50er Jahre geäußert. Myrdal verlangte die Einbeziehung der auf nationaler und internationaler Ebene bestehenden sozialen Beziehungen und Abhängigkeiten (116), Clark relativierte die Bedeutung der Wirtschaftswissenschaften, indem er ihren Zusammenhang mit anderen Wissenschaften betonte (32). Zugleich wandelte sich unter dem

Eindruck der durch das Industrialisierungskonzept hervorgerufenen Enttäuschungen die Vorstellung über die Bedeutung der Landwirtschaft im Entwicklungsprozeß. Jorgensen (85, S. 309 ff) und Ranis / Fei (136, S. 533 ff; 137, S. 283 ff; 138) griffen den Ansatz von Lewis auf und betonten die Abhängigkeiten zwischen landwirtschaftlichem und industriellem Wachstum. Investitionen im landwirtschaftlichen Bereich seien erforderlich, um die Erwirtschaftung dringend benötigter Agrarüberschüsse zu gewährleisten. Der Agrarentwicklung wurde somit eine tragende Rolle zugewiesen, eine Auffassung, der sich zunehmend mehr Autoren, z.B. Johnston und Mellor (84, S. 566 ff) sowie Kuznets (93, S. 56 ff) angeschlossen. Zugleich wurde das Bild vom traditionell orientierten, ökonomischen Anreizen und technischen Neuerungen abgeneigten Bauern revidiert, ein Verdienst, das vor allem Schultz (154) zukommt, der besonders auf die Bedeutung einer vermehrten Humankapitalbildung in der Landwirtschaft hinweist.

In der zweiten Hälfte der 60er Jahre setzten in der westlichen Welt zunehmend Zweifel an den eigenen sozialökonomischen Zielen ein, die auch auf die entwicklungstheoretische Diskussion übergriffen. Der Entwicklungsverlauf in den Industrieländern wurde von vielen Autoren nicht mehr als Vorbild für die ärmeren Staaten angesehen, sondern als Erklärung für deren Unterentwicklung. Neben den schon von Prebisch festgestellten ungleichen Austauschverhältnissen wurde auch die Bedeutung des Gewinntransfers in die Zentren hervorgehoben und die früher einseitig ökonomische Denkweise durch die Einbeziehung institutioneller und politischer Abhängigkeiten erweitert. Die Diskussion bewegte sich allerdings auf einem zunehmend höheren Abstraktionsniveau, was auch eine Einschätzung der Bedeutung erschwert, die der Landwirtschaft zugemessen wird. Die Hervorhebung einer größeren Unabhängigkeit und die Konzentration auf die eigenen Bedürfnisse würde jedoch, in praktische Politik umgesetzt, eine Begünstigung des Agrarsektors, insbesondere zum Zweck der Selbstversorgung, beinhalten. Andererseits fehlt eine genügende Beachtung der spezifischen Bedingungen der landwirtschaftlichen Produktionsprozesse.

Ein entscheidender Einfluß auf die entwicklungstheoretische Forschung der nächsten Jahre ging 1968 von Ishikawa (77) aus, der das grundlegend neue Phänomen der Entwicklung der armen Länder kennzeichnete: das bislang vernachlässigte Bevölkerungswachstum, das unvergleichlich höher war als jemals in den heutigen Industrieländern. Die bisher vom wirtschaftlichen Wachstum kaum oder gar nicht berührte Situation dieser wachsenden Zahl von Armen stand zunehmend im Mittelpunkt des Interesses, was bei der zahlenmäßigen Dominanz der Agrarbevölkerung in den Entwicklungsländern die Beachtung der Landwirtschaft deutlich erhöhte. Diese Verschiebung der Prioritäten fand ihren Ausdruck in verstärkten Forschungsanstrengungen auf der landwirtschaftlichen Mikroebene, die fundiertere Aussagen als die einfachen Modelle der 50er und 60er Jahre ermöglichen sollten.

Auch in den frühen 70er Jahren war die Verbesserung der Lebensumstände der Armen, die von den bisherigen Wachstumserfolgen nicht profitiert hatten, Schwerpunkt der entwicklungstheoretischen Forschung. Um die sehr geringen Realeinkommen dieser Gruppe durch entsprechende Nahrungsmittelpreise zu entlasten, wandten sich die Wissenschaftler verstärkt den Bedingungen und Zwängen landwirtschaftlichen Wachstums zu. Einer der wichtigsten Beiträge zu dieser Diskussion stellt Haymi / Ruttans induziertes Innovationsmodell der landwirtschaftlichen Entwicklung dar (65). Die beiden Autoren betonen, daß unterschiedliche Ausstattungen mit Produktionsfaktoren und somit Faktorpreisverhältnisse verschiedene landwirtschaftliche Wachstums- und Entwicklungswege bedingen. Die Entscheidungsfindung in den einzelnen Ländern muß sich hieran orientieren, um einen möglichst effizienten Weg für das eigene Land festzulegen und die sozialen Institutionen entsprechend auszugestalten. Eine ungeprüfte Einfuhr hochentwickelter Agrartechnologie aus den Industrieländern kann die Entwicklung u.U. auf einen ungeeigneten Weg leiten.

Die zunehmende Bedeutung der Interessen breiter Bevölkerungskreise sowie wachsende Erkenntnisse über die Zusammenhänge zwischen landwirtschaftlichem und außerlandwirtschaftlichem Wachstum schlugen sich 1976 in Mellors 'beschäftigungsorientierter ländlicher Entwicklungsstrategie' nieder (108). Ausgangspunkt dieser Strategie sind die arbeitsintensiven Wirtschaftsbereiche, also Landwirtschaft und Kleingewerbe. Eine Steigerung der Nahrungsmittelproduktion verbreitet die Ernährungsbasis, erhöht die Beschäftigung in den nachgelagerten Bereichen und schafft durch die wachsenden Agrareinkommen mehr Nachfrage nach Gewerbeprodukten. In der Folge gipfelte die Berücksichtigung der Massenarmut in einer Strategie, die die menschlichen Grundbedürfnisse in den Mittelpunkt stellte. Zur Befriedigung dieser Bedürfnisse, wie z.B. Nahrung, Kleidung, Wohnung und Gesundheit werden Großprojekte als ungeeignet abgelehnt. Entscheidend sind vielmehr strukturelle Änderungen in Produktion, Verteilung und Konsum. Der praktischen Umsetzung dieser Vorstellungen sollte das Konzept der integrierten ländlichen Entwicklung dienen, das z. B. bei Thimm / Urff detailliert dargestellt wird (166, S. 387 ff). Der Anspruch, Produktionssteigerungen mit sozialen Verbesserungen unter Partizipation der Armutsgruppen zu erreichen, erwies sich aber vielfach als zu hoch. Insbesondere wurde die mangelnde Einbeziehung und Mobilisierung der lokalen Institutionen kritisiert.

In den 80er Jahren schlugen sich die wachsenden Zweifel an den gesellschaftlichen Zuständen der Industrieländer in der Entwicklungsdiskussion nieder, wobei vermehrt pessimistische Untertöne nicht zu überhören sind. Zunehmende Verbreitung findet aber die hohe Wertschätzung der Agrarentwicklung als Basis der Gesamtentwicklung. Eindrucksvoll unterstützt wird diese Annahme durch die nachhaltig überarbeitete Fassung von Hayami / Ruttans Werk über die Grundmuster der Agrarentwicklung (66). Neben den schon bekannten Aussagen wird die Bedeutung der Institutionen betont. Die eigentliche Erweiterung ihres alten Modells liegt in der Einbeziehung des jeweiligen kulturellen Umfelds, was schon andeutet, daß die beiden Autoren eine integrierte Theorie der Agrarentwicklung anstreben.

Während die Themen Agrarentwicklung und Bedeutung der Landwirtschaft auf Grund der in vielen Ländern weiterhin bestehenden großen Defizite nach wie vor im Mittelpunkt der entwicklungstheoretischen Diskussion stehen, bietet sich in den Industrieländern ein anderes Bild. Hier geht es darum, die Folgen einer teilweisen agrarischen 'Überentwicklung' in den Griff zu bekommen. Wegen ihrer deutlich gesunkenen Bedeutung wird in weiten Kreisen die Landwirtschaft eher als Hypothek denn als produktiver Teilnehmer an der künftigen Ausgestaltung der Gesellschaft angesehen. Allerdings eröffnet die zunehmende Umweltschutzdebatte dem Agrarsektor evtl. neue Möglichkeiten. Dies sind jedoch Gedanken, die sich vom eigentlichen Thema dieser Arbeit wegbewegen., da sie nicht die Probleme des Entwicklungslandes Ägypten kennzeichnen. Hier stellt sich vielmehr die prinzipielle Frage, ob die Landwirtschaft dem von manchen der oben angeführten Autoren postulierten Anspruch genügen kann, die tragende Rolle im Entwicklungsprozeß zu übernehmen oder ob dies zu bezweifeln ist. Nicholls nimmt diesen Gegensatz zum Anlaß, die modernen Wissenschaftler in zwei Gruppen einzuteilen (119, S. 15).

Die Autoren der ersten Gruppe betonen, daß in der frühen Phase der Entwicklung Anstrengungen zur Erhöhung der Nahrungsmittelproduktion auf Grund der hohen Nachfrage, des großen Bedarfs oder der sehr hohen Grenzerträge des in der Landwirtschaft eingesetzten Kapitals Priorität haben müssen. Weiterhin heben sie hervor, daß sich, wenn man den in den frühen Phasen der Entwicklung dominierenden Anteil der Landwirtschaft am Bruttoinlandsprodukt zugrunde legt, das Wachstum dieser Länder durch eine gesteigerte Agrarproduktion unmittelbar beeinflußen läßt. Außerdem hat eine Agrarentwicklung bei dem überwiegenden Anteil, den die Agrarbevölkerung zunächst an der Gesamtbevölkerung hat, direkte positive Auswirkungen auf breite Bevölkerungsschichten.

Die zweite, stark von den Leitsätzen der Klassiker beeinflußte Gruppe erkennt zwar die Notwendigkeit einer Steigerung der Agrarproduktion an, legt aber den Schwerpunkt eindeutig auf den forcierten Ausbau der Industrie als führenden Sektor. Als Mittel zur Steigerung der landwirtschaftlichen Produktivität wird eine Politik angesehen, die den Faktor Arbeit in der Landwirtschaft verknappt, die Weichen in Richtung auf eine stärker mechanisierte und in größeren Einheiten wirtschaftende Landwirtschaft stellt und im übrigen die Industrialisierung in raschem Tempo durchführt (Higgins, 73, S. 454 f). Die Rolle eines führenden Sektors kann die Landwirtschaft nur in Ausnahmefällen übernehmen, da sie die von Rostow aufgestellten Anforderungen an einen solchen Sektor weitgehend nicht erfüllt (Hemmer, 67, S. 286):

- Die Nachfrage nach landwirtschaftlichen Produkten steigt im Verlauf der volkswirtschaftlichen Einkommensexpansion im Gegensatz zu der nach industriell gefertigten Produkten nur unterdurchschnittlich.

- Technische Fortschritte haben in der Landwirtschaft nicht denselben revolutionären Charakter wie in der Industrie. Sie können zwar erstaunliche Ergebnisse hervorrufen, jedoch sind in den Frühphasen der Entwicklung viele Landbewirtschafter nicht fähig und auf Grund mangelnder Ausprägung der Geldwirtschaft im ländlichen Bereich auch nicht in der Lage, technische Fortschritte in einem dem industriellen Bereich vergleichbaren Maß einzusetzen. Die in unterschiedlichem Ausmaß anfallenden technischen Fortschritte bewirken, daß die durchschnittlichen Produktionskosten im Industriesektor stärker sinken als in der Landwirtschaft. Diesen kostensenkenden Effekten des Fortschritts stehen im landwirtschaftlichen Bereich wegen der begrenzten Bodenreserven sinkende Grenzerträge und somit steigende Kosten bei einem Mehreinsatz der übrigen Faktoren gegenüber. So steigen oftmals die Stückkosten, was für den Industriesektor, wo wegen der langfristigen Variabilität aller Produktionsfaktoren das Absinken der Grenzerträge weitgehend verhindert wird, nicht gilt. Als Folge der hieraus resultierenden Preisveränderungen zwischen Industrie- und Agrarprodukten werden dann auch zum Teil agrarische Produkte durch industrielle Erzeugnisse substituiert.

Natürlich bedeutet die Aufteilung in zwei Gruppen nicht, daß sich hier zwei völlig einheitliche Meinungen gegenüberstehen. In jeder Gruppe gibt es eine gewisse Bandbreite der Aussagen. Stellvertretend sollen im folgenden die Hauptaussagen von je einem Vertreter dargestellt werden, wobei die Auswahl der beiden Autoren nur zu Darstellungszwecken erfolgt und kein Werturteil über die wissenschaftliche Qualifikation oder gar eine Meinungsführerschaft in den beiden Gruppen beinhaltet. Aus der ersten Gruppe ist dies Hermann Priebe, aus der zweiten Walt W. Rostow.

Priebes Anliegen ist es v.a., aus dem Verlauf der volkswirtschaftlichen Entwicklung der heutigen Industrieländer Lehren für den Entwicklungsprozeß in frühen Stadien des wirtschaftlichen Wachstums zu ziehen (128). Hierbei ist die stark von den Lehren der Klassiker beeinflußte Entwicklung in England mit der frühen Vernachlässigung der Landwirtschaft und Überbetonung der Industrie für ihn ein besonders negatives Beispiel, das nicht übertragen werden sollte. Der Entwicklungsverlauf in anderen Ländern, insbesondere in Japan, ist seiner Meinung nach ein viel besseres Beispiel einer Entwicklung aus eigenen Kräften, das zeigt, wie man das in der Landwirtschaft vorhandene Potential nutzen kann (130, S. 27).

Dieses Potential besteht in erster Linie aus bedeutenden Produktivitätsreserven, da die Landwirtschaft in den heutigen Entwicklungsländern oft nicht einmal die Produktivität der europäischen Landwirtschaft vom Anfang des 19. Jahrhunderts erreicht (104, S. 28).

Diese potentiellen Produktivitätsfortschritte

- schaffen die Möglichkeit, die Ernährungslage der meist rasch wachsenden Bevölkerung zu verbessern.

- sind nach Lage der Dinge für Jahrzehnte die einzige Möglichkeit, die Realkapitalbildung aus eigener Kraft zu erhöhen.

- sind durch eine Preispolitik, die den Landwirten Produktionsanreize bietet, erreichbar, da die Vorstellung von der geringen Preiselastizität des Angebots nicht zutreffend ist (129, S. 175), was durch die Reaktionen europäischer Landwirte auf Preiserhöhungen bestätigt wird.

Erst wenn sich allmählich im landwirtschaftlichen Bereich geld- und marktwirtschaftliche Kreisläufe entwickeln, sich die Landbewirtschafter an ein Denken in kommerziellen Dimensionen gewöhnt haben (104, S. 28) sowie Vollbeschäftigung erreicht ist, soll Kapital in den Ausbau von Industrie und Infrastruktur gelenkt werden.

Für die Ausgestaltung einer verstärkten Förderung der Landwirtschaft eröffnen sich im wesentlichen drei Alternativen, die Priebe nacheinander analysiert.

- <u>Arbeitsintensive oder kapitalintensive Agrarproduktion</u>

Die Antwort auf diese Frage ergibt sich nach Priebe aus der Verfügbarkeit und den Kosten der Produktionsfaktoren einerseits sowie aus der Einschätzung der Möglichkeiten zur Steigerung der Nahrungsmittelproduktion. Das große Angebot an Arbeitskräften, die realen Kostenverhältnisse, infrastrukturellen Voraussetzungen sowie Beschäftigungs- und Verteilungsziele sprechen klar für eine arbeitsintensive Produktionsweise. Produktionssteigernde biologische Verbesserungen, wie z.B. in der Bodenpflege und Düngung, lassen sich hierin gut integrieren. Eine verstärkte Mechanisierung ist erst in späteren Entwicklungsphasen sinnvoll, wenn die Grundlagen für eine hohe Intensität der Agrarproduktion gelegt und Arbeitskräfte knapp und teuer sind sowie mehr Devisen für evtl. benötigte Importgüter zur Verfügung stehen.

- Förderung der Eigenversorgung oder des Exports

Priebe sieht zwar für die Entwicklungsländer, die im Export spezifischer Agrarprodukte Erfahrungen und Marktverbindungen besitzen, gewisse Chancen, jedoch zeigen erhebliche Marktschwankungen und die Konkurrenz der Länder untereinander, daß die Entwicklungsprobleme kaum über den Außenhandel gelöst werden können. Verstärkte Anstrengungen zur Verbesserung der Eigenversorgung stehen daher im Vordergrund. Sie werden begünstigt durch:

- Unabhängigkeit von Schwankungen des Weltmarkts

- Große inländische Nachfrage nach Nahrungsmitteln durch Bevölkerungswachstum und bisherige Unterversorgung

- Devisenersparnis durch Importsubstitution

- Einkommensverbesserung breiter Bevölkerungsschichten bei Weiterentwicklung der traditionellen Landwirtschaft

- Erzeuger- oder Verbraucherpreispolitik

Viele Länder stellt die Existenz von landlosen, unterbeschäftigten Massen vor den Zielkonflikt zwischen niedrigen Verbraucherpreisen und für die Überwindung der Mangellage ausreichenden Erzeugerpreisen. Obwohl vor allem in Entwicklungsländern eine möglichst geringe Belastung der Konsumenten aus politischen Gründen angestrebt wird, ist die unzureichende Versorgung mit Nahrungsmitteln aus eigenen Kräften nur durch angemessene Erzeugerpreise zu verbessern. Dies gilt jedoch nur in Verbindung mit einer Agrarförderung, die für breite Schichten konzipiert ist und der Beschäftigung sowie der Verbesserung der Einkommmensverteilung dient. Um diese Voraussetzungen zu erfüllen, sind Agrarreformen oft unumgänglich.

Walt W. Rostow, der Vertreter der zweiten Gruppe, sieht zwar auch die Notwendigkeit, Produktion und Produktivität der Landwirtschaft zu erhöhen und den technischen Fortschritt auch im Agrarsektor zu nutzen, um die wachsende, vor allem städtische Bevölkerung zu ernähren, die Währungsreserven zu schonen und Sozialkapital für Aufgaben von gesamtgesellschaftlicher Bedeutung zu bilden. Er erkennt ebenfalls die Bedeutung der Landwirtschaft als Kapitalquelle für die sich entwickelnde Industrie und als Markt (144, S. 38 ff). Dies gilt jedoch nur in den frühen Phasen der Entwicklung. Ein 'führender Sektor' ist sie nach Rostows Definition (146, S. 1ff) jedoch nicht, der die verschiedenen Sektoren einer Volkswirtschaft in drei Kategorien einteilt (145, S. 299 f):

- Primäre Wachstumssektoren

In diesen Sektoren bestehen Möglichkeiten, durch Einführung von Innovationen oder Ausbeutung neuer Rohstoffquellen hohe Wachstumsraten zu erzielen und expansive Kräfte in der übrigen Wirtschaft hervorzurufen. Als Beispiel nennt Rostow den Eisenbahnbau in den USA im letzten Drittel des 19. Jahrhunderts.

- Sekundäre Wachstumssektoren

Das Wachstum dieser Sektoren ist als direkte oder indirekte Folge des Wachstums in den primären Sektoren ebenfalls sehr hoch. Als Beispiel wird die Stahlindustrie genannt.

- Abhängige Wachstumssektoren

Das Wachstum in diesen Sektoren steht in einem relativ konstanten Verhältnis zum Wachstum des realen Volkseinkommens der Bevölkerung, der industriellen Produktion oder ähnlichen,weniger schnell wachsenden Variablen. Einer dieser Sektoren ist nach Rostow die Nahrungsmittelproduktion.

Den Gesamtablauf des wirtschaftlichen Entwicklungsprozesses teilt Rostow aus wirtschaftshistorischer Sicht in fünf idealtypische Stadien ein (144, S. 18 ff):

I. Die traditionelle Gesellschaft

Kennzeichnend für die traditionelle Gesellschaft ist, daß ihre Struktur innerhalb begrenzter Produktionsmöglichkeiten entwickelt ist. Dies schließt zwar nicht aus, daß gewisse Produktionssteigerungen z.B. durch erhöhten Faktoreinsatz und Einführung von Innovationen erreicht werden. Aber da die Anwendungsmöglichkeiten der modernen Technik und Wissenschaft entweder noch nicht vorhanden sind oder noch nicht genutzt werden, ist bezeichnend für die traditionelle Gesellschaft, daß eine Obergrenze der erreichbaren Produktion pro Kopf besteht. Die geringe Produktivität bedingt, daß die Gesellschaft einen hohen Anteil ihrer Ressourcen auf die Landwirtschaft konzentriert, was u.a. die Herausbildung einer hierarchischen Gesellschaftsstruktur mit einem relativ starren, fatalistischen Wertsystem fördert. Politische Macht ist eng an den Landbesitz geknüpft.

II. Die Gesellschaft im Übergang

In dieser Phase werden durch eine Umformung der traditionellen Gesellschaft die Voraussetzungen geschaffen, um durch Anwendung moderner wissenschaftlicher Erkenntnisse den wirtschaftlichen Aufstieg zu erreichen. Der Anstoß zur Reform kommt entweder aus den entwickelteren Gesellschaften oder entsteht in der Elite des Landes selbst. Die gleichgültige Geisteshaltung der traditionellen Gesellschaft wird überwunden und durch Glauben an den Fortschritt ersetzt. Sparneigung und Risikobereitschaft steigen, Banken und andere kapitalmobilisierende Einrichtungen entstehen, und die Investitionen im Transport-, Nachrichten- und Rohstoffsektors erhöhen sich. Der Umfang des Binnen- und Außenhandels wächst. Noch werden diese Aktivitäten jedoch durch nicht ausreichend angepaßte Verfahren und Verhaltensweisen behindert. Die politischen Veränderungen sind schon ausgeprägter. Sie führen auf Kosten der eher regional orientierten Herrschaft der Landsitzer zu einer Stärkung der Zentralgewalt.

III. Der wirtschaftliche Aufstieg

Dieses von Rostow als "großer Umsturz im Leben der modernen Gesellschaften" bezeichnete Stadium beginnt, wenn die alten Hemmnisse und Widerstände überwunden und der Weg für einen stetigen Wachstums- und Modernisierungsprozeß frei ist. Hierzu sind bestimmte Rahmenbedingungen erforderlich. Investitionen und Ersparnisse steigen stark an. In raschem Tempo entstehen neue Industrien, die ihrerseits durch verstärkte Nachfrage nach Vor- und Dienstleistungen das Wirtschaftswachstum stimulieren. Die in den expandierenden Sektoren engagierten Unternehmer erzielen hohe Gewinne und investieren diese zum großen Teil wieder. Neue Techniken werden nicht nur in der Industrie, sondern auch in der immer kommerzieller wirtschaftenden Landwirtschaft eingesetzt. In einem Zeitraum von zehn bis zwanzig Jahren werden auf diese Weise sowohl die Grundstrukturen der Wirtschaft als auch die soziale und politische Struktur der Gesellschaft so verändert, daß eine stetige Wachstumsrate aufrecht erhalten werden kann.

IV. Die Entwicklung zur Reife

An die Aufstiegsphase schließt sich ein langer Zeitraum an, in dem ein stetiges Wirtschaftswachstum erreicht und die moderne Technik auf alle Bereiche der Wirtschaft ausgedehnt wird. Ca. zehn bis zwanzig Prozent des Volkseinkommens werden ständig investiert, so daß die Produktion stärker steigt als die Bevölkerung. Ein andauernder Strukturwandel der Wirtschaft auch im internationalen Rahmen, unterstützt den Wachstumsprozeß. Etwa sechzig Jahre nach Beginn der Aufstiegsperiode oder ca. vierzig Jahre nach ihrem Abschluß ist das Reifestadium erreicht. Die Wirtschaft hat sich zu einem sehr fein strukturierten, hochtechnisierten Apparat entwickelt. Sie zeigt im Reifestadium, daß sie die technischen und unternehmerischen Fähigkeiten hat, zwar nicht alles, aber das zu produzieren, wofür sie sich entscheidet.

V. Das Zeitalter des Massenkonsums

In diesem Stadium erreichen die dauerhafte Konsumgüter und Dienstleistungen erstellenden Sektoren eine führende Position. Eine starke Steigerung des Pro-Kopf-Realeinkommens über die elementaren Bedürfnisse nach Nahrung, Unterkunft und Kleidung hinaus ermöglicht dieses. Die Struktur der Beschäftigten ändert sich, der Anteil der Angestellten und der städtischen Bevölkerung steigt an. Oberstes gesellschaftliches Ziel ist es nicht mehr, die moderne Technik möglichst überall zu verbreiten, sondern z.B. das soziale Netz auszubauen.

VI. Jenseits des Konsumzeitalters

Über die Zeit nach den oben beschriebenen fünf Stadien äußert Rostow nur vage Vermutungen, da noch keine klaren historischen Fallbeispiele zur Verfügung stehen. So spekuliert er z.B. über eine evtl. Abnahme des Grenznutzens dauerhafter Konsumgüter und eine evtl. Zunahme des Grenznutzens einer hohen Zahl von Kindern. Die Entwicklung in den USA nach dem zweiten Weltkrieg veranlaßt ihn zu diesen Vermutungen.

1.5. Herleitung der analytischen Vorgehensweise

An dieser Stelle soll noch keine Wertung der angeführten Theorien erfolgen, da ihre Relevanz für die in dieser Arbeit im Vordergrund stehende ägyptische Entwicklung erst nach der Durchführung der Analyse beurteilt werden kann. Die genaue Vorgehensweise bei dieser Analyse wird natürlich vor allem durch die geplante Ausrichtung der Arbeit bestimmt.

So zielt Richards in seinem Werk über die Entwicklung der ägyptischen Landwirtschaft von 1800-1980 schwerpunktmäßig auf technischen Wandel sowie soziale Veränderungen ab und widmet sich vor allem Akkumulations- und Verteilungsaspekten (141). Die bedeutenden technischen Veränderungen, von denen er insbesondere Dauerbewässerung, neue Fruchtfolgen und vermehrten Einsatz industrieller Inputs hervorhebt, werden in Beziehung zur sozialen Entwicklung gesetzt.

Während die Grundeinteilung der Arbeit Richards durch seine Hauptzielrichtung sozialer und technischer Wandel determiniert ist, sollen in dieser Arbeit die *Herrschafts- und Regierungsabschnitte*, die gerade in Ägypten markante Einschnitte darstellen, als Leitlinie dienen. Ein solcher historischer Ansatz legt den Gedanken an eine Untersuchung der ökonomischen und sozialen Veränderungen sowie der jeweiligen Politik nahe, wobei der Schwerpunkt im landwirtschaftlichen Bereich liegen soll.

Vor einer Bewertung der ökonomischen, sozialen und agrarpolitischen Veränderungen müssen jedoch erst die für das Thema relevanten Entwicklungen jedes Zeitraums erfaßt werden. Die Erstellung eines hierfür geeigneten, zwecks späterer Vergleichbarkeit relativ *einheitlichen Musters*, das die wesentlichen Veränderungen des Agrarsektors im gesamtgesellschaftlichen Rahmen *für jeden Herrschaftsabschnitt* darstellen und kommentieren soll, geschieht in einem gewissen Zwiespalt, da es möglichst umfassend, aber gleichzeitig auch handhabbar zu sein hat.

Dieser Konflikt besteht jedoch bei jeder Forschung, wie auch Schäfer feststellt, der am Beispiel der Bildung ökonomischer Theorien betont, daß die entscheidende Schwierigkeit nicht in der Berücksichtigung möglichst vieler, sondern im Abtrennen von Interdependenzen an den richtigen Stellen liegt. "Nur diejenigen Zusammenhänge sollten betont und zentral analysiert werden, die für das Forschungsziel im Vordergrund stehen, die aus empirischen oder theoretischen Gründen besonders relevant sind." (151, S. 8) Dem zufolge erhebt auch das in dieser Arbeit verwendete *Darstellungsmuster* keinen Anspruch auf absolute Vollständigkeit, wohl aber den, die bedeutenden und relevanten Entwicklungen des Untersuchungszeitraums aufzuzeigen. Dies gilt z.b. für die im Fall Ägypten sehr wichtigen ausländischen Aktivitäten oder die öffentlichen Finanzen.

Im Einzelnen weist das als praktikabel eingeschätze *Darstellungs- und Kommentationsmuster* für jeden Herrschaftsabschnitt folgende, evtl. jeweils noch weiter zu untergliedernde Form auf:

1. Das politische Umfeld
2. Agrarsektor und ländlicher Raum
2.1. Ländliche Besitz- und Sozialstruktur
2.2. Bewässerung und landwirtschaftliche Flächen
2.3. Ökonomische Entwicklung des Agrarsektors
2.4. Die wichtigsten Agrarprodukte
2.5. Technik der Landbewirtschaftung
3. Wesentliche außerlandwirtschaftliche Bereiche
3.1. Verkehr und Infrastruktur
3.2. Die nichtlandwirtschaftlichen Wirtschaftszweige
3.3. Ausländische Einflüsse in Wirtschaft und Politik

3.4. Handel mit dem Ausland

3.5. Die öffentlichen Finanzen

Treten schon beim Entwurf dieses Darstellungs- und Kommentationsmusters Probleme auf, so trifft dies in noch stärkerem Maß auf den *Bewertungsmodus* zu. Dieser in der Arbeit als "Erklärung und Wertung der dargestellten Vorgänge" bezeichnete Gliederungspunkt hat die Entwicklung jedes *Herrschaftsabschnitts* sowie anschließend auch *des Gesamtzeitraums* unter Orientierung an bestimmten ökonomischen, soziologischen und agrarpolitischen Aspekten analytisch aufzubereiten. Um dem zusammenhängenden Charakter der einzelnen disziplinären Wertungen gerecht zu werden, sollen in ihnen die jeweiligen Bewertungsaspekte nicht getrennt und auch nicht in Form einer 'Checkliste' behandelt werden, sondern einem zusammenhängenden Wertungstext als Anknüpfungs- und Orientierungspunkte dienen. Die grundsätzliche Vorgehensweise liefert aber noch keine detaillierten Aussagen für die *Bestandteile des Bewertungsverfahrens*, weshalb zunächst in der Literatur nach Hinweisen zu suchen ist, aus denen sich *passende Aspekte* entwickeln lassen.

Aufschlußreiche Erkenntnisse *im ökonomischen Bereich* liefern die grundlegenden Arbeiten Herlemanns über die Landwirtschaft im volkswirtschaftlichen Differenzierungsprozeß, in denen zwei Determinanten als besonders wichtig angesehen werden: Bevölkerungs- und Wirtschaftswachstum (71, S. 147). Die Besiedlungsdichte, d.h. das Knappheitsverhältnis zwischen Boden und Arbeit, bestimmt wesentlich den Gang der volkswirtschaftlichen Differenzierung. Während im vorindustriellen Stadium in dünnbesiedelten Gebieten eine arbeitsextensive Wirtschaftsweise entsteht, herrscht in dichtbesiedelten Ländern entsprechend den Knappheitsverhältnissen und somit den Faktorentlohnungen eine arbeitsintensive Wirtschaftsweise mit relativ hohen Grundrenten und niedriger Arbeitsproduktivität vor.

Im ersten Fall kann die zur Auslösung des volkswirtschaftlichen Differenzierungsprozesses erforderliche Kapitalbildung durch niedrige Agrarpreise, freiwilliges Sparen und Besteuerung von Besitz- und Arbeitseinkommen erfolgen; im zweiten Fall sind hierzu nur die größten Landbesitzer in der Lage, während die Masse der Kleinbauern vorwiegend nur zur Erhaltung der Subsistenz fähig ist (71, S. 150). Die Faktorenverfügbarkeit und -entlohnung bedingt nach Herlemann einen unterschiedlichen Verlauf der typischen Anpassungsvorgänge der landwirtschaftlichen Betriebsstruktur im volkswirtschaftlichen Differenzierungsprozeß, die sich in je drei aufeinanderfolgenden Technisierungsstufen vollziehen (69, S. 30):

Dichtbesiedelte Länder
1. Intensivierung
2. Mechanisierung
3. Betriebsaufstockung

Dünnbesiedelte Länder
1. Betriebsvergrößerung
2. Mechanisierung
3. Intensivierung

Verhängnisvoll kann im Fall der dichten Besiedlung eine Verzögerung oder ein unzureichendes Fortschreiten des volkswirtschaftlichen Differenzierungsprozesses bei anhaltend hohem Bevölkerungsanstieg, etwa bedingt durch mangelnde Auswanderungsmöglichkeiten, wirken, was in einer von landwirtschaftlicher Überbevölkerung mit geringer Arbeitsproduktivität und äußerst niedrigem Lebensstandard geprägten Situation resultieren würde (70, S. 65). Zusammenfassend lassen Herlemanns Ausführungen folgende *Bewertungsaspekte* für die *ökonomische Teilanalyse* besonders relevant erscheinen:

- Produktionsausrichtung und -höhe
- Maß der unternehmerischen Handlungsfreiheit
- Faktoreinsatz
- Faktorentlohnung
- Produktivität
- Anteil des Agrarsektors an der Gesamtwirtschaft

Anstöße zur Erstellung passender *soziologischer Aspekte* gibt Kötter, der betont, daß "eine Landwirtschaftswissenschaft z.B., die den Landwirt als 'homo oeconomicus' anspricht, ohne die sozialen Implikationen zu sehen," um so wirklichkeitsfremder bleibt, je realistischer sie zu sein vorgibt (88, S. 9). Kötter geht davon aus, "daß sich das Bewußtsein langsamer ändert als gewisse technische und wirtschaftliche Bedingungen" (88, S. 9) und befürchtet für den "Bereich der sozialen Verhaltensweisen, der ethischen Haltungen und der sozialen Selbstdeutung" einen "cultural lag" (88, S. 12).

Die Hervorhebung der technischen und wirtschaftlichen Rahmenbedingungen, die ja oft durch außerlandwirtschaftliche Determinanten bestimmt werden, deutet schon an, daß der Autor unter Infragestellung der überkommenen Stand-Land-Differenzierung dem gesamtgesellschaftlichen Hintergrund eine dominierende Rolle zuweist (90, S. 25). Innerhalb der Entwicklung dieses gesamtgesellschaftlichen Rahmens werden sich auch und gerade in der Landwirtschaft "neue Wertvorstellungen, Normen und agrarsoziale Institutionen entwickeln müssen." (90, S. 26)

Dennoch geht auch Kötter von der Existenz eines spezifisch agrarischen Entwicklungsrahmens, "einer für die Landwirtschaft relevanten sozialökonomischen Infrastruktur" (89, S. 121) aus, die er in materielle, sozio-institutionelle und personale untergliedert. Während unter agrarsoziologischen Gesichtspunkten die materielle Infrastruktur von geringerem Interesse sei und die personale vorwiegend in der Vermittlung und Verbesserung des in der Landwirtschaft eingesetzten Humankapitals bestehe, nimmt die sozialinstitutionelle einen zentralen Rang ein. Kötter unterteilt sie wie folgt (89, S. 122):

a) Wertorientierungen, gewachsene und gesetzte Normen, rechtliche Ordnung, Sitten und Gebräuche, Tradition

b) Sozialstruktur, insbesondere Agrarverfassung

c) Administrative Institutionen

d) Gesellschafts- und wirtschaftspolitische Repräsentation

Aufbauend auf diese Liste und unter Berücksichtigung der vorangegangenen Aussagen erscheinen folgende *Aspekte* somit *für die soziologische Bewertung* besonders wichtig:

- Grundlegende soziale Prozesse des ländlichen Lebens[2]
- Macht- und Abhängigkeitsverhältnisse
- Ländliche Institutionen
- Werte, Einstellungen und Verhaltensweisen der Landbevölkerung
- Landwirtschaft und gesamtgesellschaftlicher Rahmen

Am problemlosesten stellt sich die Suche nach geeigneten *Bewertungsaspekten bei der agrarpolitischen Teilanalyse* dar. Es bietet sich die Ver-

---

[2] Hierunter fallen z.B. Veränderungen der Sozialstruktur. Inkeles prägt für derart elementare Vorgänge den Begriff 'Fundamental Social Processes'. (76, S. 12)

wendung des z.B. von Trotha und Schuh klar formulierten Schemas an, das
Ziele, Träger, Mittel und Bereiche der Agrarpolitik unterscheidet (168, S. 70
ff). Diese in der wissenschaftlichen Diskussion weitgehend akzeptierte und
etwa auch von Henrichsmeyer / Gans / Evers (68, S. 38 ff) sowie Teichmann
(164) aufgegriffene Unterteilung soll in dieser Arbeit zwecks genauerer
Analyse noch leicht ergänzt werden und stellt sich insgesamt wie folgt dar:

- Träger der Agrarpolitik
- Grundzüge der Agrarpolitik
- Ziele der Agrarpolitik
- Bereiche der Agrarpolitik
- Instrumente der Agrarpolitik
- Auswirkungen der Agrarpolitik

Darstellungs- und *Bewertungsmuster* sind somit vollständig. Die aus der Sicht
unterschiedlicher Disziplinen durchgeführte Analyse wird am Ende der Arbeit einer *integrierten Abschlußbewertung* als Grundlage dienen, die zwar nicht
völlig umfassend sein kann, aber doch weite Bereiche der Entwicklung der
ägyptischen Landwirtschaft abdeckt.

Die Analyse wird weniger auf die Ermittlung exakter Zahlen, wie z.B. des
Pro-Kopf-Einkommens, ausgerichtet sein, sondern darauf, Tendenzen und
Entwicklungsrichtungen herauszuarbeiten. Der Grund hierfür liegt in der
Einbeziehung historischer Zeitabschnitte, für die nur wenige gesicherte Daten vorliegen, sowie in der allgemein eingeschränkten Aussagekraft von Entwicklungsländerstatistiken.

1.6. Natürliche Rahmenbedingungen

Um die Entwicklung der ägyptischen Landwirtschaft richtig beurteilen zu
können, müssen zuvor die Rahmenbedingungen aufgezeigt werden, unter
denen sich dieser Entwicklungsprozeß vollzieht. Ägypten, das im Westen an
Libyen, im Osten an Israel, im Süden an den Sudan und im Norden an das
Mittelmeer grenzt, bildet das Verbindungsstück zwischen dem afrikanischen
und dem asiatischen Kontinent. Der größere Landesteil westlich des Suezkanals gehört zu Afrika, während die Sinaihalbinsel schon zu Asien gerechnet
wird.

Die Gesamtfläche des Landes beträgt 1001449 qkm: diese vordergründige
Größe des Territoriums wird jedoch durch die Tatsache relativiert, daß nur
ca.3,5 v.H. der Fläche Kultur- und Siedlungsland sind (Michler / Paesler, 110,
S. 228). Abgesehen von einigen Oasen besteht das 'eigentliche' Ägypten aus

der Stromoase des Nils, die sich in das Niltal und das Delta aufteilt. Ägypten ist, wie schon Herodot sagte, ein 'Geschenk des Nils'. Der Fluß durchquert das Land auf einer Länge von 1550 km und gliedert es in vier Teile: das Niltal, das Delta, die Libysche Wüste und die Arabische Wüste (Statistisches Bundesamt, 160, S. 29). In der Stromoase selbst wird der lange Talabschnitt von Assuan nach Kairo (ca. 930 km) als Oberägypten und das sich nördlich von Kairo auffächernde Delta als Unterägypten bezeichnet.[3]

Die Breite des Kulturlandes im Niltal ist in den verschiedenen Provinzen sehr unterschiedlich. So beträgt sie in der Provinz Assuan durchschnittlich ca. 2,8 km, in Minya ca. 15,3 km und in Gizeh ca. 8,3 km. Die schmalste Stelle liegt mit einer Ausdehnung von nur 350 m am Dschebel Silsile, die breiteste bei Beni Suef mit ca. 23 km.

Die Länge des durch die beiden Nilarme gebildeten Deltas, das sich landschaftlich von der übrigen Nilstromoase unterscheidet, beträgt in Nord-Süd-Richtung ca. 175 km, die Ost-West-Ausdehnung an der Basis ca. 220 km.

Die einzigen landwirtschaftlich bedeutenden Böden Ägyptens liegen, abgesehen von den im Gesamtzusammenhang unbedeutenden Oasen, in der Nilstromoase, wobei sich die produktivsten im mittleren und südlichen Delta sowie zwischen Minya und Sohag befinden (Simon, 158, S. 18 ff). Die anderen Böden sind überwiegend sandig und enthalten nahezu gar keine organische Substanz. Nur einige sind als potentiell produktiv anzusehen, wenn eine ausreichende Wasserversorgung sichergestellt ist.

Ursache für die Entstehung der fruchtbaren Böden sind die seit ca. 30000 v. Chr. sich jährlich wiederholenden Überschwemmungen der Talebene und die damit verbundenen Ablagerungen des aus dem abessinischen Hochland mitgeführten Schlamms.

Nach Ansicht von El-Beblaoui verdanken die ägyptischen Ackerböden ihre Fruchtbarkeit weniger ihrem Gehalt an chemischen Bestandteilen, der eher als mittelmäßig einzuschätzen sei, sondern in erster Linie ihrer für das Pflanzenwachstum günstigen physikalischen Struktur (43, S. 178). Die chemische Bilanz wurde jedoch jahrtausendelang regelmäßig, bis zum Bau des Assuan-Hochdamms, durch die bei den Überschwemmungen des Nils abgelagerten Nährstoffe verbessert.

---

[3] In Statistiken und anderen Veröffentlichungen wird Oberägypten gelegentlich aufgeteilt in einen nördlichen Abschnitt, der als Mittelägypten bezeichnet wird und das Gebiet von Gizeh bis Assiut umfaßt, und einen südlichen Abschnitt von Sohag bis zum Sudan, das eigentliche Oberägypten.

Klimatisch wird Ägypten von zwei verschiedenen Zonen beeinflußt. Im größten Teil des Landes ist Wüstenklima vorherrschend; nur die westliche Mittelmeerküste sowie der nördliche Teil des Deltas liegen im Bereich mediterranen Klimas. Dies gilt jedoch nur für den Winter; im Sommer steht auch das gesamte Delta unter dem Einfluß der Sahara.

Die Hauptregenzeit ist in den Monaten November bis Februar. So fallen z.B. in Alexandria ca. 90 v.H. der jährlichen Niederschlagsmenge in dieser Zeit, in Kairo über 60 v.H.. Die Niederschlagsmenge nimmt von Nord nach Süd und von West nach Ost ab. Südlich von Kairo kommt Regen nur sehr selten vor. So erhält z.B. Assiut nur ca. 0,4 mm im Jahr. Teilweise bleibt der Regen im Niltal jahrelang völlig aus. Für einen großflächigen und intensiven Ackerbau sind die Niederschlagsmengen völlig unzureichend.

Ebenso wie bei den Niederschlägen sind auch bei den Temperaturen große Unterschiede zwischen Nord und Süd erkennbar. Während die durchschnittliche Jahrestemperatur in Alexandria ca. 21,1 °C beträgt, erhöht sich dieser Wert in Assuan auf 27,0 °C. Noch deutlicher sind die Unterschiede zwischen Nord und Süd bei der mittleren Maximaltemperatur z.B. des Sommermonats August. Sie erreicht in Alexandria 30,3 °C, in Assuan jedoch 42,0 °C. Von noch größerer Bedeutung für die Landwirtschaft ist es jedoch, daß die Temperaturen nur sehr selten weit unter 10 °C fallen. So ist von der Temperatur her ganzjähriger Anbau möglich.

Auf Grund der geringen Niederschläge hängt das Gedeihen der ägyptischen Landwirtschaft und damit des ganzen Landes seit Jahrtausenden fast vollständig vom Nil ab.

Die jahreszeitlichen Schwankungen des Wasserstandes und die unterschiedlich starken Überflutungen bestimmten bis zur Fertigstellung des Assuan-Hochdammes das Leben in einem sehr hohen Maß.

In normalen Jahren lief dieser Prozeß so ab, daß der Nil im Laufe des Julis recht langsam, im August dann sehr schnell anstieg und im September das Maximum seines Wasserstandes erreichte.[4] Im Oktober begann ein rascher Rückgang der Flut, so daß der Wasserstand im Dezember bereits wieder auf dem Stand vom Juli war. In den darauffolgenden Monaten sank der Pegel wesentlich langsamer und erreichte im Mai mit durchschnittlich 45 Mio cbm pro Tag sein Minimum (Simon, 158, S. 24).

---

[4] Simon gibt hierfür einen Durchschnittswert von 712 Mio.cbm an. (158, S. 24)

Der bei Assuan gemessene Durchschnittswert der Jahreswassermenge von 84 Mrd. cbm schwankte vor dem Bau des Hochdammes stark. So führte der Nil z.B. im Jahr 1941 nur 63 Mrd. cbm und 1913 sogar nur 45 Mrd. cbm, während der Wasserstand 1916 112 Mrd. cbm und 1879 sogar 137 Mrd. cbm betrug und somit den Durchschnittswert weit übertraf (Simon, 158, S. 24).

Diese starken Schwankungen auszugleichen und für eine kontinuierliche Wasserführung zu sorgen war eine der Hauptaufgaben des Hochdammprojekts. Seit der Fertigstellung des Damms gehören die jährlichen Überschwemmungen des Nils, aber auch die Jahre des Wassermangels, der Vergangenheit an.

2. Endphase der Mamelukenherrschaft und französischer Ägyptenfeldzug - Der Ausgangspunkt der Analyse (vor 1805)

2.1. Das politische Umfeld

Bei jeder Arbeit mit historischem Hintergrund stellt sich das Problem der zeitlichen Abgrenzung. Während das Ende bei Untersuchungen, die auch die Gegenwart einbeziehen, vorgegeben ist, fällt die Festlegung des Einstiegs häufig nicht so leicht. Ägypten bildet hierbei eine bemerkenswerte Ausnahme, da eine Analyse der landwirtschaftlichen Entwicklung im Rahmen des gesamtgesellschaftlichen Differenzierungsprozesses ohne Zweifel am Ende der jahrhundertelangen Mamelukenherrschaft, also zur Zeit der vorletzten Jahrhundertwende, zu beginnen hat. Drei Gründe sind dafür besonders ausschlaggebend:

Die seit 1250 währende Vorherrschaft der Mameluken, einer Kriegerkaste, in Ägypten neigte sich, wie erwähnt, dem Ende zu und sollte bald durch einen reformfreudigen Herrscher, Mohammed Ali, ersetzt werden. Das alte Kulturland am Nil war zwar seit 1517 Teil des Osmanischen Reiches und wurde von einem durch den türkischen Sultan ernannten Pascha regiert, der sich anfangs auch auf türkische Truppenverbände stützte, die jedoch im Laufe der Zeit an Bedeutung verloren. Mehr und mehr traten wieder die Mameluken an ihre Stelle, die bis zur türkischen Eroberung das Land beherrscht hatten. Die Macht dieser Kriegerkaste wurde im 18. Jahrhundert schließlich so groß, daß sie beim Sultan sogar die Abberufung mißliebiger Paschas erreichen konnte. Gleichzeitig wuchsen die Spannungen zwischen den Mameluken selbst, die sich oft in blutigen Kämpfen entluden, vor allem, wenn es um die Besetzung des einflußreichsten Postens in Ägypten, dem des Gouverneurs von Kairo, ging. Dieser war der wahre Herrscher eines Landes, dessen innere Verhältnisse immer instabiler wurden.

Ägypten rückte nach Jahrhunderten der Vernachlässigung und des Vergessens durch Napoleons Feldzug 1798-1801 wieder in den Blickpunkt der europäischen Öffentlichkeit. Während sich diese Expedition in Bezug auf ihre militärischen Ziele als völliger Fehlschlag erwies, sind die in relativ kurzer Zeit von namhaften französischen Gelehrten gewonnenen Erfahrungen von großer wissenschaftlicher Bedeutung. Die von ihnen erstellte 'Description de l'Egypte' ist mit ihrer breiten Darstellung von Flora und Fauna, Geschichte und Archäologie sowie der wirtschaftlichen, politischen, sozialen und finanziellen Verhältnisse des Landes eine wertvolle zeitgenössische Beschreibung.

Ägypten wies während des 18. Jahrhunderts viele für eine vorwiegend subsistenzorientierte Wirtschafts- und Lebensweise typische Merkmale auf (Issawi, 81, S. 361 u. S. 372). Der Lebensbereich der Bevölkerung beschränkte sich meist auf die nähere Umgebung des Dorfes, das die Basiseinheit des ländlichen Lebens war. Außer Kairo gab es keine Städte von Bedeutung, Kontakte zu Organen der schwachen Zentralverwaltung bestanden kaum, die Obrigkeit war der örtliche multazim, der Steuerpächter; wegen der geringen Produktionsüberschüsse und der schlechten Transportmöglichkeiten war der Vermarktungsanteil völlig unbedeutend; monetäre Transaktionen fanden nur in beschränktem Maß statt; sowohl in der Landwirtschaft als auch in Handwerk und Kleinindustrie war der Stand der Produktionstechnik niedrig; Außenhandel wurde zwar betrieben, jedoch nur in einem sehr bescheidenen Umfang.

Die auf Grund der geringen Materialverfügbarkeit und des Fehlens von Informationen zu manchen Kategorien unvollständige und modifizierte Darstellung dieses Zeitraums soll als Ausgangs- und Referenzsituation die Voraussetzungen für den durch Mohammed Ali eingeleiteten Entwicklungsprozeß aufzeigen und bildet somit die Grundlage für den im nächsten Kapitel hinzukommenden *Modus zur Bewertung* dieses Prozesses.

2.2. Agrarsektor und ländlicher Raum

2.2.1. Ländliche Besitz- und Sozialstruktur

Der Großteil der zum Zeitpunkt des französischen Feldzugs ca. 2,5 Mio. Ägypter[1] lebte auf dem Land. Mit weitem Abstand größter Grundeigentümer war der Staat, also das Osmanische Reich. Entvölkerung durch Kriege und Seuchen in früheren Jahrhunderten, die teilweise Landflucht der Fellachen sowie Fehden unter der herrschenden Mamelukenschicht hatten die Zentralmacht, als sie noch handlungsfähig war, zur Vereinnahmung der Böden veranlaßt.

Die Eigentumsrechte des Staates waren aber nur vordergründig. Schon während des 17. Jahrhunderts wurden sie mehr und mehr geschwächt (Gibb / Bowen, 56, S. 259 f), während die Pächter des Landes allmählich eine Schlüsselrolle erlangten. Am Ende des 18. Jahrhunderts gab es ca. 6000 solcher Pächter (multazims), von denen nur ca. 300 Mameluken waren. Letztere kontrollierten jedoch mehr als zwei Drittel des kultivierbaren Landes. Die reicheren multazims lebten oft als absentee landlords in der Stadt, während die weniger wohlhabenden teilweise Mühe hatten, auf ihren Anwesen, den iltizams, ihren Lebensunterhalt zu sichern.

Ursprünglich war ein iltizam eine Liegenschaft, die von einer Dienststelle der Regierung gegen Höchstgebot für ein oder mehrere Jahre verpachtet wurde.

---

[1] Nach französischen Schätzungen 2.460.000 Einwohner. Vgl. die Bevölkerungsschätzungen in: (Artin, 14, S. 83 ff)

Der Pächter hatte die Verpflichtung, Grundsteuern an die Regierung zu zahlen, bestimmte öffentliche Gebäude zu unterhalten, Gäste zu bewirten und für die Wartung der Bewässerungsanlagen zu sorgen. Sein Gewinn lag darin, daß er die Differenz zwischen der an die Regierung abzuführenden und der von ihm den Bauern auferlegten Steuer behalten durfte (Rivlin, 143, S. 21). Außerdem war der multazim ermächtigt, die nicht den Bauern zur Bewirtschaftung überlassenen Flächen des iltizams selbst zu bewirtschaften, was oft noch lukrativer als die Steuererhebung war. Hierzu boten sich drei Möglichkeiten:

- Der multazim konnte das Land an shaykhs oder andere hochgestellte Persönlichkeiten des iltizams verpachten.

- Er konnte es mit Hilfe von Lohnarbeitern selbst bewirtschaften. Für Erntearbeiten erhielten diese ihren Lohn in Naturalien, für die Bestellung in Geld.

- Er hatte teilweise die Möglichkeit, Bauern als Zwangsarbeiter einzusetzen.

Am Ende des 18. Jahrhunderts betrug der Anteil des den multazim zustehenden Landes an der bewirtschafteten Fläche schätzungsweise 10 v.H. (Richards, 141, S. 10).

Neben seinen wirtschaftlichen Rechten war der multazim ermächtigt, in seinem iltizam Urteile zu fällen sowie bewaffnete Gefolgsleute zu unterhalten. Vor allem letzteres sicherte dem Pächter gegenüber allen Bewohnern seines iltizams eine uneingeschränkte Machtposition.

Die ursprünglich zeitlich begrenzten Rechte der multazim weiteten sich im Laufe der Zeit, vor allem durch den Niedergang der türkischen Herrschaft begünstigt, zu erblichen, eigentumsähnlichen Rechten aus. Der Pächter konnte seinen iltizam ganz oder in Teilen verschenken oder auch als Sicherheit für einen empfangenen Kredit dem Gläubiger zur Nutzung übertragen, wobei die einzige Auflage war, daß das Verhältnis zwischen dem vom multazim bewirtschafteten Land und dem Bauernland nicht verändert wurde. Nur falls ein multazim ohne Erben starb oder seine Erben es versäumten, die relativ geringe Erbschaftssteuer zu zahlen, fiel das Land wieder an den Staat (Baer, 17, S. 2).

Die Stellung der Bauern, also der Masse der Bevölkerung, war zwar rein rechtlich schwach, da sie keinen Rechtsanspruch auf das von ihnen bewirtschaftete Land besaßen. Jedoch hatten sie, solange sie Steuern zahlten, gewöhnlich das Nutzungsrecht an einer bestimmten Fläche und konnten dies auch ihren Nachkommen vererben oder gegen Entgelt auf andere Bauern übertragen. Nur in Oberägypten wurde den Fellachen wegen der unterschiedlich starken Überflutungen nicht eine bestimmte Fläche, sondern ein fester Anteil am Ackerland zugestanden. Die Landbewirtschaftung wurde noch häufig gemeinschaftlich durchgeführt; die Feldmark bestand gewöhnlich aus einer großen, zusammenhängenden Fläche, in der sich die aus langen Streifen bestehenden Felder der einzelnen Bauern kaum abhoben (Crouchley, 37, S. 17).

Neben den Bauern existierte in den Dörfern trotz der geringen Bevölkerungsdichte eine Gruppe Landarmer oder Landloser, die sich für die Landbewirtschaftung verdingten. Die meisten waren wegen Steuerrückständen von ihren Flächen vertrieben worden oder hatten Parzellen, die wegen unzureichender Bewässerung nicht zur Bestreitung des Lebensunterhalts ausreichten.

Eine einflußreiche ländliche Gruppe bildeten die shaykhs. Sie waren sowohl dafür zuständig, Anordnungen des multazims bei den Bauern durchzusetzen, als auch für die Überwachung der landwirtschaftlichen Arbeiten, um so die Grundlage der Steuereinnahmen des multazims zu erhalten. Daneben hatten einige shaykhs im Dorf ein Richteramt inne, das sich nicht nur auf Bauern, sondern auch auf Handwerker u.ä. erstreckte.

Eine vor allem in Mittel- und Oberägypten mächtige Gruppe waren die Beduinen. Diese Nomaden waren seit der Zeit der arabischen Eroberung mehr und mehr zu seßhaften oder halbseßhaften Landbewirtschaftern geworden. Ihre shaykhs nahmen allmählich die Stellung von multazim ein und die mächtigsten besaßen in weiten Gebieten fast uneingeschränkte Macht, die erst 1769 beschnitten wurde, als es zur Entstehung einer neuen Zentralmacht kam, die aber auch nur kurzfristig handlungsfähig blieb.

In Regionen, in denen Beduinen und Fellachen gemischt lebten, zwangen die, ob seßhaft oder halbnomadisch lebend, immer bewaffneten Beduinen die Bauern mit Gewalt, ihnen besseres Land zur Verfügung zu stellen oder einen höheren Anteil an der Steuerlast zu übernehmen. Auch gab es häufig Manipulationen am Bewässerungssystem zugunsten der Beduinen und, falls die Erträge der eigenen Flächen nicht ausreichten, zu Beschlagnahmungen bei den Bauern. Die Fellachen tolerierten die Übergriffe der Beduinen, da diese gutausgebildeten Krieger die Dörfer gegen die Raubzüge anderer, noch in nomadischer Lebensweise verhafteter Beduinen verteidigten (Rivlin, 143, S. 26).

Wie in anderen islamischen Ländern wurden auch in Ägypten schon früh Stiftungen zugunsten religiöser oder karitativer Institutionen eingerichtet, deren Umfang knapp 20 v.H. der gesamten Kulturfläche erreichte (Baer, 17,

S. 2). Zur Errichtung eines dem islamischen Recht gemäßen Waqfs war jedoch theoretisch eine vollständige Eigentumsübertragung auf den Begünstigten erforderlich. Da sich diese in Ägypten wegen der staatlichen Eigentumsvorbehalte in den meisten Fällen verbat, kam es oft zur Einrichtung von Stiftungen auf der Grundlage der Erträge des Landes anstelle des Landes selbst. Es gab zwei verschiedene Arten von Stiftungen: waqfs und hubus, letztere später auch als rizaq-al-ahbasiyah bezeichnet (Rivlin, 143, S. 31).

- Unter der ersten Bezeichnung wurden die Stiftungen zusammengefaßt, bei denen eine vollständige Eigentumsübertragung stattgefunden hatte. Vor allem städtische Anwesen fielen in diese Gruppe; auf dem Land waren es hauptsächlich die Stiftungen der königlichen Familie, deren Erträge für die heiligen Städte Mekka und Medina sowie deren karitative Aufgaben bestimmt waren.

- Die Rechtsform des hubus erforderte hingegen keine vollständige Eigentumsübertragung auf den Begünstigten. Dieser Umstand sowie die zunehmende politische Instabilität im Verlauf der türkischen Herrschaft veranlaßte immer mehr Landbesitzer, ihre Nutzungsrechte in als sicher angesehene hubus umzuwandeln. Die multazim brachten meist nicht einen ganzen iltizam, sondern nur den ihnen zur Bewirtschaftung übertragenen Anteil in die Stiftung ein. Die meisten Stifter verfügten, daß die Einkünfte des hubus ihnen und ihren Erben zufließen sollten, während nach dem Aussterben der Linie die bedachte Einrichtung als Nutznießer vorgesehen war. Die Bezeichnung für die Einkünfte aus einem hubus, arrizaq-al-ahbasiyah, setzte sich allmählich als Name für das Land selbst durch.

Die Beliebtheit der Stiftungen in hubus- oder später rizaq-al-ahbasiyah-Rechtsform erklärt sich auch aus der Tatsache, daß zwar die Grundsteuer zu zahlen war, zusätzliche Aufgaben, die den Besitzern von iltizam-Land auferlegt waren, aber entfielen. Für die Flexibilität des Bodenmarktes in Ägypten war die vermehrte Einrichtung von Stiftungen ein wachsendes Problem, da dieses Land nicht verkauft werden durfte. Allerdings war eine Verpfändung an Gläubiger über 90 Jahre möglich, bei der der Gläubiger das Nutzungsrecht erhielt.

Gegen Ende des 18. Jahrhunderts verschlechterte sich sowohl die allgemeine Lage als auch besonders die Situation auf dem Land.

Mit den Stiftungen wurde immer mehr Mißbrauch getrieben, indem widerrechtliche Ansprüche mit Gewalt durchgesetzt, Gelder für die wohltätigen Zwecke gekürzt oder einbehalten sowie gerechtfertigte Ansprüche unterlaufen wurden. Die Bauern litten unter den Kämpfen zwischen verfeindeten Mamelukensippen und unter den ständigen Steuererhöhungen, auf die die

Mameluken zur Deckung ihrer hohen Kosten für Waffen u.ä. angewiesen waren. Die ägyptische Agrarverfassung war in einem Zustand, der jeglichem Fortschritt im Weg stand.

2.2.2. Bewässerung und landwirtschaftliche Flächen

Nachdem im prähistorischen Ägypten lange Zeit einfach die von der Flut überschwemmten Flächen bewirtschaftet worden waren, was von Jahr zu Jahr eine stark schwankende Anbaufläche ergab, entwickelte sich vor ca. 5000 Jahren das System der sogenannten Beckenbewässerung. Hiermit war es möglich, einen großflächigen Bewässerungsanbau zu organisieren.

Das Land zwischen den Dämmen am Flußufer und der Wüste wurde durch Längs- und Querdämme in einzelne Becken aufgeteilt. Um deren Wasserversorgung sicherzustellen, grub man von einem flußaufwärts gelegenen Punkt aus einen Kanal, an den mehrere Becken angeschlossen waren. Zu demselben Zweck bediente man sich auch der durch die Stromverlagerungen des Nils entstandenen ehemaligen Flußbette. Das Beckensystem hatte vor allem zwei Vorteile (Simon, 158, S. 26 ff):

- Bis zu einem gewissen Grad war es möglich, die Höhe des Wasserspiegels zu regulieren und somit die Abhängigkeit von der Fluthöhe zu verringern.

- Das Wasser blieb nur solange auf dem Feld, bis der Boden ausreichend versorgt war. Danach wurde es in den Nil abgelassen und nach kurzer Trocknungspause mit der Bestellung begonnen.

Um den 12. August begann, fortschreitend von Süd nach Nord, die Füllung der zwischen 500 und 40.000 Feddan großen Becken, die etwa bis zum 22. September abgeschlossen war. Nach 40-50 Tagen Verweildauer im Becken hatten sich ca. 8-9 t Nilschlamm pro Feddan abgesetzt (19-21 t/ha), wobei die Verteilung auf die einzelnen Becken recht unterschiedlich war (Anhoury, 9, S. 503).

Das Ablassen des Wassers geschah, von Süd nach Nord fortschreitend, ab Mitte Oktober bis Ende November. Ganzjährig bewässert wurde nur der schmale, hochgelegene Landstreifen zwischen dem Nil und dem Beckenbewässerungssystem.

In Jahren niedriger Flut konnte es vorkommen, daß viele Becken nicht gefüllt werden konnten und die Kulturfläche nur ca. die Hälfte des normalen

Umfangs erreichte. Das in dem jeweiligen Jahr verlorengegangene Land wurde als Scharaki-Land bezeichnet.[2]

Für die Überwachung und Instandhaltung des Bewässerungssystems waren Gefolgsleute des multazims zuständig.

Die Auswirkungen des Beckenbewässerungssystems auf die Landnutzung und Erhaltung der Bodenfruchtbarkeit lassen sich folgendermaßen zusammenfassen:

- Dünger wurde auf dem beckenbewässerten Land nicht benötigt, sondern nur auf den höhergelegenen, dauerbewässerten Streifen.

- Die Anforderungen an Bodenbearbeitung und Saatbereitung waren sehr gering, vor Klee wurde nicht einmal gepflügt, so daß sich ein auch im Verhältnis zur damaligen europäischen Landwirtschaft geringer Arbeitsbedarf ergab.

- Die jährlichen Auswaschungen verhinderten eine Versalzung der Böden. Andererseits kam es durch die Flut auch zu Zerstörungen, unter denen die Landbewohner zu leiden hatten.

- Vor dem Eintreffen der Flut, also Ende Juli bis Anfang August, lag der Boden eine Zeitlang ungenutzt brach, was zu Verwitterungs- und Erosionserscheinungen führte.

- Pflanzen, deren Anbauzeit in die trockenen Monate vor der Flut fiel, mußten, um die Wasserversorgung gewährleisten zu können, auf den am Fluß gelegenen Dauerbewässerungsflächen angebaut werden. Der Wassertransport zur Überbrückung des Höhenunterschiedes war sehr arbeitsaufwendig. Ca. ein Fünftel der gesamten Anbaufläche fiel in diese Kategorie (Richards, 141, S. 15).

Der gesamte Kulturflächenbestand ist auf Grund unterschiedlicher Maße schwer zu schätzen, wird aber auf der Basis französischer Erhebungen auf ca. 3,97 bis 4,04 Mill. Feddan veranschlagt (Rivlin, 143, S. 31).

---

[2] Siehe auch die ausführliche Beschreibung des ägyptischen Beckenbewässerungssystems in: (Nagy, 117)

2.2.3. Die wichtigsten Agrarprodukte

Nach den Berichten der französischen Forscher war Gerste um 1800 in ganz Ägypten verbreitet und wurde von allen Getreidearten am häufigsten angebaut. Sie wurde sowohl, vor allem in Oberägypten, für die menschliche Ernährung als auch für die Fütterung der Tiere und als Zahlungsmittel für die Steuern verwendet. Gewisse Mengen wurden auch exportiert. Einer der Gründe für die große Verbreitung lag in der hohen Anspruchslosigkeit der Gerste im Bezug auf den Salz- und Sandgehalt der Böden (Simon, 158, S. 130).

Weizen, wie Gerste seit Jahrtausenden in Ägypten angebaut, war die zweite Hauptgetreideart und der wichtigste Exportartikel (Crouchley, 37, S. 166). Obwohl Ägypten wegen seiner südlichen Lage nicht als idealer Weizenstandort gelten kann, lagen die Erträge um 1800 erstaunlich hoch; nach Audebeau Bey entsprachen sie schon ungefähr den Werten der Zeit um 1920 (15, S. 132 ff), also etwa 16 dz/ha. Eine Mischung aus Weizen und Gerste bildete in den meisten Landesteilen die Grundlage für das Hauptnahrungsmittel Brot.

Neben diesen beiden Hauptprodukten bestand noch eine breite Palette weniger wichtiger Pflanzen, die Mais, Reis, Flachs, kurzfaserige Baumwolle, Zuckerrohr sowie diverse Ölpflanzen und Leguminosen umfaßte (Simon, 158, S. 98 ff; 152, S. 4).

Alexandrinerklee (Bersim), das Hauptfuttermittel, konnte auf Grund der während der Mamelukenherrschaft erfolgten Bodenverluste und Mängel im Bewässerungssystem nur begrenzt angebaut werden. Die Bewirtschafter konzentrierten sich vor allem auf die Erzeugung von Produkten für die menschliche Ernährung, die auch bei der Besteuerung vorwiegend verlangt wurden. Der sich vornehmlich aus Arbeitstieren wie Büffel, Rinder, Kamele und Esel zusammensetzende Tierbestand mußte deshalb auf das zur Erledigung der Arbeitsbedürfnisse erforderliche Maß beschränkt bleiben. Die Tiere lieferten zwar teilweise auch Fleisch und Milch, die erzeugten Mengen waren aber insgesamt nur gering (Crouchley, 37, S. 22).

2.2.4. Technik der Landbewirtschaftung

Die technischen Geräte zum Wassertransport über Höhenunterschiede waren noch die gleichen wie in pharaonischen Zeiten. Die französischen Gelehrten schätzten den technischen Stand der Geräte sogar schlechter ein als den der antiken Muster.

Neben dem Wassertransport von Hand im Ledersack war die einfachste Hebevorrichtung das Schaduf, ein Hebebalken, an dem ein Behälter und ein entsprechendes Gegengewicht befestigt waren. Die Leistung lag bei ca. 0,5 - 2,0 l/sec.

Die Sakije, ein aus Holzrädern zusammengesetztes und meist von Ochsen angetriebenes Schöpfrad, an dem zum Wassertransport Tonkrüge angebunden waren, leistete ca. 1,3 l/sec.

Das Tambur, ein Hohlzylinder mit einer darin befindlichen archimedischen Schraube, ist zwar aus altägyptischen Überlieferungen bekannt, war jedoch um 1800 nur selten zu finden. Dies ist wegen der hohen Leistung von ca. 7,5 - 10 l/sec erstaunlich, erklärt sich jedoch aus den mangelnden handwerklichen Kenntnissen im Ägypten der ausgehenden Mamelukenherrschaft.

Zur Bodenbearbeitung wurden schon seit antiken Zeiten die Hacke und der Holzpflug verwendet. Letzterer war sehr gut an die klimatischen Gegebenheiten des Landes angepaßt. Da es sich um einen Hakenpflug handelte, wurde der Boden nur in einer Tiefe von ca. 20-25 cm aufgebrochen, aber nicht gewendet. Dies ist von Bedeutung, da sonst die in den oberen Bodenschichten angereicherten Salze in den Wurzelbereich der Pflanzen gelangen würden.

Die Flächenleistung beim Pflügen war damals wegen der Beschaffenheit der ägyptischen Böden im Vergleich zu Europa relativ hoch. Nach zeitgenössischen französischen Untersuchungen benötigte ein mit zwei Ochsen bespannter Pflug für einen Hektar 3,5 Tage, während für die gleiche Fläche in Frankreich 4 Tage ermittelt wurden. Da sowohl menschliche als auch tierische Arbeitskraft nach Feststellung der französischen Wissenschaftler nur 2/3 der französischen Leistung erbrachten, ist der Unterschied in der Flächenleistung umso bemerkenswerter. Er erklärt sich aus der relativ leichten Struktur der ägyptischen Böden sowie aus der geringeren Pflugtiefe (Girard, 57, S. 688 f).

Die Ernte erfolgte in den meisten Fällen mit der Handsichel, der Drusch mit einem auf Radscheiben fahrenden Wagen (Norag), der von einem Büffel im Kreis über das Korn gezogen wurde. Das häufig stark mit Sand vermischte Dreschgut wurde mit einer Holzgabel gegen den Wind geworfen und so von der Spreu befreit.

Außer Nilschlamm wurde keine Düngung ausgebracht. Dennoch war das Verhältnis Saataufwand/Ertrag für die damalige Zeit mit 1:14 bis 1:15 sehr günstig, während es in Frankreich bei 1:3 bis 1:19 lag (Girard, 57, S. 698 f).

Auf den beckenbewässerten Flächen, die den Großteil des Kulturlandes ausmachten, wurde eine Zwei-Jahres-Rotation von Weizen und Gerste abwechselnd mit Bersim und Bohnen als Standardfolge praktiziert. Geerntet wurde einmal im Jahr. Auf den dauerbewässerten Landstreifen wurden Pflanzen mit höherem Wasserbedarf, so z.b. Hirse, Mais und in geringen Mengen Baumwolle angepflanzt.

2.3. Wesentliche außerlandwirtschaftliche Bereiche

Neben Handel und Handwerk bestand der außerlandwirtschaftliche Bereich vorwiegend aus relativ klein strukturierten Betrieben, die für den direkten menschlichen Bedarf produzierten und landwirtschaftliche Produkte weiterverarbeiteten, wie z.b. Ölmühlen und Zuckerverarbeitungsanlagen. Tierische und menschliche Arbeitskraft waren die wesentlichen Energiequellen. Hierin sahen die französischen Wissenschaftler einen Engpaß für die zukünftige Entwicklung. Da Dampfmaschinen wegen des in Ägypten fehlenden Heizmaterials nicht als geeignet erschienen und das hydroelektrische Potential des Nils noch nicht auszubeuten war, befürworteten die Franzosen die Errichtung von Windmühlen (Girard, 57, S. 618).

Eine detaillierte und ausführliche Darstellung der außerlandwirtschaftlichen Bereiche, wie sie für die anderen Herrschaftsabschnitte vorgenommen werden wird, kann an dieser Stelle nicht erfolgen. Mangelhaftes Quellenmaterial, aber mehr noch das Fehlen ganzer Kategorien, z.b. der öffentlichen Finanzen, auf Grund des politischen und ökonomischen Zustands Ägyptens sind hierfür die Ursache. In einem kurzen Exkurs soll aber auf die Aktivitäten der französischen Besatzer eingegangen werden, denen zwar keine Zeit für einschneidende praktische Veränderungen blieb, deren Planungen aber starke Auswirkungen auf die kommenden Jahrzehnte hatten.

2.4. Französische Reformbestrebungen

Der Anstoß, Reformpläne vor allem für die Landwirtschaft auszuarbeiten, ging für die französische Besatzungsmacht von der Notwendigkeit aus, die Steuereinnahmen wegen der zivilen und militärischen Kosten der Okkupation zu erhöhen. Dieser Zwang verstärkte sich noch nach dem Sieg der britischen Flotte bei Abukir (1.8. 1798) und der daraus resultierenden Unterbrechung der Verbindung mit dem französischen Mutterland. Napoleon war nunmehr vollständig auf Einnahmequellen in Ägypten angewiesen. Diese waren jedoch nicht sehr ergiebig, da sich das Land wegen der vor allem in Oberägypten noch nicht vollständig gebrochenen Macht der Mameluken, des sich nur langsam ausweitenden französischen Besatzungsgebiets und der Raubzüge von Beduinenstämmen in einer Art gesetzlosen Zustands befand.

Um sich die zur Steuereintreibung nötige Infrastruktur zu verschaffen, bestätigte die Besatzungsmacht die multazims in ihren Rechten. Nur das vormals von Mameluken kontrollierte Land, das 2/3 des Kulturlandes ausmachte, wurde eingezogen und französischen Beamten unterstellt (Rivlin, 143, S. 41 f).

Parallel zu diesen Maßnahmen wurden aber schon weiterführende Pläne entwickelt, die eine Abschaffung des iltizam-Systems zum Inhalt hatten.[3] Die noch verbliebenen multazims sollten mit dem Besitzrecht am schon vorher von ihnen bewirtschafteten Teil des iltizams abgefunden werden sowie mit einer Entschädigung für die entgehenden Steuereinnahmen auf dem Rest des iltizams. Dieser Rest sollte im Besitz der Bauern bleiben, während für das Stiftungsland eine 99-jährige Übertragung auf Erbpachtbasis vorgesehen war. Überlegungen über die zukünftige Besteuerung des Landes wurden ebenfalls angestellt.

Als Ergebnis dieser Planungsphase entstand ein Dekret, das die amtliche Registrierung aller Eigentumsflächen, verbunden mit einer dafür zu zahlenden Steuer, verfügte, sowie Bestimmungen über Erbschaftssteuern, Sterbesteuern, Steuern für Gläubiger, die Ansprüche auf das Eigentum Verstorbener erhoben, u.ä.. Andere Steuern, so z.B. für Landverkäufe, Geburten, Reisen, Verträge u.s.w. fanden sich ebenfalls in diesem Erlaß. Das Erbrecht wurde entsprechend der shariah, dem islamischen Recht, geregelt. Die wichtigste Steuer, die auf Eigentum, sollte in unterschiedlicher Höhe auf das von Fachleuten in drei Klassen eingeteilte und genau registrierte Eigentum erhoben werden (Rivlin, 143, S. 42 f).

Ein Aufstand in Kairo (21./22.10.1798) brachte das geplante Reformwerk jedoch zum Scheitern. Nur einige der Steuern wurden nach der Niederschlagung des Aufruhrs erhoben; sie stellten aber eher eine Zwangsabgabe dar als einen Teil eines großen Reformwerks.

1800 setzten die Franzosen zu einer zweiten Initiative an, die u.a. ein industrielles und landwirtschaftliches Förderungsprogramm mit Maßnahmen zur Verbesserung des Bewässerungssystems und zur Einführung neuer bzw. verbesserter Agrarprodukte beinhaltete. Von noch größerer Bedeutung waren die Vorstellungen über eine Reform der landwirtschaftlichen Bodenbesteuerung (Rivlin, 143, S. 44 f):

- Aufhebung aller bestehenden Bodensteuern, bis auf wenige davon ausgenommene Sachsteuern in einigen Regionen Oberägyptens.

- Einführung einer einzigen Bodensteuer, deren Höhe von der Fläche jedes Dorfes und der Bodengüte abhing.

---

[3] Genauere Ausführungen zu dieser Thematik finden sich in: (El-Mouelhy, 48, S. 197 ff)

- Einteilung der Böden in drei Klassen, für die nach jeder Überflutung das jeweilige Steueraufkommen festzulegen war.

- Die Bodensteuer sollte alle vorher von den Bauern an den multazim, die shaykhs und die Schreiber zu zahlenden Gebühren, z.b. für die Instandhaltung der Bewässerungskanäle, einschließen.

- Da nach der Erfassung der Flächen und der Qualität der Böden eine feste Steuersumme für jedes Dorf bestimmt werden konnte, war es für den einzelnen Bauern möglich, seinen genauen Eigentumsanteil auszurechnen und damit zu kalkulieren.

- Bei Dörfern, die mit der Bezahlung der Steuern im Rückstand waren, sollten zur Durchsetzung des staatlichen Anspruchs Truppen eingesetzt und die dabei anfallenden Kosten der Steuersumme des Dorfes zugeschlagen werden.

- Folgender Schlüssel für die Verteilung des Steueraufkommens sollte gelten: 1/2 für Frankreich, 1/8 für die shaykhs, 1/24 für die Unterhaltung des Bewässerungssystems, 1/24 für den Steuereinnehmer, 7/24 als Entschädigung für den ehemaligen multazim. Letzterer konnte alternativ zu diesen regelmäßigen Zahlungen für die Umwandlung seines selbstbewirtschafteten Landes in Eigentum optieren.

- Das von den Fellachen bewirtschaftete Land sollte ihnen als Eigentum überlassen werden.

- Die neue Bodensteuer sollte sowohl für multazim-Land als auch für Bauernland gelten, jedoch nicht für waqf- und rizaq-al-ahbasiyah-Flächen, die bis zu einem bestimmten Termin ordnungsgemäß registriert waren.

- Einbindung der shaykhs und koptischen Steuereinnehmer in das neue System.

Die schnell folgende Niederlage der französischen Ägyptenarmee ließ diese umfangreichen Vorhaben zunächst Makulatur werden.

Fazit:

In der Endphase der Mamelukenherrschaft befand sich Ägypten auf Grund der innenpolitischen Unsicherheit in einer derart desolaten Verfassung, daß Verbesserungsinitiativen in allen Bereichen von vornherein zum Scheitern verurteilt waren. Es fehlte ein allgemein verbindlicher und garantierter rechtlicher Rahmen, an dem solche Initiativen sich hätten orientieren können. Die Franzosen erkannten diesen Mangel deutlich, konnten aber in der kurzen Zeit ihrer Machtausübung nur Planungen erstellen, nicht jedoch konkrete Maßnahmen durchführen.

3. Mohammed Ali - Der Versuch einer gelenkten Entwicklung (1805-48)

3.1. Das politische Umfeld

Dem Ende der französischen Herrschaft folgten ausgedehnte Kämpfe zwischen den Türken, die ihre frühere Oberhoheit über Ägypten wiederherstellen wollten, und den Mameluken, die, obwohl innerlich zerstritten, die Loslösung von Konstantinopel anstrebten. Während dieser Auseinandersetzungen gelangte Mohammed Ali, Kommandant einer zunächst auf türkischer Seite kämpfenden albanischen Söldnertruppe, allmählich zu so großem Einfluß, daß die Pforte ihn zum Pascha von Ägypten ernennen mußte (1805).

Der neue Titel konnte aber nicht darüber hinwegtäuschen, daß die Position Mohammed Alis gegenüber den Mameluken noch nicht abgesichert war. Die ersten Jahre seiner Herrschaft dienten daher der Festigung der Macht, wozu er sowohl militärische Mittel als auch friedliche, wie z.B. Verhandlungen, Bestechungen u.ä. einsetzte.

Als aber diese Vorgehensweise keinen Erfolg zeigte, ließ er die Mehrheit der Mamelukenführer ermorden und den Rest rücksichtslos verfolgen. Aus dem ehemaligen Werkzeug der Türken zur Wiederherstellung ihrer Macht war ein fast uneingeschränkter Herrscher geworden, der nun begann, seine Vorstellungen von einem modernen Ägypten in die Tat umzusetzen. Hierbei nahm eine Reform der Landwirtschaft eine wichtige Rolle ein.

Durch Einführung einer neuen Bewässerungstechnik und Anbau neuer, marktfähiger Produkte, deren Vertrieb er durch die Schaffung eines staatlichen An- und Verkaufssystems kontrollierte, schuf Mohammed Ali die finanzielle Grundlage für eine von der Türkei unabhängige, expansive Außenpolitik sowie den Aufbau einer eigenen Industrie. Letztere diente vor allem der Schaffung einer großen, modernen Armee, die der Pascha außer in kleinen Konflikten auch gegen die theoretisch immer noch bestehende Oberherrschaft des Osmanischen Reichs einsetzte.

Die Intervention der europäischen Großmächte zwang den Pascha jedoch 1841, die Kampfhandlungen einzustellen, seine Armee deutlich zu verringern und den bislang staatlich kontrollierten Binnen- und Außenhandel Ägyptens von allen gegen den freien Handel gerichteten Einschränkungen zu befreien. Bis zum Tod Mohammed Alis 1848 verfielen die neugeschaffenen Industrieanlagen und das System zur Kontrolle der Wirtschaft, was blieb, war die neue Ausrichtung auf marktfähige Produkte.

3.2. Agrarsektor und ländlicher Raum

3.2.1. Ländliche Besitz- und Sozialstruktur

Mohammed Ali verfügte auf Grund der Schwäche der vorherigen Zentralmacht und des landesweit verbreiteten Steuerpächtersystems über keine direkten Zugriffe auf das landwirtschaftliche Steueraufkommen.

Dies war der Ansatzpunkt für die ersten Reformen, die der Pascha schon vor der endgültigen Vernichtung der Mameluken allmählich und vorsichtig einleitete. Er beschränkte sich zunächst auf seinen unmittelbaren Herrschaftsbereich in Unterägypten und auf eine bestimmte Zielgruppe, nämlich auf die aus dieser Region vertriebenen Mameluken. Die früher von diesen auf ihren iltizams erhobenen Steuern wurden nun direkt zugunsten der Staatskasse eingezogen.

Die nächsten Schritte waren eine fünfzigprozentige Besteuerung der Differenz zwischen der vom multazim abzuführenden und der von ihm erhobenen Steuer sowie die Besteuerung des von den shaykhs bewirtschafteten Landes (1807). Unter dem Vorwand, trotz der niedrigen Flut eine ordnungsgemäße Bewirtschaftung sicherstellen zu wollen, ersetzte der Pascha 1808 einige weniger einflußreiche multazims durch Angehörige seiner eigenen Familie (Owen, 124, S. 17 f).

Ermutigt von den Erfolgen dieser ersten Maßnahmen ging Mohammed Ali nun daran, das große finanzielle Potential des von den multazims selbstbewirtschafteten Landes und des rizaq-al-ahbasiyah-Landes auszunutzen. Unter dem Vorwand, daß nach der türkischen Wiedereroberung Ägyptens alle alten Rechte durch die Obrigkeit bestätigt werden müßten, wurde in der nordwestlichen Provinz Buhayrah eine genaue Landregistrierung durchgeführt und im Anschluß daran eine exakte Besteuerung des Landbesitzes beschlossen.

Die Betroffenen fanden zunächst bei der Geistlichkeit Rückhalt, auf deren Unterstützung sich Mohammed Ali in den ersten Jahren seiner Herrschaft verlassen hatte. Aber auch gegen diese Widerstände setzte er seine Pläne durch, was viele multazims in der folgenden Zeit zur Aufgabe zwang. Parallel dazu wurden, um die multazims zu umgehen, die Fellachen durch eine Reihe von direkten Steuern belastet.

Diese allmählich durchgeführten Reformen des iltizam-Systems sowie die erhöhten Steuereinnahmen wären von einer stabilen und gesunden Volkswirtschaft gut verkraftet worden. In einem Land, das seit vielen Jahren von Krieg und Bürgerkrieg heimgesucht worden war, führten sie in Verbindung mit den ungünstigen Nilüberflutungen von 1808 (zu niedrig) und 1809 (zu hoch) zum wirtschaftlichen Chaos, was besonders für die Landwirtschaft galt.

Trotz der großen Nachfrage nach Nahrungsmitteln, die sich u.a. in sehr hohen Preisen ausdrückte,[1] waren viele Dörfer verlassen und große Flächen guten Ackerlandes nicht bestellt. Da auch eine Straffung der Finanz- und Steuerverwaltung nicht die gewünschten Resultate zeigte, entschloß sich der Pascha zu einer völligen Abschaffung des bestehenden Systems.

Gelegenheit zur Erprobung seiner Vorstellungen ergab sich in Oberägypten, das den Mameluken als letzter Zufluchtsort gedient hatte und sich nach deren Ausschaltung in einem Machtvakuum befand. Ibrahim, der Sohn des Paschas, setzte zunächst als neuer Gouverneur eine genaue Erfassung aller Arten von Land in Oberägypten durch. Hierzu zählten:

- Mamelukenland

- Beduinenland

- Land von Nichtmameluken, die ihre Rechtstitel während der Mamelukenherrschaft erhalten hatten

- rizaq-al-ahbasiyah-Land

- waqf-Land

Auf der Grundlage dieses Katasters wurde dann das Land besteuert, wobei für waqf- und rizaq-Land die halben Steuersätze der übrigen Flächen galten (Rivlin, 143, S. 52).

Wichtigste Folge dieser Aufstellung war jedoch, daß die Rechtstitel der meisten Besitzer für ungültig erklärt wurden und die Flächen direkt dem Staat zufielen; nur einigen wenigen einflußreichen multazims gelang es, wenigstens einen Teil ihres ehemaligen Besitzes behalten zu dürfen oder eine kleine Entschädigung in Form von Pensionen zu erhalten. Solche Zahlungen wurden auch an die ehemaligen Begünstigten von Stiftungsland geleistet. Da diese Pensionen aber nicht sehr hoch waren und oft unregelmäßig ausgezahlt wurden, mußten viele bisher mit Erträgen aus Stiftungsland unterhaltene Institutionen in der Folgezeit aufgeben (Baer, 17, S. 5).

---

[1] Nach Rivlin waren z.B. im Frühjahr 1809 die Weizenpreise sechsmal höher als zur französischen Besatzungszeit (143, S. 49).

In Unterägypten wurden ähnliche Maßnahmen erst 1813 eingeleitet, da sich die finanzielle Situation des Staates zwischenzeitlich entspannt hatte und somit der wichtigste Anlaß wegfiel. 1813 ließen hohe Ausgaben für einen Feldzug auf der arabischen Halbinsel sowie gesunkene Außenhandelseinnahmen den Pascha auch hier tätig werden.

Ebenso wie in den südlichen Landesteilen wurde auch in Unterägypten zunächst das gesamte Kulturland genau erfaßt. Danach gelangte, obwohl große innenpolitische Schwierigkeiten zu überwinden waren, fast das gesamte nutzbare Land in die Hände der Regierung. Die früheren Besitzer wurden meist mit nichterblichen Pensionen abgefunden, so daß die hierfür aufzuwendenden Haushaltsmittel ständig sanken (Baer, 17, S. 5 f).

Nur in wenigen Fällen behielten die ehemaligen multazims das Nutzungsrecht, das nach ihrem Tod an den Staat fiel.

Mohammed Ali überwand die traditionelle ägyptische Agrarverfassung in wenigen Jahren und schuf so die Grundlage für seine weiteren Reformpläne. Die Bewirtschaftung Ägyptens als eine Art riesiger Staatsfarm ließ sich jedoch nur relativ kurze Zeit aufrecht erhalten; vor allem in den beiden letzten Jahrzehnten seiner Herrschaft bildete sich eine neue Klasse von Landbesitzern, die das Bild der ägyptischen Gesellschaft mehr als ein Jahrhundert lang prägen sollten.

Einer der Hauptgründe, die den Pascha in der zweiten Hälfte seiner Herrschaft veranlaßten, wieder stärker auf die Initiative Einzelner zurückzugreifen, waren die beträchtlichen Steuerrückstände zahlreicher Dörfer, welche durch die aus Zwangserhebungen von Rekruten und der sehr hohen Steuerlast resultierende Entvölkerung mancher Landstriche bedingt waren.

Trotz der schlechten Erfahrungen mit dem iltizam-System schuf Mohammed Ali zur Behebung der Einnahmekrise eine ähnliche Institution, das uhda. Hierbei wurden wohlhabende Würdenträger, meist Türken, zur Übernahme eines Dorfbezirks bewegt. Sie hatten die Pflicht, die Steuerrückstände zu zahlen und die künftige Entrichtung der Steuern sicherzustellen. Diese Steuern durfte der Besitzer von den Bewohnern seines uhda eintreiben, jedoch nicht, wie im iltizam-System, einen darüber hinausgehenden Betrag. Sein Vorteil lag darin, daß er einen Teil der meist zwischen 300 und 800 Feddan großen Gesamtfläche des uhdas (Artin, 14, S. 72 f) steuerfrei selbst bewirtschaften konnte und dabei Zwangsarbeiter einsetzen durfte. Unter Mohammed Ali wurden insgesamt über 1.200.000 Feddan in uhdas umgewandelt, von denen ca. 300.000 Feddan der Herrscherfamilie zufielen. Die uhdas waren hauptsächlich in Unterägypten konzentriert. Auf den südlichen Landesteil entfielen nur ca. 100.000 Feddan (Baer, 17, S. 14).

Große Flächen gelangten auch durch die Kultivierung bisher nicht bewirtschafteter Böden in private Hände. Anreiz zur Urbarmachung dieses als ab'adiyah bezeichneten Landes waren teils befristete, teils unbefristete Steuerbefreiungen. Die ersten Begünstigten erhielten nur Nutzungsrechte, während später als Investitionsanreiz nahezu vollständige Eigentumsrechte, einschließlich des Verkaufs- und Übertragungsrechtes, vergeben wurden.

Nicht nur Angehörige der einheimischen Führungsschicht, sondern auch Ausländer investierten in ab'adiyah-Land. Vor allem Griechen, aber auch Staatsbürger der europäischen Großmächte gelangten auf diese Weise im ländlichen Bereich zu Einfluß.

Versuche, Beduinen auf Neuland seßhaft zu machen, scheiterten an deren mangelnden ackerbaulichen Fähigkeiten und an fehlenden Betriebsmitteln, während auf den Neulandflächen hochgestellter Persönlichkeiten oft gute Erfolge erzielt wurden, da diese ihren Einfluß dazu benutzten, sich die besten Arbeitskräfte und eine bevorzugte Wasserversorgung zu sichern (Rivlin, 143, S. 63). Genaue Angaben über die Gesamtfläche der ab'adiyahs sind nicht verfügbar; nach Schätzungen dürfte sie ca. 200.000 Feddan betragen haben (Baer, 17, S. 17).

Die dritte Basis für die Entstehung einer Großgrundbesitzerschicht war chiflik-Land, was im eigentlichen Sinn eine Ackerfläche kennzeichnet, die der Pflugleistung eines Ochsengespanns pro Jahr entspricht. Etwas weiter gefaßt schließt der Begriff auch die zugehörigen Gebäude und Betriebsmittel ein, was somit einem landwirtschaftlichen Betrieb westlicher Prägung sehr nahekommt.

In Ägypten wurde der Ausdruck chiflik für auf Mitglieder der königlichen Familie übertragene Anwesen verwendet. Es handelte sich oft um ländliche Gebiete, die von ihren Bewohnern teilweise verlassen worden waren. Aufgegriffene Bauern wurden zur Rückkehr in ihre Dörfer gezwungen, wo sie als Lohn für die Feldarbeit 1/6 der Ernte behalten durften (Rivlin, 143, S. 68 f).

Da diese Regelung aber oft nicht eingehalten wurde und sich die Versorgungslage auf dem Land stetig verschlechterte, ging die Verwaltung in späteren Jahren dazu über, einen Teil der Entlohnung in bar zu bezahlen. Trotz dieser Maßnahmen blieben die Lebensbedingungen der Fellachen, vor allem auf den chifliks, sehr schlecht.

Die geringe Bezahlung der Arbeitskräfte hatte jedoch keine hohe Rentabilität der chiflik-Güter zur Folge. Da Anweisungen z.B. zum Bestellen der Böden zentral aus Kairo kamen und eine umständliche Bürokratie passieren mußten, kam es vor Ort zu Verzögerungen, überhöhten Arbeitsspitzen sowie Verlusten an Menschen und Tieren mit der Folge entsprechend ungünstiger

Rentabilität der teilweise mehr als 20.000 Feddan (Baer, 17, S. 18) großen Anwesen, deren Gesamtfläche auf ca. 371.000 Feddan geschätzt wird (Rivlin, 143, S. 67).

Tabelle 1: Veränderungen in der Landverteilung (in Feddan)

Region	Fellachenland		Großgrundbesitz
	1820/21	1844	1844
Unterägypten	1.003.866	674.914	1.464.559
Mittel- u. Oberägypten	952.774	1.339.000	112.000
Summe	1.956.640	2.013.914	1.576.559

(Quelle: (Rivlin, 143, S. 73)

Das Entstehen einer türkisch geprägten Großgrundbesitzerschicht war, wie aus Tabelle 1 zu ersehen ist, ein Phänomen, das vorwiegend auf Unterägypten beschränkt blieb. Dies ist durch die besondere Eignung des Deltagebietes für die Baumwollproduktion begründet, die vor allem durch Mohammed Alis Maßnahmen zur Verbesserung des Bewässerungssystems geschaffen wurde. Neben den Besitzern von uhda-, ab'adiyah- und chiflik-Land befanden sich in der neuen Grundherrenschicht auch hochgestellte Persönlichkeiten, denen große Flächen anstelle von Pensionen oder als besonderer Gunstbeweis übertragen wurden.

Ein weiterer Aspekt kommt noch hinzu. Die Vergabe von Großgrundbesitz an Familienangehörige und Würdenträger gab dem Pascha die Möglichkeit, durch Auflagen über die Produktion bestimmter Produkte, vor allem Baumwolle, auf festgelegten Flächenanteilen die Kontrolle über große Teile der Agrarproduktion aufrechtzuerhalten, ohne öffentlich gegen das ab 1841 geltende Gebot vom freien Lauf der ökonomischen Kräfte zu verstoßen.

Die Situation der Fellachen, also der großen Mehrheit der Bevölkerung, änderte sich unter Mohammed Ali vordergründig recht wenig. Zwar wurde, nach einer Unterteilung der Böden in drei Güteklassen, jedem Fellachen ein Stück Land aus jeder Klasse zugeteilt, was für den einzelnen eine Fläche von ca. 3-5 Feddan bedeutete.

Die vollen Eigentumsrechte an diesem Besitz wurden den Bauern aber auch im Landgesetz von 1846, also in der Endphase der Herrschaft Mohammed

Alis, nicht übertragen (Baer, 17, S. 6). Dieses Gesetz sicherte nur bereits bestehende Gewohnheiten in Bezug auf die Beleihbarkeit und Übertragbarkeit bäuerlichen Grundbesitzes juristisch ab. Das alte Gewohnheitsrecht der männlichen Erbfolge bei der Landbewirtschaftung, die durch den jeweiligen shaykh bestätigt werden mußte, blieb unverändert.

Das alte iltizam-System mit seiner einseitigen Abhängigkeit der Fellachen vom multazim sowie die allgemeine Unsicherheit auf dem Lande gehörten zwar der Vergangenheit an. Seine Stelle nahm nun der Staat selbst mit seinem Verwaltungsapparat sowie die neu entstandene ländliche Oberschicht und die shaykhs ein, auf die sich die Herrschaft Mohammed Alis stützte.

Diese Veränderung der ländlichen Machtverhältnisse änderte an den bäuerlichen Arbeitsbedingungen, die weiterhin von Zwangsarbeit, Mangel an Vieh und Benachteiligung bei der Wasserversorgung gekennzeichnet waren, nicht viel. Barnett, ein zeitgenössischer britischer Beobachter, spricht von den ägyptischen Bauern als "groaning under the most cruel oppression and exactions that any people ever submitted to,..." (20, S. 72).

Hinzu kam ein neues Element, das für die Bauern zu einer immer größeren Belastung wurde: die mit brutalen Mitteln durchgesetzten Zwangsrekrutierungen für die aus außenpolitischen Gründen stark vergrößerte Armee. Da der Einsatz in den Streitkräften wegen der schlechten Behandlung der Soldaten, der Trennung von der Großfamilie sowie der meist unbegrenzten Dauer des Wehrdienstes sehr gefürchtet war, kam es zur Massenflucht von Fellachen nach Syrien sowie zu zahlreichen Fällen von Selbstverstümmelung. Eine Entvölkerung der ländlichen Gebiete und eine Verknappung von Arbeitskräften waren die Folge.

Erst die Schwächung der Zentralmacht sowie die Reduktion der Armee in den vierziger Jahren führten zu einer Lockerung des Drucks. Hinzu kam im ländlichen Bereich eine andere Folgeerscheinung. Die Dorf-shaykhs, zunächst durch die Abschaffung des iltizam-Systems benachteiligt, dann aber in die neue, zentral gelenkte Agrarverwaltung eingebunden, konnten ihre Machtposition nach der weitgehenden Auflösung dieser Verwaltung infolge der Aufhebung der staatlichen Monopole auf lokaler Ebene stark erweitern (Baer, 18, S. 121 ff).

Sie durften Land von ohne Erben gestorbenen Bauern einziehen oder neu aufteilen, mußten für ihren Anteil am Dorfland keine Steuern zahlen und waren in der Lage, durch Unterschlagung von Steuern oder Bestechungsgeld zu Vermögen zu gelangen. Neben der neuentstandenen Großgrundbesitzerschicht, zu der die Grenzen teilweise fließend waren, sollte diese 'Mittelklasse' künftig zu einem wichtigen Faktor im ländlichen Leben werden.

Zusammenfassend lassen sich die Auswirkungen der Herrschaft Mohammed Alis auf die ländliche Besitz- und Sozialstruktur als in vieler Hinsicht seinen ursprünglichen Zielen konträr beschreiben. Die angestrebte Durchsetzung einer möglichst weitgehenden staatlichen Kontrolle gelang nur kurzzeitig; was sich danach als Folge der starken wirtschaftlichen und politischen Veränderungen ergab, bildete die Keimzelle einer neuen, von Großgrundbesitz und Kleinbauerntum geprägten Besitz- und Sozialstruktur.

3.2.2. Bewässerung und landwirtschaftliche Flächen

Im Rahmen des überkommenen Beckenbewässerungssystems war weder eine nennenswerte Leistungssteigerung zu erwarten, noch war es möglich, Pflanzen mit hohem Sommerwasserbedarf, wie z.B. Baumwolle, zu produzieren. Der Übergang zur ganzjährigen Bewässerung war deshalb unumgänglich. Mohammed Ali leitete ihn allmählich ein, was für die ägyptische Landwirtschaft ähnlich umwälzende Folgen hatte wie die industrielle Revolution für Europa. Hamdan spricht von einer "Bewässerungsrevolution", die eine neue, kommerzialisierte Wirtschaft hervorbrachte, "which brought Egypt from endemism to the outer world..." (60, S. 9)

Das technische Hauptproblem war, daß der Wasserstand des Nils im Sommer sehr niedrig war und somit nicht die teils natürlichen, teils künstlichen Flutkanäle speisen konnte. Seit ca. 1815 begann Mohammed Ali, die Flutkanäle im Delta von ca. vier auf sechs bis achteinhalb Meter zu vertiefen, so daß sie auch Sommerwasser führen konnten. Aus diesen Hauptkanälen gelangte das Wasser durch ein System von kleineren Kanälen schließlich in die Feldgräben, die von den Fellachen jeweils mit der Hacke gezogen wurden und das Wasser zu den einzelnen Feldern leiteten.

Die Felder waren entweder durch niedrige Erddämme in wenige Quadratmeter große Rechtecke eingeteilt, die bei der Bewässerung ca. 10 cm hoch mit Wasser gefüllt wurden, oder von flachen Erdwällen durchzogen, wobei die Pflanzen in den dazwischenliegenden Furchen standen (Furchenbewässerung).

Bei starkem Gefälle gelangte das Wasser ohne Hebevorrichtung auf die Felder, was wegen des hohen Wasserstandes in besonderem Maße für die Flutzeit zutraf. Während der übrigen Zeit war der Einsatz von Hebevorrichtungen in weiten Gebieten unerläßlich. Diese Maschinen basierten weiterhin auf menschlicher oder tierischer Arbeitskraft. Dampf- oder wassergetriebene Versionen kamen wegen des Mangels an Brennmaterial bzw. des stark schwankenden Wasserstandes nicht zum Einsatz.

Einen Eindruck vom Aufwand, der für den Wassertransport betrieben wurde, vermittelt Bowring, der die Aussagen eines zeitgenössischen Experten wiedergibt. Danach waren in Unterägypten ca. 50.000 sakijen im Einsatz, ferner eine unbekannte Zahl shadufs. An jeder sakije waren zwei Mann und drei Ochsen beschäftigt, was einem Gesamteinsatz von ca. 100.000 Mann und 150.000 Ochsen entspricht. Die jährlichen Kosten sollen ca. 650.000 Pfund Sterling betragen haben (24, S. 13 ff). Mittel- und Oberägypten, also Gebiete, in denen auch weiterhin die Beckenbewässerung vorherrschte, unterhielten hingegen nur ca. 2.000 sakijen (Rivlin, 143, S. 288). Selbst bei Berücksichtigung der möglichen Fehleinschätzungen geben die Zahlen ein eindrucksvolles Bild vom Umfang der Bewässerungsmaßnahmen in Unterägypten.

Die Funktionsfähigkeit des gesamten Systems wurde vor allem durch die starke Verschlammung der Kanäle gefährdet, die jeden Winter gereinigt werden mußten. Der große Umfang dieser Wartungsarbeiten - jährlich mußten ca. 40.000.000 m^3 Schlamm entfernt werden - (Clot, 33, S. 474) machte den Masseneinsatz von Zwangsarbeitern erforderlich.

Um den Wasserstand zu erhöhen und so eine bessere Verteilung des Wassers sowie einen geringeren Pumpaufwand zu erreichen, wurden seit Mitte der zwanziger Jahre Stauwerke in den Kanälen installiert, die jedoch ebenfalls mit der starken Verschlammung zu kämpfen hatten. Der sich in den Kanälen, Wehren u.s.w. ansammelnde Schlamm verursachte nicht nur an diesen Stellen Probleme. Er fehlte auch bei der Nährstoffversorgung der Felder, die von den Fellachen mit tierischem Dünger, der aber in erster Linie als Brennstoff geschätzt war, sowie nährstoffhaltigem Material aus den vielen Ruinen ergänzt wurde. Diese als sebakh bezeichnete Schutterde, die bis zu 12% Salze, vor allem Salpeter, Ammoniak und Soda enthielt, aber auch Schadstoffe, wurde als freies Gut betrachtet und seit der Einführung der ganzjährigen Bewässerung als Dünger eingesetzt, so daß die Reserven immer kleiner wurden (Schanz, 152, S. 40 f).

Das größte unter Mohammed Ali in Angriff genommene Stauprojekt waren die 'Barrages du Nile' an der Gabelung des Stromes nördlich von Kairo, dessen Konzept an sich durchaus praktikabel war. Die angestrebten Auswirkungen, wie z.B. Bewässerung von 3.800.000 Feddan Land im Delta ohne Wasserhebevorrichtungen, ganzjährige Bewässerung unabhängig von der Fluthöhe, Schiffbarmachung einiger Kanäle, verbesserte Wasserversorgung der Bevölkerung von Kairo u.s.w., wurden wegen schwerer Mängel bei der technischen Ausführung des Baus jedoch nicht oder nur zum Teil erreicht. So konnte die Anbaufläche für Sommerpflanzen im Delta bis 1883 nicht über 600.000 Feddan ausgedehnt werden (Simon, 158, S. 31).

In Mittel- und Oberägypten fand im Gegensatz zum Delta unter Mohammed Ali kein grundlegender Wandel des Bewässerungssystems statt. Das System der Beckenbewässerung blieb noch lange Zeit vorherrschend, erfuhr aber deutliche Leistungssteigerungen. Dies zeigte sich vor allem in der Beendigung der politischen Instabilität, die zu groben Nachlässigkeiten bei der Wartung des Bewässerungssystems geführt hatte, sowie in zahlreichen kleinen, aber in ihrer Summe wirkungsvollen Maßnahmen wie der Verstärkung der Dämme, dem Einbau von Regulatoren und der Reinigung der bestehenden Kanäle.

Die bisher auf dem Kooperationsprinzip beruhende und durch Gewohnheitsrechte geregelte Verwaltung des Bewässerungssystems wurde gestrafft und einer mit genauen Richtlinien versehenen, hierarchisch gegliederten Beamtenschaft übertragen.

Insgesamt ist der Beitrag Mohammed Alis zur Leistungssteigerung des ägyptischen Bewässerungssystems in der Erhaltung und Verbesserung der traditionellen Beckenbewässerung in den südlichen Landesteilen sowie der Einführung der ganzjährigen Bewässerung in Unterägypten zu sehen. Als Folge kam es nicht zu einer Ausdehnung der Kulturfläche, die auf Grund der innenpolitischen Wirren sogar auf 3.890.423 Feddan 1844 zurückging. Erhöht wurde die Anbaufläche, da es in Nordägypten nun möglich war, Agrarprodukte mit hohem Bedarf an Sommerwasser zu erzeugen.

3.2.3. Ökonomische Entwicklung des Agrarsektors

Mohammed Ali sah in einer möglichst starken staatlichen Durchdringung aller Wirtschaftsbereiche das Mittel, sein Reformprogramm durchzusetzen. Die staatliche Wirtschaftspolitik wurde somit für die ökonomische Entwicklung des Agrarsektors zur wesentlichen Bestimmungsgröße. Nachdem die ersten Regierungsjahre hauptsächlich der Festigung seiner Herrschaft und der Steigerung der Bodensteuereinnahmen gewidmet waren, richtete er in der Folgezeit seine Bemühungen darauf, die Einnahmen des Staates aus dem Handel, vor allem dem mit Agrarprodukten, zu erhöhen.

Der Weizenhandel in Oberägypten war als erster betroffen. Anstatt wie bisher die Aktivitäten von Händlern zuzulassen, verbot der Pascha 1810 jeglichen Wettbewerb und sicherte sich das alleinige Recht, Weizen auf- und weiterzuverkaufen. Zwei Jahre später brachte er auch den bis dahin privat betriebenen, nur mit einem festen Steuersatz belasteten Außenhandel in seine Hand, indem er selbst Schiffe erwarb oder mietete und mit diesen das Getreide auf eigene Rechnung zu Gewährsleuten in Spanien, Portugal oder Malta transportieren ließ (Owen, 124, S. 19).

Bei anderen Produkten garantierte er zunächst Kaufleuten gegen Zahlung einer festgelegten Summe das alleinige An- und Verkaufsrecht für den Binnen- und Außenhandel. Da aber der Pascha das finanzielle Potential, das die Kaufleute bei diesen Geschäften als Gewinn erzielten, für sich selbst erschließen wollte, wurde der Einfluß des Staates immer weiter ausgedehnt.

So monopolisierte Mohammed Ali nach dem oberägyptischen Weizen, dessen verfügbare Menge noch durch Beschlagnahmungen und Hausdurchsuchungen bei den Fellachen erhöht wurde, 1812 und 1813 den Reisanbau im Delta, 1815 die Zuckerproduktion in Oberägypten und 1816 die meisten in Unterägypten angebauten Produkte, wie z.B. Baumwolle, Sesam, Indigo, Hanf, Gerste, Weizen und Bohnen (Owen, 124, S. 21).

Nach einem für alle diese Produkte einheitlichen Grundkonzept bestimmte der Staat durch seinen landesweit präsenten Beamtenapparat weitgehend, was angebaut wurde, streckte das für den Anbau erforderliche Kapital vor und zahlte festgesetzte Preise, von denen vorher etwaige Steuerrückstände der Fellachen abgezogen wurden. Verkäufe der Produzenten an Händler waren streng verboten; staatliche Kontrolleure überwachten die vollständige Ablieferung der Produktion.

Die von ihm zu selbst festgesetzten, oft unrealistisch niedrigen Preisen aufgekauften Produkte versuchte der Pascha möglichst teuer zu verkaufen, wobei er auch, soweit es in seiner Macht stand, vor Preismanipulationen nicht zurückschreckte.

Mohammed Ali war jedoch nicht nur der größte Händler und Exporteur, sondern auch der bedeutenste Verkäufer ausländischer Erzeugnisse in Ägypten. Seine Vertrauensleute kauften für beträchtliche Summen vielerlei Waren im Ausland, vor allem in Europa. Darunter befanden sich auch Maschinen für die neu zu schaffenden Industriebetriebe.

Nachdem 1819 die Monopolisierung der wichtigsten Produkte erreicht war, nahm, beginnend mit der Einführung 1820, die langfaserige Baumwolle allmählich eine immer zentralere Stellung in der ägyptischen Monopolwirtschaft ein. Um eine möglichst hohe Erntemenge zu erzielen, bestimmten Beamte der Provinzverwaltung in jedem Dorf nach einer Prüfung der natürlichen Standortbedingungen die mit Baumwolle zu bepflanzende Anbaufläche (Guémard, 58, S. 457). Von den Fellachen wurde bei der Bewirtschaftung dieser Felder besondere Sorgfalt verlangt und 1830 sogar eine genaue Anleitung zur Bewirtschaftung aufgestellt.

Diese strengen Kontrollmaßnahmen spiegelten jedoch, abgesehen von den wenigen lukrativen Anfangsjahren, nur die mangelnde Attraktivität des Baumwollanbaus für die Fellachen wider. Da die Produktion ausnahmslos an staatliche Ankaufsstellen zu staatlich festgesetzten Preisen abzuliefern war, mußte eine staatliche Niedrigpreispolitik, die trotzdem eine hohe Produktion durchsetzen wollte, von Zwangsmaßnahmen begleitet sein.

Die Alternative, die Bauern durch attraktive Preise zur Produktionssteigerung anzuregen, wurde nur in den ersten Jahren praktiziert. Der Pascha ging jedoch schnell davon ab, da sie nicht mit seinen wirtschaftspolitischen Vorstellungen zu vereinbaren war.

Das mangelnde Interesse der Bauern an der Baumwollproduktion kommt in den stark schwankenden und nur noch selten die Werte der ersten Jahre erreichenden Ausfuhrmengen zum Ausdruck. Die Preise sanken von 175 Piaster/Quintar in den erfolgreichen Anfangsjahren auf 40 Piaster/Quintar für schlechte Qualitäten im Jahr 1827. Zwar gab es eine Staffelung der Erzeugerpreise für unterschiedliche Baumwollqualitäten, was die staatlichen Aufkäufer aber nicht daran hinderte, den Bauern auch für gute Qualitäten nur den niedrigsten Preis zu zahlen. Der hierdurch ausgelöste Vertrauensverlust bei der Landbevölkerung konnte auch durch spätere Preiserhöhungen (1834 auf 100-125 Piaster/Quintar) nicht mehr ausgeglichen werden (Rivlin, 143, S. 141).

Solange die politischen Rahmenbedingungen unverändert blieben, war Mohammed Ali in der Lage, das Monopolsystem aufrecht zu erhalten, obwohl dessen Begleiterscheinungen, wie z.B. Ausbeutung der Bauern, ländliche Verschuldung und Mißwirtschaft, immer schwerer auf dem Land lasteten. Viele negative Auswirkungen wurden dem Pascha von einflußreichen Beamten verheimlicht, da sie seinen Zorn fürchteten, wenn er die tatsächliche Lage erkennen würde (Owen, 124, S. 62).

Die immer höhere Produktion der europäischen Volkswirtschaften, die populär gewordene Wirtschaftstheorie vom Freihandel sowie der aus beiden Komponenten resultierende Drang der europäischen Mächte, vor allem Englands, neue Märkte zu erschließen, veränderten in den dreißiger Jahren das politische Klima grundlegend. Eine 1838 zwischen der Türkei und Großbritannien abgeschlossene Handelsübereinkunft verfügte die Abschaffung aller monopolistischen Praktiken im Osmanischen Reich. Um die finanziellen Verluste der Türken auszugleichen, wurden ihnen zusätzliche Zolleinnahmen zugestanden. Die von den Briten genährte Aussicht, dem Statthalter von Ägypten, Mohammed Ali, die finanzielle Grundlage für seine auch gegen den Sultan eingesetzte Armee zu entziehen, war für die Türken eine nicht unwesentliche Komponente der Übereinkunft (Webster, 175, S. 548 ff). Frankreich und andere Mächte unterzeichneten bald nach den Briten ähnliche Handelsabkommen mit den Türken.

In Ägypten begann die Umsetzung dieser Handelsübereinkunft in die Praxis allerdings erst nach Beendigung eines Krieges mit der Pforte 1841. Mohammed Ali mußte sich bereiterklären, die staatlichen Monopole aufzuheben, versuchte aber inoffiziell weiterhin, das Vordringen freier Wirtschaftsformen zu verhindern. Sein wichtigstes Mittel hierbei war die schon erwähnte, an Produktions- und Ablieferungsauflagen gebundene Vergabe von Großgrundbesitz an Familienangehörige und Günstlinge. Hinzu kamen noch kleinere Behinderungen, wie z.B. die Schwierigkeiten ausländischer Händler, geeignete Transportmittel zu finden.

Langfristig ließ sich das Vordringen der neuen Wirtschaftsformen aber nicht aufhalten. Ausländische Händler nahmen Kontakt mit Fellachen auf und Mohammed Ali wurde, obwohl er dies zu umgehen suchte, veranlaßt, seine Produkte fortan auf öffentlichen Auktionen an den Meistbietenden zu verkaufen, um die Chancengleichheit zu gewährleisten. Die im Vergleich zu den staatlichen Ankaufsstellen attraktiven Marktpreise, die nun realisiert werden konnten, ließen auch die durch Mohammed Alis Manipulationen noch erhaltenen Reste des alten Monopolsystems immer mehr gegenstandslos werden.

Eine zusammenfassende Betrachtung der agrarwirtschaftlichen Entwicklung unter Mohammed Ali führt zu dem Ergebnis, daß von den beiden wichtigsten Komponenten nur eine von Dauer war: die Ausrichtung auf das neue Hauptprodukt Baumwolle mit einer entsprechend engen Weltmarkteinbindung. Die Monopolisierung der Wirtschaft blieb hingegen nur eine Episode, da sie konträr zu den weltpolitischen und -wirtschaftlichen Entwicklungen verlief und zu große innerägyptische Reibungsverluste verursachte.

3.2.4. Die wichtigsten Agrarprodukte

3.2.4.1. Baumwolle

Da das traditionelle Hauptexportprodukt Ägyptens, Weizen, durch Abschottungsmaßnahmen wichtiger europäischer Länder nach den Napoleonischen Kriegen an Bedeutung verlor, mußten andere Produkte gefunden werden, deren Märkte auch langfristig aufnahmefähig zu sein schienen. Eine solche Alternative war langfaserige Baumwolle, die in Europa begehrt war und weit bessere Preise erzielte als die herkömmliche kurzfaserige ägyptische Sorte.

Der großflächige Anbau langfaseriger Sorten in Ägypten wurde durch eine zufällige Entdeckung ermöglicht. Ein französischer Ingenieur fand in einem Garten in Kairo einige mehrjährige Baumwollstauden, die zur Zierde angepflanzt worden waren. Der Samen dieser sehr langfaserigen Sorte stammte wahrscheinlich aus dem Sudan. Der erste Probeanbau der neuen, Jumel oder Maho genannten Sorte ergab 1820 drei Ballen Baumwolle, deren hohe Qualität auf dem Markt von Triest erkannt und honoriert wurde (Schanz, 152, S. 3 f). Die bereits vorhandenen Fachkenntnisse der Fellachen sowie die Anwerbung ausländischer Berater ermöglichten eine rasche Steigerung der Produktion, die in Schaubild 1 anhand der Exporte dargestellt wird.

Schaubild 1:   Die Entwicklung der Baumwollexporte 1821-1949
              (Gewichte in Quintar[2])

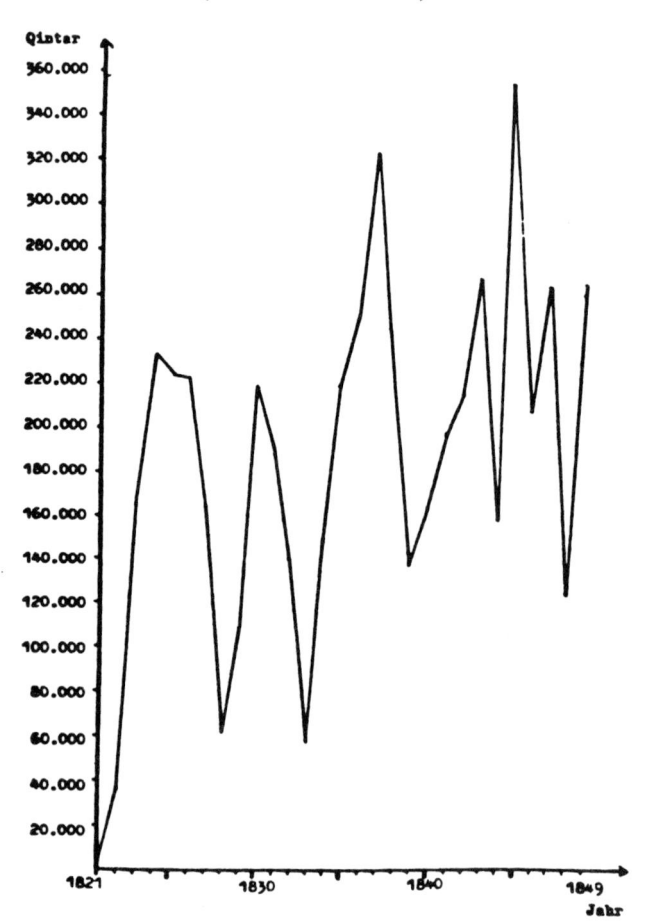

Quelle: Eigene Darstellung nach (Artin, 14, S. 135)

---

[2] Ein Qintar entspricht einem Gewicht zwischen 45-55 kg

Dieser Prozeß vollzog sich jedoch nicht ohne Rückschläge. Zum einen trug die strenge Monopolpolitik Mohammed Alis mit ihren willkürlichen Preisen und der Ablieferungspflicht zu einem Rückgang der Produktion bei, zum anderen traten nach den erfolgreichen Anfangsjahren Schwierigkeiten bei der Qualitätssicherung auf. Sie waren sowohl auf Nachlässigkeiten bei der Ernte und Aufbereitung der Baumwolle, wie z. B. Verschmutzungen, zurückzuführen als auch auf die abnehmende Fruchtbarkeit der durch übermäßige Beanspruchung ausgelaugten Böden. Die Bodenerschöpfung trat insbesondere bei Kleinbetrieben auf, die wegen ihrer geringen Flächen zu engen Fruchtfolgen sowie zum Anbau von Gemüse u.ä. zwischen den Baumwollpflanzen gezwungen waren.

Neben Jumel wurden probeweise noch andere Sorten angebaut, von denen aber nur eine - American Sea Island - für einige Jahre Bedeutung erlangte. Ihre Qualität war zwar gut, der Ertrag aber mäßig. Aus diesem Grund und wegen der kostspieligen Saatgutimporte aus Amerika wurde der Anbau relativ schnell wieder aufgegeben. Durch eine Kreuzung mit Jumel wurde versucht, die positiven Eigenschaften beider Sorten zu vereinen. Die so gewonnene Sorte blieb bis zum amerikanischen Bürgerkrieg das Rückgrat der ägyptischen Baumwollproduktion (Dudgeon, 41, S. 35).

3.2.4.2. Andere Produkte

Reis wurde ebenfalls zu einer wichtigen Exportkultur, die jedoch immer, was Anbau und Produktion betrifft, im Schatten der Baumwolle stand, mit der sie um die knappe dauerbewässerte Fläche konkurrierte. Neben diesen beiden Hauptprodukten kam die Einführung der Dauerbewässerung auch anderen Sommerkulturen zugute, insbesondere dem Zuckerrohr. Um dessen Verarbeitung sicherzustellen, wurden entsprechende Industriebetriebe errichtet, die eine volle Selbstversorgung des traditionellen Zuckerimportlandes Ägypten in greifbare Nähe rücken ließen (Rivlin, 143, S. 147).

Auch die Produktion von Getreide und anderen Nahrungsmitteln, z.B. Bohnen, profitierte von der Reform des Bewässerungssystems. Als Exportprodukte spielten sie jedoch nur während der Napoleonischen Kriege, also zu Anfang der Herrschaft Mohammed Alis, eine wichtige Rolle. Später wurden zwar auch überschüssige Mengen exportiert, ihre eigentliche Bedeutung lag aber, da einige Hungersnöte in den zwanziger Jahren drastisch die labile Versorgungslage gekennzeichnet hatten, in der Ernährung der einheimischen Bevölkerung und der Armee.

Bedeutende Steigerungen wurden auch bei Spezialprodukten wie Opium, Datteln und Oliven erzielt, die für einzelne Dörfer und Regionen wichtig waren; große Bedeutung auf nationaler Ebene erreichten diese Produkte aber nicht.

3.2.5. Technik der Landbewirtschaftung

Den großen bewässerungstechnischen Fortschritten stand im übrigen landwirtschaftlichen Bereich eine Technik gegenüber, die seit Jahrtausenden bekannt und bewährt war. Die Geräte waren preisgünstig herzustellen, leicht zu reparieren und angepaßt an die natürlichen Bedingungen des Landes. Zwar wurden unter Mohammed Ali einige Demonstrationsbetriebe mit europäischen Geräten bewirtschaftet, doch waren die Ergebnisse entmutigend, so daß von Regierungsseite auf eine landesweite Propagierung verzichtet wurde.

Die Einbeziehung des neuen Massenprodukts Baumwolle in die Rotation geschah häufig so, wie in Tabelle 2 dargestellt:

Tabelle 2: Typische Drei-Jahres-Rotation mit Baumwolle

1. Jahr	2.Jahr	3. Jahr
Bersim	Weizen o. Gerste	Vorbereitung
Brache	Mais	Baumwolle
Vorbereitung	Bersim	Weizen o. Gerste
Baumwolle	Brache	Mais
Weizen o. Gerste	Vorbereitung	Bersim
Mais o. Reis	Baumwolle	Brache

(Quelle: Ägyptisches Landwirtschaftsmuseum Kairo)

3.3. Wesentliche außerlandwirtschaftliche Bereiche

3.3.1. Verkehr und Infrastruktur

Als Haupttransportmittel für die ständig steigende cash-crop-Produktion bot sich die Nilschiffahrt an, die in den letzten Jahrzehnten der Mamelukenherrschaft stark unter dem allgemeinen Chaos gelitten hatte.

Der Pascha stellte zunächst die allgemeine Verkehrssicherheit wieder her und ließ 2.000 Flußboote bauen (Owen, 124, S. 20). Der herkömmliche Transportweg auf dem Nil, bei dem die Produkte im Landesinneren auf Flußboote verladen und zur Nilmündung bei Rosetta gebracht wurden, wo kleine Seeschiffe den Weitertransport zu den in Alexandria ankernden europäischen Transportschiffen übernahmen, erwies sich jedoch als anfällig. Die kleinen Seeschiffe waren nicht in der Lage, eine kontinuierliche Verbindung zwischen Rosetta und Alexandria aufrecht zu erhalten, da sie oft

Schwierigkeiten hatten, die Sandbank an der Nilmündung zu passieren (Owen, 124, S. 22).

Dieser Aspekt sowie bewässerungstechnische Gründe gaben 1817 den Anstoß zum Bau des Mahmudiya-Kanals. Diese Wasserstraße verband den Nil mit dem einzigen natürlichen Hafen Ägyptens, Alexandria, so daß die Produkte direkt von den Flußbooten in die großen Transportschiffe umgeladen werden konnten. Alexandrias schneller Aufstieg zu einer Großstadt ist vor allem durch diese Umleitung des Haupthandelsstroms zu erklären.

Parallel zum Einsatz von Dampfmaschinen in der Industrie fand der Dampfantrieb auch in der Schiffahrt Verwendung, wenn auch in noch bescheidenem Umfang und vorwiegend auf den Überseestrecken. Dampfschiffverbindungen bestanden nach Europa, Indien und dem Fernen Osten (Al-Hitta, 6, S. 407).

Der Landverkehr profitierte von den ausgedehnten Maßnahmen zur Verbesserung des Bewässerungssystems, da viele der Dämme, die Mohammed Ali bauen oder verstärken ließ, sich auch als Straße eigneten.

Die wohl wichtigste Neuerung im ägyptischen Transportwesen stellt die allmähliche Einführung von Karren und Kutschen dar, die bis dahin fast unbekannt waren. Zwar waren auch weiterhin Packtiere das vorherrschende Landtransportmittel, aber auf Baustellen und in Fabriken wurden die neuen Transportmittel zunehmend eingesetzt (Al-Hitta, 6, S. 408).

3.3.2. Die nichtlandwirtschaftlichen Wirtschaftszweige

Zeitgleich mit der verstärkten Monopolisierung der Agrarproduktion forcierte Mohammed Ali ab 1814 den Aufbau einer Verarbeitungsindustrie. Dies geschah allerdings auf Kosten der bestehenden kleineren Gewerbebetriebe, die, wie z.B. die Weber und die Produzenten von Baumwollkleidung, zur Aufgabe ihres Handwerks und zum Eintritt als Arbeiter in die neuen staatlichen Industriebetriebe gezwungen wurden.

Sofern, wie in den Dörfern, noch private Weber tätig waren, mußten sie ihre Produkte zu festen Preisen an den Staat verkaufen. Dieser richtete bis zum Beginn der zwanziger Jahre nicht nur Betriebe zur Verarbeitung von Baumwolle, sondern auch von Seide und Zucker ein, die meist mit modernen europäischen Maschinen ausgerüstet waren, die jedoch unter ägyptischen Klima- und Wartungsbedingungen nicht einwandfrei funktionierten.

In den zwanziger Jahren waren zwei Faktoren für die weitere Entwicklung der Industrie entscheidend: die starke Erhöhung der Baumwollproduktion und der Aufbau einer großen Armee.

Mohammed Ali wollte, daß Ägypten in der Lage war, alle Ausrüstungsgegenstände der neuen Streitmacht selbst zu produzieren und förderte deshalb weitere Textilfabriken, Waffenschmieden, Leder-, Glas-, Reis- und Indigoverarbeitungsbetriebe sowie Papiermühlen (Fahmy, 51, S. 24), die aber oft nur solange funktionstüchtig blieben, wie hochbezahlte europäische Fachleute für den Betriebsablauf verantwortlich waren.

Die Zahl der baumwollverarbeitenden Industriebetriebe stieg bis 1833 auf dreißig an, die der Arbeiter in den Fabriken zeitweilig auf 40.000, was die Beschäftigten in der dörflichen Kleinindustrie noch nicht einschloß. Die Masse der Ungelernten bestand aus zwangsverpflichteten Bauern, die nur äußerst widerwillig ihre Dörfer verließen und an ihrer neuen Arbeit entsprechend wenig Interesse zeigten. Zwar bot die Fabrikarbeit Schutz vor dem noch mehr gefürchteten Militärdienst und nominell ausreichende Bezahlung und Verpflegung.

Die Arbeitsbedingungen waren aber sehr schlecht, die Löhne wurden nur unregelmäßig ausgezahlt und wichtige Traditionen des Landes, wie z.B. die Trennung der Geschlechter am Arbeitsplatz, wurden verletzt, was, ähnlich wie bei den zwangsrekrutierten Soldaten, bei vielen zur Flucht und Selbstverstümmelung führte.

Der wichtigste Grund für das Desinteresse vieler Beschäftigter war jedoch, daß sie, wie Generationen ihrer Vorfahren, Bauern waren und dies auch möglichst bleiben wollten (Schanz, 152, S. 126).

Spezialisten und Führungspersonal wurden zunächst im Ausland angeworben, dann aber zu schnell durch unvollständig ausgebildete einheimische Kräfte ersetzt, die weder eine sachgerechte Wartung der Maschinen noch eine effiziente Leitung der Fabriken gewährleisten konnten. Auch die Errichtung von Fachschulen für Ingenieurwissenschaften, angewandte Chemie, Bewässerung und Landwirtschaft in den Jahren 1826 bis 1834 sowie die Entsendung von 108 Studenten nach Europa, von denen 69 eine Ausbildung als Industriefachleute erhielten (Heyworth-Dunne, 72, S. 176), konnte das Defizit an höherqualifizierten Fachkräften nicht entscheidend mindern.

Das Problem, geeignete Antriebsquellen zu finden, belastete die Entwicklung der neuen Industriebetriebe sehr. Da die wenigen z.B. in der Baumwollverarbeitungsindustrie eingesetzten Dampfmaschinen nur schlecht funktionierten, wurde zum Antrieb der Maschinen vorwiegend tierische Arbeitskraft eingesetzt, deren ungleichmäßige und ruckhafte Bewegungen einen hohen Maschinenverschleiß zur Folge hatten.

Die Effizienz der nicht auf finanziellen Anreizen, sondern auf Zwang beruhenden Industriebetriebe sowie die Qualität ihrer Erzeugnisse waren im internationalen Maßstab gering. Mohammed Alis Beherrschung der Wirtschaft und die große Nachfrage des Staates, besonders der Armee, sicherten trotzdem ihr Bestehen, solange sich die politischen Machtverhältnisse nicht grundlegend änderten.

Als eben dies 1841 durch die Intervention der Großmächte geschah, hatten die unmittelbaren Auswirkungen, wie Freiheit des Handels und starke Verminderung der Armee, einen schnellen Niedergang der meisten Industriebetriebe zur Folge.

3.3.3. Ausländische Einflüsse in Wirtschaft und Politik

Während Mohammed Alis Monopolisierung der Wirtschaft viele einheimische Kaufleute ruinierte (Rivlin, 143, S. 174), sah insbesondere nach dem Beginn des großflächigen Baumwollanbaus eine steigende Anzahl von Ausländern Möglichkeiten, in Ägypten einträgliche Geschäfte zu machen.

Der Pascha unterstützte zunächst den Zuzug von Europäern, da er ihre Anwesenheit als für den Fortschritt des Landes förderlich ansah und bei seinen wiederkehrenden plötzlichen Finanzengpässen auf das Geld der Ausländer angewiesen war. Allerdings blieb er bestrebt, Lebensbereich und Einfluß der Europäer auf Alexandria zu beschränken; weder durften auf dem Nil Boote verkehren, die Ausländern gehörten, noch war ausländischen Kaufleuten der direkte Kontakt mit Bauern gestattet.

In der Ausländerkolonie bildeten sich mit der Zeit zwei Gruppen heraus (Owen, 124, S. 55):

- Den einen war es gelungen, durch Bestechung von hohen Würdenträgern am Handel teilzuhaben und zu Vermögen zu gelangen.

- Die anderen waren nicht in der Lage, solche Beziehungen aufzubauen und auf diese Art ins Geschäft zu kommen. Da sich ihre Lage zunehmend verschlechterte, drängte diese zweite Gruppe auf Gleichbehandlung und Teilnahme am Handel.

Die bis Mitte der zwanziger Jahre eher untätigen ausländischen Konsuln vertraten die Interessen auch solcher Landsleute allmählich mit zunehmendem Nachdruck und beriefen sich dabei auf die sogenannten Kapitulationen, welche die Rechte von Ausländern im Osmanischen Reich regelten. Besonders wichtig erschien ihnen Artikel 53 der Kapitulationen, der den Ausländern Handelstätigkeit ohne Einschränkungen zugestand, die sie durch Mohammed Alis Praktiken aber verletzt sahen (Rivlin, 143, S. 177).

Da dem Pascha wegen seines Konflikts mit dem türkischen Sultan an einem guten Verhältnis zu den europäischen Großmächten gelegen war, kam es zu einer allmählichen Machtverschiebung zugunsten der Ausländer und insbesondere der Konsuln, ohne deren Hilfe die Herrscher Ägyptens künftig gegenüber Ausländern recht machtlos waren.

Dieser juristische Freiraum, die Macht der europäischen Mutterländer sowie ihr finanzielles Potential ließen die ausländische Kolonie in Ägypten besonder seit den dreißiger Jahren zu einem innenpolitischen Machtfaktor werden, der, selbst ausgestattet mit einem rationalen westlichen Kaufmannsgeist, das 'zurückgebliebene' Ägypten mehr und mehr zu durchdringen begann.

3.3.4. Handel mit dem Ausland

Die Zusammensetzung des zunächst vorwiegend vom Getreideexport beherrschten Außenhandels verschob sich nach 1821 immer mehr in Richtung Baumwollausfuhr. 1849, also am Ende der Herrschaft Mohammed Alis, trug diese bereits mit 31 v.H. am meisten zu den ägyptischen Ausfuhren bei, während der Anteil des früheren Hauptproduktes Weizen nur noch bei 15 v.H., der von Bohnen bei 11 v.H. und von Reis bei 6 v.H. lag (Crouchley, 37, S. 92).

Der Export lag nahezu vollständig in den Händen des Staates, d.h. Mohammed Alis. Teilweise wurden die Verkäufe direkt über eigene Agenten in den Partnerländern getätigt, zum größten Teil aber auf Auktionen in Alexandria abgewickelt. Eine ähnliche Dominanz der Importe gelang auf Grund ausländischer Einflußnahme zwar nicht, dennoch übte der Pascha als Hauptabnehmer der meisten Produkte, wie z.B. Waffen, Maschinen u.s.w., eine bedeutende Marktmacht aus. Erst die völlige Öffnung des ägyptischen Marktes seit 1841 sowie der Niedergang von Industrie und Armee ließen Fertigprodukte, Tabak und Kleidung in den Vordergrund treten (Crouchley, 37, S. 88 ff).

Die Einfuhr technisch anspruchsvoller Erzeugnisse einerseits sowie die Ausfuhr des Rohprodukts Baumwolle andererseits ließen England als wichtigsten Handelspartner vor Frankreich, Österreich und die Türkei rücken, wobei die gesamte Handelsbilanz weitgehend ausgeglichen war (Crouchley, 37, S. 94 f).

3.3.5. Die öffentlichen Finanzen

Die Staatseinnahmen entwickelten sich nicht kontinuierlich, sondern erreichten in den zwanziger Jahren einen Höhepunkt, um dann wieder abzunehmen. Insgesamt lagen sie am Ende der Herrschaft Mohammed Alis real ca. 9 1/2 mal höher als 1805 (Rivlin, 143, S. 120), was insbesondere auf

Sozialproduktsteigerungen, höhere Steuereinnahmen und Einkünfte durch die Abschaffung des iltizam-Systems zurückzuführen ist.

Die wichtigste Finanzquelle des Staates waren mit ca. 50 v.H. die Bodensteuern. Baumwolle, das profitabelste Agrarprodukt im ägyptischen Monopolsystem, erbrachte in guten Jahren, wie 1825/26 und 1835/36, zwischen 20 und 25 v.H. der Gesamteinnahmen, in schlechten aber nur 10 v.H. (Owen. 124, S. 40).

Auf der Ausgabenseite standen die Aufwendungen für das Militär sowie die zivile Verwaltung im Vordergrund. Außerdem wurden große Summen für die Industrialisierung, das Transportwesen und die Landwirtschaft aufgebracht.

3.4. Erklärung und Wertung der dargestellten Vorgänge

An dieser Stelle setzt zum ersten Mal der eingangs entwickelte, in drei Disziplinen untergliederte Bewertungsmodus ein. Unter Orientierung an dem in Kapitel 1.5. hergeleiteten Muster von Bewertungsaspekten soll der für die Entwicklung Ägyptens so wichtige Herrschaftsabschnitt Mohammed Alis analytisch aufbereitet werden.

3.4.1. Ökonomische Interpretation

Mohammed Alis vordringliches Ziel, die Erhöhung der Staatseinnahmen, erforderte eine Abkehr von der bisherigen Produktion für den Eigenbedarf, bei der nur die mehr oder weniger zufällig erwirtschafteten Überschüsse exportiert wurden. Die Frage, welche *Produktionsrichtung* künftig eingeschlagen werden sollte, war nur aus der Abwägung der Möglichkeiten des Standorts Ägypten einerseits und den weltwirtschaftlichen Rahmenbedingungen andererseits zu beantworten.

Letztere standen einer produktionstechnisch erreichbaren Erhöhung der traditionellen Getreideexporte vor allem bei Weizen entgegen, boten aber große Möglichkeiten bei Produkten, die der wachsenden europäischen Industrie als Rohstoffe dienten.

Die besten Perspektiven unter diesen Produkten zeigte für den Standort Ägypten die langfaserige Baumwolle: die Transportwege nach Europa waren nicht zu weit, die Fellachen durch den jahrtausendelangen Anbau der kurzfaserigen Baumwolle mit der Produktion der Pflanze vertraut. Auch die klimatischen Voraussetzungen für einen großflächigen Baumwollanbau, viel Sonne, kein Regen während der Zeit der Kugelreife und keine Nachtfröste, wurden in Ägypten in nahezu idealer Weise erfüllt. Einzig der Mangel an Sommerwasser bildete ein Hindernis für einen großflächigen Baumwollanbau.

Die zufällige Entdeckung einer einheimischen langfaserigen Sorte als Initialzündung sowie die großflächigen Maßnahmen zur Dauerbewässerung als Erfüllung der letzten noch fehlenden Voraussetzung konnten somit schnell zu einer beträchtlichen *Erhöhung der Baumwollproduktion* bei gleichzeitig ständig steigender gesamtwirtschaftlicher Dominanz dieses Produkts führen.

Beides war weniger Folge einer *freien unternehmerischen Entscheidung* der Bauern, die sich im gesamten Herrschaftsabschnitt nur sehr beschränkt entwickeln konnte, sondern der an ökonomischen Zielen orientierten Vorgaben des absoluten Herrschers.Diese Entwicklung zog vor allem im Agrarsektor deutliche Veränderungen nach sich, die insbesondere beim Einsatz der Produktionsfaktoren deutlich wurden.

Während vor Mohammed Ali bei *abnehmendem Boden- und Kapitaleinsatz* versucht wurde, trotz der niedrigen Bevölkerung durch einen *relativ hohen Arbeitseinsatz* die Produktion zu sichern, kam es nun, da der Einsatz des *Faktors Boden* nur erhalten, aber nicht erhöht werden konnte, zu einer *verstärkten Einbringung von Kapital* in die Landwirtschaft.

Dies geschah vor allem in Form der großen bewässerungstechnischen Maßnahmen, aber auch z.b. durch Verbesserung der Infrastruktur. Als *Kapitalquellen* dienten stark erhöhte Steuereinnahmen, Zölle, Verkaufserlöse der erzeugten Produkte sowie besonders das nochmals erhöhte, aufs Äußerste ausgenutzte Potential des *Faktors Arbeit*.

Wie stark die Belastung dieses Faktors war, läßt sich daraus ersehen, daß neben der herkömmlichen Landbewirtschaftung noch *Arbeitskräfte* für die große Armee, den beträchtlichen Mehraufwand bei der Bewirtschaftung von Dauerbewässerungsland, den jährlich hunderttausend Mann umfassenden Zwangsarbeitsdienst sowie die neuen Industriebetriebe bereitzustellen waren, obwohl in den ersten Jahrzehnten unter Mohammed Ali kein bedeutender Bevölkerungsanstieg stattfand. Da in den neugeschaffenen Institutionen wie Armee und Arbeitsdienst in erster Linie junge Männer eingesetzt wurden, mußte für die Landbewirtschaftung oft auf die letzten einheimischen Reserven, wie Alte, Kinder und Frauen, sowie teilweise auch auf fremdländische *Arbeitskräfte*, insbesondere Sklaven, zurückgegriffen werden. Hinzu kam die speziell durch das Dauerbewässerungssystem erforderliche, wesentlich erhöhte Ausschöpfung der *tierischen Arbeitskraft*.

Trotz des starken Mangels an Arbeitskräften kam es zu *keiner nennenswerten Steigerung der Arbeitsproduktivität*; eine forcierte Mechanisierung fand nicht statt. Ein Grund hierfür ist in dem Mangel an praktikablen Alternativen zu sehen. Zwar fehlte es nicht an Versuchen, neue Techniken, wie z.B. dampfgetriebene Bewässerungspumpen, einzusetzen. Die Erfolge waren jedoch wegen fehlender Kenntnisse des Bedienungspersonals und der mangelnden Eignung vieler neuzeitlicher Techniken für den Einsatz in Ägypten gering.

Vor allem fehlte aber der wichtigste Antrieb für die Einführung arbeitsproduktivitätssteigernder Techniken: eine *höhere Entlohnung des Faktors Arbeit*, bei einer freieren Wirtschaftsform die natürliche Folge einer Verknappung des Angebots an Arbeitskräften und einer hohen Nachfrage. Sie konnte durch die zwangsweise Erschließung der letzten Reserven und somit die *Erweiterung des Faktorangebots* einerseits sowie eine ebenfalls durch Zwang künstlich auf die Höhe des Subsistenzbedarfs gesenkte *Faktorentlohnung* andererseits vermieden werden. Das Grenzproduktivitätsprinzip fand beim *Faktor Arbeit* somit keine Anwendung.

Da preiswerte Arbeitskräfte folglich in bedeutendem, wenn auch nicht voll ausreichendem Maß zur Verfügung standen und eine kostengünstige Ausdehnung der Kulturfläche noch nicht zu erreichen war, lag die Entscheidung für eine *Steigerung der Flächenproduktivität* nahe, also für die Ausdehnung der Anbaufläche durch die Einbringung von 2-3 Ernten jährlich mit der Möglichkeit, nun auch lukrative marktfähige Produkte wie Baumwolle produzieren zu können.

Aussagen über eine veränderte *Entlohnung des Faktors* Boden durch die Entwicklung von Kauf- und Pachtpreisen lassen sich für die Herrschaftszeit Mohammed Alis nicht treffen, da durch die nahezu vollständige Kontrolle des Kulturlandes, die der Pascha während des Großteils seiner Herrschaft ausübte, solche marktwirtschaftlichen Erscheinungen ausgeschlossen wurden. Anhaltspunkte könnten nur Daten über die Bewertung bei Beleihungen und Übertragungen von Flächen innerhalb der bäuerlichen Schicht geben, die jedoch fehlen.

Die *Verteilung des Faktors Boden* auf die Landbewirtschafter wurde zunächst, als die Regierung das gesamte Kulturland zentral verwaltete, weitgehend von technischen Erwägungen bestimmt. Die Folge war eine relativ egalitäre Agrarstruktur. Erst im letzten Jahrzehnt der Herrschaft Mohammed Alis entstand eine große Flächen kontrollierende Oberschicht. Die Gründe hierfür sind nur teilweise, wie z.B. bei der Neulandgewinnung, im ökonomischen Bereich zu suchen. Soziale und politische Aspekte waren von größerer Bedeutung.

Der *Anteil des Agrarsektors* an der Gesamtwirtschaft, der zur Mamelukenzeit absolut dominierend war, sank unter Mohammed Alis Herrschaft durch die Aufrüstung und den zwischenzeitlichen Aufbau einer für ägyptische Verhältnisse beachtlichen Industrie. Nach deren aus außenpolitischen und systemimmanenten Gründen bedingtem Scheitern und der weitgehenden Umstellung auf handelsfähige Agrarprodukte war für die Zukunft eine beherrschende Stellung des Agrarsektors vorgezeichnet.

3.4.2. Soziologische Interpretation

Kennzeichnend für Ägypten war seit Jahrtausenden die große Bedeutung des Dorfes, das den Schauplatz der *grundlegenden sozialen Prozesse des ländlichen Lebens* bildete.

Es diente nicht nur als Wohnsitz, sondern weitgehend auch als Arbeits- und Lebensgemeinschaft, da es dem Einzelnen bzw. seiner Familie einen gewissen Schutz bot und viele Aufgaben, so z.B. die Regelung des Bewässerungssystems, zunächst nur kooperativ zu bewältigen waren. Auch die direkte Landbewirtschaftung trug noch viele kooperative Züge.

Die soziale Differenzierung innerhalb der Dorfgemeinschaft war anfangs gering, bildete sich bis zum Ende des 18. Jahrhunderts jedoch stärker heraus. Mohammed Alis anfängliche Maßnahmen, die eine zentrale Verwaltung allen Kulturlandes sowie die größtmögliche Abschöpfung der Gewinne zum Ziel hatten, wirkten demgegenüber zunächst egalisierend. Die aus verschiedenen Gründen in der Schlußphase seiner Herrschaft vorgenommene Vergabe von Großgrundbesitz führte dann aber im Zusammenwirken mit der infolge des Zerfalls von Zentralverwaltung und Monopolsystem gestärkten lokalen Machtposition einiger Personenkreise, vor allem der shaykhs, zu einer verstärkten Herausbildung der sozialen Unterschiede.

Die von Mohammed Ali vorgefundenen feudalen *Macht-und Abhängigkeitsverhältnisse* hatten sich nach der türkischen Eroberung allmählich herausgebildet. Das Dorf stellte hierin auf der Ebene des iltizam, der einzigen wirklich funktionsfähigen Verwaltungsinstitution, durch die zwangsweise Ablieferung von Produktionsüberschüssen die Grundlage für die dezentral auf lokaler oder regionaler Ebene organisierte Mamelukenherrschaft dar. Dies hatte gleichzeitig bei den geringen Produktionshöhen eine Absenkung des den Fellachen verbleibenden Restes auf das zur Subsistenzerhaltung nötige Niveau zur Folge.

Translokale Kontakte der Landbevölkerung beschränkten sich meist auf den nächsten Markt, wo die auf zufälligen Produktionsüberschüssen beruhenden Austauschprozesse in oft nichtmonetärer Art stattfanden.

Die sich unter den gegebenen Umständen ausbildenden *Werte, Einstellungen und Verhaltensweisen* der ländlichen Bevölkerung erscheinen aus heutiger Sicht für einen Modernisierungsprozeß, wie Mohammed Ali ihn anstrebte, als Hindernis. Die Bauern waren in ihrer überwiegenden Mehrheit keine aktiv handelnden, unternehmerisch tätigen Persönlichkeiten, sondern durch lange Abgeschlossenheit und Abhängigkeit zu einer vorwiegend auf ihre nähere Umgebung orientierten, passiven und gehorsamen Schicht geworden, eine Einstellung, die für weitgehend subsistenzorientierte Gesellschaften bezeichnend ist.

Im Vorherrschen dieser Einstellung die Ursache dafür zu suchen, daß Mohammed Alis Modernisierungsmaßnahmen als 'Reform von oben' mit Hilfe von Zwangsmaßnahmen durchgeführt werden mußten und diese Art der Durchführung als unumgänglich zu betrachten,[3] erscheint jedoch als unzulässige Vereinfachung. So zeigt z.B. die erstaunlich schnelle Reaktion der Fellachen auf die attraktiven Preise in den Anfangsjahren der Baumwollproduktion, daß bei den Bauern unternehmerische Initiative durchaus in stärkerem Maß zu wecken gewesen wäre.

Das Konzept dieser zwangsweisen Eingliederung der bisher fast ausschließlich lokal orientierten Fellachen in ein nahezu vollständig vom Staat kontrolliertes Wirtschafts- und Sozialsystem, also die Ablösung der feudalen *Macht- und Abhängigkeitsverhältnisse* durch zentralstaatliche und bürokratische, ist wohl aus Mohammed Alis politischen Grundüberzeugungen abzuleiten sowie aus der traditionellen Stellung des Herrschers in früheren Abschnitten der ägyptischen Geschichte, der durch seinen Verwaltungsapparat eine nahezu uneingeschränkte Kontrolle über das Land und insbesondere über die Landwirtschaft ausübte.

Einen ähnlichen Status nahm Mohammed Ali nach der Zerschlagung seiner wichtigsten innenpolitischen Gegner, der Mameluken, ein. Die Beseitigung dieser Gruppe schien dem Pascha unvermeidlich, da er keine politische Rücksichtnahme auf die zwar zerstrittenen, aber dennoch mächtigen Mameluken nehmen wollte und die bisher in den unproduktiven Luxuskonsum dieser Gruppe geflossenen Gelder in sein Modernisierungsprogramm umzuleiten beabsichtigte.

Die neugeschaffene, zentralistisch organisierte Wirtschafts- und Sozialordnung beruhte zwar, wie die vergangene, auf Zwang. Durch ihre andersgeartete Organisation und neuen *Institutionen* unterschied sie sich in der Wirkung jedoch deutlich vom alten System.

So bewirkte die mit der Zeit erfolgte Einbindung der Dorfoberen als 'Basisagenten' in die neugeschaffene Staatsbürokratie eine starke Verankerung der neuen Ordnung im Dorf und erstmals seit Jahrhunderten direkte Kontakte der Landbevölkerung zu Organen der Regierung, aber auch das Aufkommen einer neuen ländlichen Führungsschicht.

---

[3] Diese Einschätzung deutet z.B. Crouchley an (37, S. 62)

Der stark beanspruchte Zwangsarbeitsdienst sowie die neue, überwiegend aus Fellachen gebildete Armee rissen die zwangsverpflichteten Bauern aus ihrer traditionellen Umgebung, brachten sie mit Bewohnern anderer Landesteile zusammen und setzten sie in Regionen ein, die von ihren Heimatdörfern oft weit entfernt waren. Als wichtige Folgen kam es zur Ausweitung der traditionellen lokalen Orientierung und zur Herausbildung einer Art von nationalem Bewußtsein, das so in Ägypten vorher nicht vorhanden war und kennzeichnend für einen beginnenden sozialen Entwicklungsprozeß ist.

Innerhalb dieses sozialen Entwicklungsprozesses, d.h. im *gesamtgesellschaftlichen Rahmen*, sollte die Landwirtschaft als Basis sowohl der äußeren Handlungsfähigkeit des Landes als auch der nach staatlichen Vorgaben geschaffenen außerlandwirtschaftlichen Bereiche dienen. Auf derartige, stärker arbeitsteilig organisierte Wirtschaftsformen wurden die Bauern durch den forcierten Zwangsanbau von Handelsfrüchten, vor allem Baumwolle, und die Arbeit in den neuerrichteten Fabriken vorbereitet. Private Eigentumsrechte wurden den Fellachen zwar noch nicht zugestanden, die relativ gleichmäßige Verteilung von Land an die Bauern in den Anfangsjahren bildete aber vielerorts den Ausgangspunkt für eine allmähliche Ausbildung von bäuerlichem Privateigentum an Grund und Boden.

Eine Komponente, die Mohammed Ali vernachlässigte oder unterschätzte, hatte im Laufe der Zeit immer negativere gesamtgesellschaftliche Auswirkungen: die katastrophale Bildungs- bzw. Ausbildungssituation. Da die unter den Mameluken bestehenden Einrichtungen ihren Unterhalt durch Stiftungsgelder bestritten, die nach MohammedAlis Reformmaßnahmen stark zurückgingen oder ganz ausblieben, war der Zusammenbruch dieser Bildungsstätten unvermeidlich.

Der Pascha versäumte jedoch, einen den neuen Bedürfnissen entsprechenden Bildungsapparat aufzubauen. Seine Maßnahmen, so z.B. die Errichtung von Fachschulen und die Entsendung von Studenten ins Ausland, erreichten nur einen sehr begrenzten Personenkreis und waren nicht geeignet, den gestiegenen Bedarf an qualifizierten Arbeitskräften zu decken. Sie stellten eher Aktionen zur Behebung von unmittelbaren Engpässen dar; der notwendige Aufbau eines breiter angelegten und für einen nachhaltigen Entwicklungsprozeß gerüsteten Ausbildungssystems unterblieb.

Einen Verlust an Humankapital brachte auch der durch die Art von MohammedAlis Industrialisierung verursachte Untergang vieler Handwerker mit sich, der zudem die Ansätze zur Bildung einer Mittelklasse zerstörte. Dieser Verlust ist selbst heute noch spürbar, da sich die zuvor durchaus zahlreiche Schicht einheimischer Kaufleute, Basarhändler u.ä. nie mehr völlig von diesem Aderlaß erholte und heute im Verhältnis zu anderen arabischen Staaten eine geringere Rolle spielt.

Das vorwiegend politisch bedingte Scheitern des Monopolsystems und der Industrialisierung sowie das Ende einiger der oben genannten *Institutionen*, besonders der Bürokratie und der Armee, bedeutete zwar eine stärkere Rückorientierung auf das eigene Dorf mit einer entsprechenden Stärkung der Stellung der Dorfoberen, nicht aber eine völlige Aufgabe der translokalen Kontakte, die nun vor allem durch den Handel aufrechterhalten wurden.

Angeregt wurde die fortschreitende Kommerzialisierung besonders durch die Existenz von nun nicht mehr staatlich kontrollierten Produktionsüberschüssen. Das oft ausländische Handelskapital bereitete auch die Grundlage für eine zunehmend unabhängigere Stellung der neu entstandenen, meist die Handelsfrucht Baumwolle produzierenden Großgrundbesitzerschicht. Kommerzialisierung und Feudalisierung, beides begünstigt durch die Schwächung der vormals umfassenden Zentralmacht, waren somit die vorherrschenden Phänomene am Ende der Herrschaft Mohammed Alis und schickten sich an, die *ländlichen Macht- und Abhängigkeitsverhältnisse* künftig zu prägen.

3.4.3. Agrarpolitische Interpretation

Die Zeit vor Mohammed Ali in Ägypten ist dadurch gekennzeichnet, daß der Staat als *potentieller Handlungsträger* zuwenig Durchsetzungskraft hatte, um Agrarpolitik zu betreiben. Dies gilt auch für die Franzosen, deren Bedeutung wegen der Kürze ihres Aufenthalts vor allem darin liegt, Planungsgrundlagen für eine künftige Agrarpolitik erarbeitet zu haben.Eine langfristig ebenfalls sehr wichtige Auswirkung der französischen Besatzungszeit war das Eindringen von französischem Gedankengut in Teile der ägyptischen Oberschicht.

Auch Mohammed Ali blieb als neuer *Träger der Agrarpolitik* hiervon nicht unbeeinflußt. Die *Grundzüge seiner Politik* bzw. *seiner Agrarpolitik* spiegeln die Aussagen verschiedener französischer Denkschulen wieder, die ihm teilweise sicher auch von den in großer Zahl angeworbenen und oft einflußreichen französischen Beratern und Experten vermittelt wurden.

So finden sich merkantilistische bzw. napoleonische Vorstellungen in der Bewertung von Handel und Industrie als natürliche Quellen des nationalen Reichtums, die durch Straßen- und Kanalbauten sowie Zölle ergiebiger gemacht werden sollten, um den Import zu reduzieren und den Export steigern zu können. Ein wichtiges physiokratisches Element stellt die besondere Wertschätzung der Landwirtschaft dar. Dem allgemeinen Gedankengut des Absolutismus ist die Option entliehen, durch Monopolisierung mancher Produktzweige die Grundlage für eine unabhängige Politik des Herrschers zu schaffen und diese mittels einer nur dem Souverän verantwortlichen Staatsbürokratie umzusetzen.

Liberale Vorstellungen, etwa die oben erläuterten von Adam Smith, haben die ägyptische Politik erst in den letzten Jahren der Herrschaft Mohammed Alis beeinflußt, und dies auch nur nach starkem äußeren Druck. Der Grund hierfür lag neben der nichtfranzösischen Herkunft dieser Ideen darin, daß ihr Anliegen vor allem das allgemeine Wohl war, während die noch in den Gedanken des Absolutismus verhafteten französischen Vorstellungen in erster Linie den Interessen des Herrschers dienten. Mohammed Alis Politik war für ihn selbst durchaus einträglich, für die Entwicklung des Landes aber nur sehr beschränkt tauglich.

Damit ist das *agrarpolitische Hauptziel* Mohammed Alis genannt: die Steigerung der Staatseinnahmen. *Andere Ziele*, wie z.b. die Schwächung noch vorhandener Regimegegner, wurden bald erreicht oder hatten, wie die Erhöhung der staatlichen Einflußmöglichkeiten im ländlichen Bereich, eine dem Hauptziel untergeordnete Bedeutung.

Den zentralen Bereich der agrarpolitischen Tätigkeiten des Paschas bildete die Monopolisierung der wichtigsten landwirtschaftlichen Produktionszweige und der Aufbau einer Verarbeitungsindustrie. Nachdem Mohammed Ali und seine neugestaltete Verwaltungsbürokratie als *Träger der Agrarpolitik* unter Anwendung staatlicher Macht die nahezu vollständige Kontrolle über das Land erreicht hatte, resultierte die beherrschende Stellung des Staates auf den Märkten aus der Verdrängung von Mitbewerbern auf der Abnehmerseite, also der Schaffung eines Monopsons als *ordnungspolitischem Instrument*, sowie aus der Möglichkeit, von staatlicher Seite den Anbau von Agrarprodukten in der gewünschten Art zu verordnen und die Preise willkürlich zu bestimmen, also *ablaufpolitische Instrumente* einzusetzen. So wurde zwar kein Monopol im eigentlichen Sinn erreicht, wohl aber eine in der Wirkung recht ähnliche Situation.

Die zugrundeliegende Absicht war, den Differenzbetrag zwischen möglichst niedrigen Erzeugerpreisen und möglichst hohen Verkaufserlösen so weit es ging zu maximieren. Hierbei vernachlässigte der Pascha jedoch die bürokratischen Reibungsverluste seines Systems sowie die in einer freien Wirtschaft von Händlern, Transporteuren u.a. erbrachten Leistungen. Zudem überschätzte er die Möglichkeiten, die Bauern durch staatliche Aufsicht zu einer für sie unrentablen Produktion zu zwingen.

Auf den internationalen Märkten nahm Mohammed Ali als Anbieter der im Inland zu Niedrigpreisen erworbenen Waren zwar keine marktbeherrschende Stellung ein, hatte aber durch die bedeutenden Warenmengen, die er kontrollierte, eine gewisse Marktmacht und somit Möglichkeiten, Einfluß auf die Preise zu nehmen. Das Prinzip, die Differenz zwischen Ankaufs- und Verkaufspreisen mit nahezu allen Mittel zu vergrößern, wurde zur Richtschnur der Handels- und Agrarpolitik.

Für den *Bereich der Bodenordnung* setzte Mohammed Ali durch Anwendung *ordnungspolitischer*, vor allem juristischer und institutioneller *Instrumente*, eine nahezu vollständige Kontrolle des Staates über den Boden und somit die Grundsteuereinnahmen durch. Erst außenpolitischer Druck und innenpolitische Erfordernisse ließen in den vierziger Jahren die Vergabe von Großgrundbesitz als geeignetes *ordnungspolitisches Instrument* zur Umgehung der neuen Handelsvorschriften erscheinen.

Im *Bereich der* auf Initiative des Paschas durchgeführten und selbst instrumentalen Charakter aufweisenden *Innovationen*, wozu insbesondere die Einführung der langfaserigen Baumwolle als neuer Handelsfrucht und die produktionssteigernden Dauerbewässerungsanlagen in Unterägypten gehören, ist als wesentliches *ablaufpolitisches Instrument* die Ausübung von Zwang zu nennen. Dieser kommt in der aufwendigen Überwachung des Anbaus sowie der Existenz des großen Arbeitsdienstes zum Ausdruck, wobei auch für die übrigen agrarpolitischen Bereiche gilt, daß die staatlichen Vorstellungen oft mit Zwang durchgesetzt wurden.

Die wesentlichen und dauerhaften Auswirkungen der Politik und Agrarpolitik Mohammed Alis lagen in der Umwandlung der weitgehend subsistenzorientierten Wirtschafts- und Lebensweise in eine kommerzialisierte durch die Einführung der Dauerbewässerung und der langfaserigen Baumwolle. Die Einbindung in den Weltmarkt bot dem Land große Einkommensperspektiven, öffnete es für ausländische Händler und somit auch für deren Kultur, Vorstellungen und Technik, was zusammen mit der allgemeinen Entwicklung des Handels und der Verkehrswege, der Entstehung einer eigenen ägyptischen Verwaltung und der Einrichtung einer erblichen Dynastie die Grundlage für den modernen ägyptischen Nationalstaat legte.

Der wachsende westliche Einfluß führte jedoch auch zu einer zunehmenden Abhängigkeit Ägyptens von Europa.

In Verbindung mit dem vielleicht größten Schwachpunkt im Herrschaftssystem Mohammed Alis, der strikt auf die Person des Paschas zugeschnittenen Gesamtkonzeption, mußte es bei den seit Anfang der vierziger Jahre zunehmenden gesundheitlichen Problemen des Herrschers somit zur Stärkung der englischen und französischen Nahostposition kommen. Die Türkei, das traditionelle Gegengewicht der Region, war gerade durch die außenpolitischen Unternehmungen des Paschas von Ägypten deutlich geschwächt und kaum in der Lage, diese Funktion weiter ausfüllen zu können. So stieg das Engagement der europäischen Großmächte ungehindert weiter, der späteren kolonialen Durchdringung war der Weg bereitet.

Fazit:

Bei weitem nicht alle von Mohammed Alis Initiativen waren von Dauer oder entwickelten sich in seinem Sinn. Dennoch wird er mit Recht als Gründer des modernen Ägypten bezeichnet, da mehrere seiner vor allem aus finanziellen Gründen getroffenen Entscheidungen von fundamentaler Bedeutung waren. Ägypten war am Ende seiner Herrschaft ein zunehmend auf Dauerbewässerungsbasis wirtschaftendes, Baumwolle exportierendes Land geworden, was der Pascha durch eine erzwungene gesamtgesellschaftliche Gewaltanstrengung erreicht hatte. Der zuvor fehlende rechtliche Orientierungsrahmen bildete sich immer stärker aus, wenn er auch große soziale Ungleichheiten aufwies. Bezeichnenderweise galt dieser Rahmen nur bedingt für Ausländer, was bei der wirtschaftlichen Außenorientierung des nun politisch und militärisch schwachen Ägypten zu einem Zeitpunkt wachsender europäischer Expansion eine ungünstige Konstellation für die Zukunft darstellte.

4. Mohammed Alis Nachfolger - Eine Dynastie verspielt ihr Erbe (1848-82)

4.1. Das politische Umfeld

Ibrahim, der älteste Sohn Mohammeds, übte kurze Zeit die Regentschaft anstelle seines schwerkranken Vaters aus, starb jedoch schon Ende des Jahres 1848. Ihm folgte Abbas I. auf den Thron, ein Enkel Mohammed Alis, der entschlossen war, den europäischen Einfluß zurückzudrängen und weitere Modernisierungsmaßnahmen zu unterbinden. Er entließ folglich die ausländischen Techniker, reduzierte die Armee, schloß viele der ohnehin nicht sehr zahlreichen Schulen und minderte die Belastung der Bevölkerung durch Einschränkungen beim Zwangsarbeitsdienst und Militär.

Zur Entlastung vor allem der ländlichen Bevölkerung trug auch die Lockerung des steuerlichen Drucks bei. Die Folge waren allerdings entsprechende Einnahmeverluste des Staates und Ansätze der späteren staatlichen Dauerverschuldung. Hierzu trugen auch Nachlässigkeiten im landwirtschaftlichen Bereich, besonders bei den für Ägypten so wichtigen Bewässerungsanlagen, bei. Die einzige unter Abbas eingeleitete Modernisierungsmaßnahme von Bedeutung war der auf britisches Betreiben zustandegekommene Vertrag von 1851 über den Bau der Eisenbahnstrecke Kairo-Alexandria, die 1856 beendet wurde.

Nachfolger des 1854 ermordeten Abbas wurde Said, der vierte Sohn Mohammed Alis, ein ambitionierter, westlich gebildeter Herrscher, der wieder eine reformfreudige Politik aufnahm, die sich in einer Steuerreform sowie umfangreichen Maßnahmen zur Infrastrukturverbesserung, Eisenbahnbau u.ä. zeigte. Das weitaus folgenschwerste unter Said eingeleitete Projekt war der Bau des Suezkanals, dem er 1856 zustimmte. Schon beim Tod des Paschas 1863 waren hierfür riesige Schulden aufgelaufen, die für Ismail, den Nachfolger, eine schwere Hypothek darstellten.

Unbeeindruckt von der hohen Schuldenlast forcierte der in Frankreich ausgebildete Ismail noch das umfangreiche Programm zur Verbesserung von Infrastruktur und Verkehr sowie den Bau des Suezkanals und unternahm Feldzüge zur Unterwerfung des Niltals weit südlich der ägyptischen Grenzen. Militärische Unterstützung des Sultans und ein erhöhter Tribut ließen ihm den direkt vererbbaren Titel Khedive und eine halbselbständige Stellung Ägyptens innerhalb des Osmanischen Reichs zuteil werden, die sich auch in einer zunehmenden Arabisierung des öffentlichen Lebens zeigte.

Der Preis für all diese Unternehmungen war jedoch sehr hoch und konnte auch durch die erhöhten Einnahmen aus dem Baumwollverkauf während des amerikanischen Bürgerkriegs nicht kompensiert werden. Die Staatsschulden stiegen immer weiter und Ismail geriet in zunehmende Abhängigkeit von seinen westlichen Geldgebern, die ihm 1876 eine von England und Frankreich beherrschte Kontrolle der ägyptischen Finanzen aufzwangen.

Der wachsende innenpolitische Widerstand einer nationalen Partei, die sich gegen den Khediven und die ausländische Einmischung wandte, führte 1879 zur Absetzung Ismails und zur Thronbesteigung des Kronprinzen Taufiq. Die antieuropäische Stimmung in Regierung und Volk stieg weiter und entlud sich 1882 in Ausschreitungen, die britische Streitkräfte zum Eingreifen und zur Besetzung Ägyptens veranlaßten.

4.2. Agrarsektor und ländlicher Raum

4.2.1. Ländliche Besitz- und Sozialstruktur

Durch die Abschaffung des 'iltizam' - Systems sowie die relativ gleichmäßige Verteilung des verstaatlichten Bodens an die Bewirtschafter hatte Mohammed Ali ungewollt die Grundlage für späteres bäuerliches Eigentum gelegt. Die ungehinderte Entwicklung solchen Grundeigentums erforderte jedoch den Zusammenbruch des alles dominierenden Monopolsystems. Erst danach waren die Ansätze der sich herausbildenden ländlichen Gesellschaft und einer neuen Eigentumsordnung deutlicher zu erkennen.

Dem Pascha selbst blieb wenig Zeit, um als Gesetzgeber gestaltenden Einfluß auszuüben. Sein Gesetz von 1846 hatte nur die Bestätigung bestehender Gewohnheitsrechte zum Inhalt. Wesentliche gesetzgeberische Impulse gingen erst von Said aus, dessen liberale Wirtschaftspolitik für die Entwicklung von Privateigentum günstig war. Er minderte den Einfluß der shaykhs, da er 1855 in einem Gesetz nicht mehr sie, sondern Beamte der Provinzverwaltung als für die Übertragung von Boden zuständig erklärte, was zudem auch das allgemeine Vertrauen in die Rechtskraft dieser Übertragungen erhöhte. Außerdem wurde in demselben Gesetz zum ersten Mal offiziell das Recht der männlichen und unter bestimmten Bedingungen auch der weiblichen Nachkommen bestätigt, Bauernland zu erben (Artin, 12, S. 101 f).

In dem für die Entwicklung von privatem Grundbesitz wichtigsten Gesetz von 1858 wurden zwei Grundbesitzarten unterschieden (Artin, 12, S. 101 f):

- ushuriya-Land, zu dem chifliks, ab'adiyah-Land und die anstelle von Pensionen vergebenen Ländereien zählten, wurde als volles Eigentum definiert, mit dem der Besitzer nach Belieben verfahren konnte, für das er aber im Gegensatz zu früher Steuern zu zahlen hatte. Waqf-Gründungen auf Basis von ushuriya-Land waren möglich. Bei für das Gemeinwohl unerläßlichen Enteignungen mußte der Staat Schadenersatz leisten.

- kharajiya-Land, das zum Großteil mit dem Bauernland identisch war, durfte genutzt, beliehen, übertragen und nach moslemischem Gesetz vererbt, nicht aber in einen waqf umgewandelt werden. Auch zahlte der Staat für kharajiya-Land, das aus übergeordneten Gründen enteignet wurde, keinen Ausgleich.

Eine Ausweitung ihrer Rechte erfuhren die Eigner von kharajiya-Land unter Ismail im Jahr 1871. In einem durch die Finanznot des Staates bedingten Gesetz wurde ihnen die Möglichkeit eingeräumt, gegen Vorauszahlung der Steuerbeträge der nächsten sechs Jahre volle Eigentumsrechte, außer der Umwandlungsmöglichkeit in einen waqf, zu erwerben. Dies bedeutet, daß der Staat bei den häufig unvermeidbaren Enteignungen Schadenersatz zu leisten hatte. Außerdem sollten die künftig zu zahlenden Steuerbeträge um die Hälfte reduziert werden.

Die Fellachen nahmen die gebotene Möglichkeit zunächst wegen der Höhe des Betrags nur zögernd an, was die Regierung veranlaßte, sie 1874 für den Großteil des Landes als Pflicht zu erklären (Artin, 12, S. 152).

Zu Beginn der 80er Jahre waren somit die privaten Eigentumsrechte am Boden juristisch gesichert. Nur das Verbot der Umwandlung von kharajiya-Land in waqfs blieb noch als Einschränkung bestehen.

Praktische Auswirkungen hatte die Art des Grundbesitzes auf die Höhe der Besteuerung (Artin, 12, S. 134 ff).

Ushuriya-Land, also die größeren Anwesen, wurde bis 1854 steuerfrei bewirtschaftet, danach abhängig von der Bodenqualität zunächst in Unterägypten mit 10, 18 und 26 Piaster pro Feddan und in Oberägypten mit 8, 14 und 20 Piaster pro Feddan besteuert, was etwa einem Zehntel des Bruttoertrags entsprechen sollte, für gutgeführte baumwollproduzierende Betriebe aber eine weit geringere Belastung bedeutete.

Kharajiya-Land wurde bis 1856 mit 25, 90 und 100 Piaster pro Feddan besteuert, was etwa einem Gegenwert von einem Drittel der Ernte entsprach und gegenüber dem Wert von 25 v.H. unter Mohammed Ali eine Steigerung bedeutete. 1864 wurden die Steuern wegen der Finanznot des Staates auf 50 v.H. der Ernte bei kharajiya-Land und 18, 25, 35 bzw. 14, 21 und 31 Piaster pro Feddan bei ushuriya-Land erhöht, so daß der prinzipielle Unterschied zwischen Klein- und Großbesitz weiter erhalten blieb (Baer, 17, S. 31).

Die starken Unterschiede in der Besteuerung hatten großen Einfluß auf die Landverteilung, da sie viele Bauern zur Landflucht veranlaßten. Ihr Grundbesitz, meist kharajiya-Land, wurde oft von Großgrundbesitzern als ushuriya-

Land mit allen steuerlichen Vorteilen erworben, was die Gesamtfläche dieser Kategorie stark erhöhte.

Die Entwicklung der einzelnen Arten von Großgrundbesitz läßt sich dabei nicht genau verfolgen, da ab 1854 fast ausschließlich die steuerlichen Oberbegriffe ushuriya und kharajiya Verwendung fanden. Als sicher kann nur gelten, daß das ursprünglich wichtige uhda-System bereits unter Abbas stark an Bedeutung verlor. Der Großteil des uhda-Landes wurde in dieser Zeit konfisziert, da viele Besitzer nicht in der Lage waren, die Steuerrückstände zu begleichen.

Zwar kam es unter Ismail zu einem neuen Versuch, Steuerrückstände durch Vergabe von uhdas einzutreiben, aber bereits Ende der sechziger Jahre war das System faktisch ohne Bedeutung (Donin, 40, S. 306 f). Bei einem Teil der Flächen wurden gegen Zahlung der aufgelaufenen Steuerschulden die Eigentumsrechte übertragen, wobei die unter Ismail vergebenen uhdas als ushuriya-Land , ein Teil der in der Zeit vor Abbas vergebenen und später in Privateigentum umgewandelten uhdas als kharajiya-Land eingestuft wurden (Baer, 17, S. 21).

Trotz der nicht völlig schlüssigen Zusammensetzung der Kategorien - so wurde neben anderen Verschiebungen Beduinen-ab'adiyah ab 1855 als kharajiya und nicht mehr als ushuriya vergeben - steht ushuriya in erster Linie für große Anwesen, während kharajiya vorwiegend kleinere Betriebe repräsentiert. Die aus Tabelle 3 ersichtliche Verdoppelung des Anteils der ersten Kategorie an der Gesamtfläche zeigt somit zumindest tendenziell eine Erhöhung des Flächenanteils der großen Betriebe, was besonders auf die Vergabe von chifliks und die Inkulturnahme großer, als ab'adiyah vergebener Flächen zurückzuführen ist, aber auch auf den Aufkauf von verlassenem Bauernland durch Eigentümer von Großbetrieben.

Diese Großgrundbesitzer bildeten die bei weitem einflußreichste ländliche Gruppe, deren Zusammensetzung aber recht heterogen war. Die größten Flächen kontrollierte die regierende Dynastie, insbesondere der jeweilige Herrscher, wobei die Abgrenzung zwischen privatem und staatseigenem Grundbesitz teilweise schwierig war, da die Herrscher als Eigentümer des Staatslandes sich selbst oder Angehörige oft damit beschenkten. Die Verteilerposition des Staates bei Neuland und bei verlassenen sowie unbeerbten Flächen war die Grundlage für diese Praxis und ermöglichte eine Überkompensation der Verluste, die der Staat und damit die Dynastie durch die Ausdehnung der Eigentumsrechte der Bauern erlitten hatte. Während die Herrscherfamilie Mitte der vierziger Jahre ca. 670.000 Feddan besaß, erhöhte sich die Fläche bis 1878 auf über eine Million (Baer, 17, S. 41 u. S. 44). In diesem Jahr wurden wegen der staatlichen Finanzkrise aus dem Grundbesitz des

Tabelle 3: Entwicklung der Flächen von ushuriya- und kharajiya-Land
(Schätzwerte in Feddan)

Jahr	ushuriya	kharajiya	Summe
1863	636.177	3.759.125	4.395.304
1870/71	1.155.567	3.468.654	4.624.221
1874/75	1.291.166	3.513.941	4.805.107
1875	1.194.288	3.509.168	4.703.456
1877	1.281.925	3.460.685	4.742.610
1880	1.294.343	3.425.555	4.719.899

Quelle: Versch., zit.nach (Owen, 124, S. 148)

Khediven und seiner Familie Staatsdomänen gebildet, die den europäischen Gläubigern Ägyptens als Pfand übertragen wurden (Schanz, 152, S. 49).

So verloren Ägyptens Herrscher zwar ihre Doppelrolle als Eigentümer von Staats- und Privatland. Die bedeutenden Flächen, die sie bereits in waqfs umgewandelt hatten, sowie ihre großen Vermögen, die auch weiterhin für den Kauf von neuen Flächen eingesetzt werden konnten, ermöglichten es den Mitgliedern des Herrscherhauses aber auch in der Folgezeit, die größten Landeigentümer zu bleiben.

Neben der Herrscherfamilie bedeutenster Nutznießer von großen, teilweise über 1.000 Feddan umfassenden Landschenkungen war die in den letzten Regierungsjahren Mohammed Alis entstandene Oberschicht, die sich vor allem aus hohen Offizieren und Würdenträgern sowohl türkischer als auch in zunehmendem Maß ägyptischer Herkunft zusammensetzte. Besitz und Einfluß dieser eher im urbanen Bereich verwurzelten Gruppe begründete ihre bis zum Ende dieses Beobachtungszeitraums währende wirtschaftliche und soziale Spitzenposition, die auch der Staat z.B. durch die relativ geringe Besteuerung von ushuriya-Land berücksichtigte.

Zwar kam es durch die Anwendung des islamischen Erbrechts mit seiner Begünstigung einer Vielzahl von Erben auf ushuriya-Land zur Aufteilung von Großbetrieben und zur Bildung einer Mittelklasse von Landeigentümern (5-50 Feddan). Viele Großgrundbesitzer nutzten jedoch die Möglichkeit, ihre Anwesen in waqfs umzuwandeln und somit einer Aufteilung entgegenzuwirken.

Die attraktiven Preise für Marktfrüchte wie Baumwolle und Zuckerrohr veranlaßten aber auch immer mehr wohlhabende Geschäftsleute, in landwirtschaftliche Anwesen, vor allem Neuland, zu investieren (Baer, 17, S. 23 ff), so daß sich eine künftige Führungsposition dieser an kommerziellen Aspekten orientierten Gruppe seit dem Ende der Herrschaft Ismails abzeichnete. Im Zuge der wachsenden europäischen Durchdringung Ägyptens befanden sich unter den Anlegern auch viele Ausländer, neben Bürgern der europäischen Großmächte auch Syrer sowie eine große Zahl von Griechen, deren Bedeutung bei der Bewirtschaftung von Spezialkulturen noch heute deutlich ist. Sie wurden nicht nur durch die günstigen Investitionsmöglichkeiten angezogen, sondern waren häufig auch Gläubiger, die durch Land entschädigt wurden. Sowohl der Khedive als auch einfache Fellachen beglichen auf diese Weise ihre Schulden.

Großgrundbesitz entstand außerdem aus der im Laufe der Zeit Erfolge zeigenden Ansiedlung von Beduinenstämmen, da deren Flächen wegen der strengen Hierarchie praktisch von den Stammesführern kontrolliert wurden.

Der bäuerliche Grundbesitz war durch die stark steigende Verschuldung vieler Fellachen bedroht. Eine der Ursachen war neben der Höhe die Art der Steuerbelastung. Während unter Mohammed Ali die Steuern in Naturalien zu entrichten waren, bestand seit Abbas staatlicherseits die Tendenz, Steuererhebungen in Geld zu forcieren, was sich auch zunehmend durchsetzte, bis es 1880 verpflichtend wurde. Als Folge kam es sowohl zu einem verstärkten Anbau von Verkaufsprodukten zu Lasten der Produktion für den Eigenbedarf sowie zu einem stark erhöhten Geldbedarf der Fellachen, was Macht und Einfluß der Geldverleiher in den Dörfern erheblich steigerte. Da Moslems Kreditgeschäfte mit Zins verboten waren, fanden sich häufig Kopten und in wachsendem Maß Griechen in diesen Funktionen (Crouchley, 37, S. 131).

Aber die Verschuldung war nicht die einzige Bedrohung für die Existenz der Bauern. Hinzu kam die Benachteiligung bei der Besteuerung und der Einsatz im Zwangsarbeitsdienst, vor dem die Großgrundbesitzer ihre Arbeiter und Pächter bewahren konnten und den sie oft sogar auf ihren Anwesen einsetzten.

Verlust von Bauernland war somit ein Problem, mit dem Ägypten auch unter Mohammed Alis Nachfolgern konfrontiert wurde. Die Bauern, die ihr Land verloren hatten, wanderten entweder in die schnell wachsenden Städte ab oder vergrößerten die Zahl der landlosen Arbeiter, die zu Beginn der 70er Jahre schon 1/3 der ländlichen Bevölkerung umfaßte. In manchen Dörfern stellten die Landlosen sogar die Mehrheit (Wallace, 173, S. 232).

Die Tendenz war hingegen günstig für die Entwicklung des Besitzstandes der Gruppe, die vor Ort, also in den Dörfern, für Steuerbemessung, Aushebungen für Arbeitsdienst und Armee sowie bis 1854/55 für die Bestimmung der Nachfolge eines verstorbenen Bauern zuständig war: die shaykhs, oder, wie sie in der zweiten Jahrhunderthälfte genannt wurden, die umdas.

Auch die Verabschiedung erbrechtlich relevanter Gesetze seit der Jahrhundertmitte schmälerte ihre Zugriffsmöglichkeiten nur wenig. Ausgedehnte Flächen verlassenen Bauernlandes eröffneten ihnen nach wie vor große Bereicherungsmöglichkeiten, so daß viele umdas mehr als 100 Feddan, die reichen sogar mehr als 1.000 Feddan besaßen. Bei den letzteren vermischte sich die Zugehörigkeit zu einer umda-Familie und der entsprechende Besitz oft mit einem Aufstieg in der staatlichen Verwaltung, da unter Said und Ismail umdas bis zur Position von Provinzgouverneuren befördert wurden (Wallace, 173, S. 147 ff).

Eine Gesamtbetrachtung der ländlichen Besitz- und Sozialstruktur führt zu dem Schluß, daß eine logische Weiterentwicklung der bereits unter Mohammed Ali eingeleiteten Entwicklung stattfand. Die bereits bestehenden, recht heterogenen Strukturen wurden juristisch abgesichert. Hierin lagen zwar große Möglichkeiten, die das zunehmende Engagement von Geschäftsleuten erklären. Vor allem das ungerechte Steuersystem brachte es aber mit sich, daß eine steigende bäuerliche Verschuldung den Blick für neu entstandene Gefährdungen schärfte.

4.2.2. Bewässerung und landwirtschaftliche Flächen

Während unter Abbas eine Vernachlässigung und infolgedessen eine Schädigung des Bewässerungssystems zu verzeichnen war, unternahmen Said und insbesondere Ismail große Anstrengungen, das unter Mohammed Ali eingeführte System zu entwickeln und auszudehnen. Vor allem im Delta und in Mittelägypten wurden viele Kanäle zur Aufnahme von Sommerwasser gegraben.

Die Gesamtlänge der unter Ismail erstellten Kanäle betrug 8400 Meilen (Crouchley, 37, S. 132). Sie ermöglichten nicht nur eine Erhöhung der Baumwollproduktion von ca. 360.000 Quintar 1850 auf über 3.000.000 Quintar 30 Jahre später, sondern waren auch die Voraussetzung für die starke Ausdehnung des Zuckerrohranbaus in Oberägypten seit Ende des Baumwollbooms.

Die Schwächen des Bewässerungssystems bestanden nach wie vor in der hohen Reparaturanfälligkeit und dem beträchtlichen Wartungsaufwand, der große Mengen sonst in der Landwirtschaft einsetzbarer Arbeitskräfte band. Auch der Einsatz moderner Maschinen - unter Ismail waren ca. 500 Dampfpumpen im Einsatz (Crouchley, 37, S. 132) - brachte nur eine leichte Entspannung.

Neben der durch die Bewässerungsmaßnahmen möglichen Ausdehnung der Anbaufläche wurden unter Said und Ismail bedeutende Steigerungen der Kulturfläche erreicht, die in den letzten 25 Jahren nach 1852 um fast 600.000 Feddan zunahm (Artin, 12, S. 219). Großen Anteil an dieser Entwicklung hatten vor allem die durch Steuererleichterungen begünstigten Neulanderschließungen wohlhabender Landbesitzer.

4.2.3. Ökonomische Entwicklung des Agrarsektors

4.2.3.1. Festigung des marktwirtschaftlichen Systems (1848-61)

Die schon unter Mohammed Ali erkennbare Tendenz zu stärker marktorientierten Wirtschaftsformen setzte sich auch unter seinen Nachfolgern fort. Nur Abbas unternahm einige Versuche, Teile des Monopolsystems wiederaufzunehmen, die jedoch unmittelbar nach Saids Machtantritt beseitigt wurden. Handelshemmnisse, wie z.b. Binnenzölle und städtische Zwangsabgaben, wurden entfernt, "agriculture and commerce were left free to develop." (Crouchley, 37, S. 111).

Die großen, meist in Alexandria ansässigen Handelshäuser, hatten aber dennoch mit wachsenden Schwierigkeiten zu kämpfen. So gab es bis zur Errichtung eines regierungseigenen Postdienstes unter Ismail keine Möglichkeit, Geld ins Landesinnere zu transferieren. Mangelnde Rechtssicherheit hinderte Agenten der Handelshäuser daran, Geschäfte gegen Vorauszahlung abzuschließen.

Lokale Händler, darunter viele Griechen, hatten größere Möglichkeiten, ihre Interessen in den für Auswärtige nur schwer durchschaubaren örtlichen Machtstrukturen durchzusetzen, vor allem, da sie neben ihrer Handelstätigkeit oft auch noch als Geldverleiher aktiv waren. Die großen Handelshäuser konzentrierten sich folglich häufig darauf, die Produkte an zentralen Orten in Unterägypten aufzukaufen (Owen, 124, S. 70 u. S. 77).

Die in der zweiten Hälfte der vierziger Jahre unbefriedigende Marktlage bei Baumwolle verbesserte sich in den fünfziger Jahren bedeutend. Hauptproduzenten und somit Hauptnutznießer waren die großen, meist in Unterägypten ansässigen Grundbesitzer, die gegenüber den Fellachen einige Vorteile besaßen.

Ihnen gehörten meist die ertragreichsten Böden und sie konnten sich durch ihren Einfluß tierische und menschliche Arbeitskräfte sowie Wasser sichern. Geringe Steuerraten und größere Vermögen erlaubten den Großgrundbesitzern, mit längeren Perspektiven als die Fellachen zu wirtschaften (Richards, 141, S. 33).

Dies drückte sich sowohl in einer bodenschonenden Rotation, bei der Baumwolle nur alle 4 bis 5 Jahre angebaut wurde, als auch in aufwendigen Maßnahmen zur Qualitätssicherung aus, wozu der Anbau als einjährige Pflanze sowie besondere Sorgfalt bei Ernte, Entkernung und Sortierung zählte (Owen, 124, S. 75).

Die Bauern hingegen waren auf möglichst schnelle Einkünfte angewiesen, um ihre mit 3 - 4 v.H. pro Monat zu verzinsenden Kredite abzuzahlen. Sie praktizierten infolgedessen den in diesen Jahren lukrativen Getreideanbau oder eine weniger aufwendige Baumwollanbaumethode, balli genannt, die wohl hauptsächlich als Wiederaufnahme der vor Mohammed Ali angewendeten extensiven Methoden anzusehen ist.

Balli beinhaltete einen geringeren Aufwand bei Bewässerung, Bearbeitung und Saatgut, hatte aber den Nachteil, geringere Erträge und schlechtere Qualitäten zu erbringen. Als Folge bildete sich seit dem Ende der fünfziger Jahre ein deutlicher Abstand zwischen Großgrundbesitzern und Fellachen aus, der sich in Zukunft durch einen verstärkten Einsatz moderner technischer Mittel auf den Großbetrieben noch erhöhen sollte.

Zunehmende Sorge bereitete vor allem bei den Kleinbetrieben die Verschlechterung der Saatgutqualität. Zwar gab es schon seit Mohammed Ali das System, in fünfjährigem Abstand die Saatgutquelle zu wechseln (Schanz, 152, S. 72). Degenerationen der alten Jumel-Sorte infolge von Vermischung sowie vor allem mangelhafte Aufbereitung der Saatbaumwolle waren jedoch mit den technischen Mitteln der Fellachen kaum zu vermeiden. Die Entfernung der Kerne aus der Baumwolle geschah durch ein einfaches, dulab genanntes Gerät. Aus der geringen hiermit erzielbaren Verarbeitungsgeschwindigkeit resultierte eine lange Lagerung der Saatbaumwolle mit entsprechenden Qualitätsminderungen (Schanz, 152, S. 109).

Erst die 1853 zum ersten Mal eingeführte McCarthy-Entkernungsmaschine mit ihrer im Vergleich zur dulab ca. siebenfachen Verarbeitungsgeschwindigkeit brachte eine wesentliche Verbesserung der Baumwollaufbereitung. Vor allem mit europäischem Kapital wurden schnell viele mit den neuartigen Maschinen bestückte dampfbetriebene Entkernungsanlagen errichtet, die auch von den Fellachen rasch angenommen wurden (Owen, 124, S. 78).

Die nun zentral in den Entkernungsanlagen anfallenden Saatmengen führten sowohl zu neuen Problemen als auch zu neuen Chancen: die Saatgutqualität wurde durch die nicht vermeidbaren Vermischungen geschwächt, aber andererseits entwickelte sich Baumwollsaat zu einem wichtigen exportfähigen Nebenprodukt, da die industrielle Verarbeitung zu Öl nach einem neuen Verfahren einfach uund preiswert durchzuführen war.

4.2.3.2. Der Baumwollboom (1861-65)

Die Jahre 1861 bis 1865 stellen einen bedeutenden Wendepunkt in der wirtschaftlichen Entwicklung Ägyptens dar. durch die Blockade der Südstaatenhäfen während des amerikanischen Bürgerkriegs kam es vor allem in England schnell zu einer "cotton famine" genannten Verknappung der Baumwolle mit entsprechenden Preissteigerungen, die bis ca. 400 v.H. betrugen (Owen, 123, S. 417). Trotz pessimistischer Einschätzungen des ägyptischen Produktionspotentials seitens zeitgenössischer westlicher Beobachter war das Land in der Lage, in relativ kurzer Zeit auf die neue Lage zu reagieren. Hatte die auf ca. 250.000 Feddan erzeugte Baumwollernte sich vor dem Krieg auf ca. 500.000 Quintar eingependelt, so erhöhte sie sich während der wenigen Kriegsjahre um das Vierfache, die Anbaufläche um das Fünffache (Owen, 123, S. 417).

Da Baumwolle auch in der Vorkriegszeit schon sehr intensiv angebaut wurde, ist das Ausmaß der Bemühungen, die letzten Produktionsreserven zu erschließen, umso höher einzuschätzen. Eine Summe sich gegenseitig ergänzender Faktoren ermöglichte den Erfolg:

Auch kleinere Produzenten hatten Zugang zum Markt; die Bereitstellung von Kapital bereitete keine Schwierigkeiten, wenn auch teilweise hohe Zinsen zu bezahlen waren; der Entkernungsprozeß war durch die neuen Anlagen in seiner Effizienz entscheidend gesteigert worden; die Eisenbahnverbindungen zwischen Kairo und Alexandria sowie die vielen Maßnahmen zur Ausweitung der ganzjährigen Bewässerung und des Baumwollanbaus in Mittel- und Oberägypten ermöglichten eine Anhebung des Anbau- und Transportvolumens; außerdem ermöglichten die relativ direkten Vermarktungswege und die zumindest auf den Großbetrieben modernen Anbaumethoden einen hohen Qualitätsstandard.

1863, im Jahr des Regierungsantritts Ismails, wurde die auf dem Weltmarkt so dringend nachgefragte Baumwollproduktion durch zwei Vorgänge gefährdet: eine schwere Viehseuche und die höchste Nilflut des Jahrhunderts.

Während die Auswirkungen der Überflutung kurzfristig waren, führte die Viehseuche zu einschneidenden Veränderungen. Da der Ersatz des Tiermaterials nur langsam vor sich ging und auch die neuen Tiere befallen wurden, rüsteten viele große und kapitalstarke Betriebe auf moderne landwirtschaftliche Maschinen um. Ismail allein soll 1864 im Besitz von 200 Dampfpflügen gewesen sein (Owen, 123, S. 422). Eine weitere Folge war, daß das traditionelle Getreideausfuhrland Ägypten 1864 und 65 zum ersten Mal Nettoimporteur wurde.

Im Verlauf des Baumwollbooms wurden auf allen Produktionsstufen hohe Gewinne erzielt. Der Großteil des Geldes, zwischen 40.000.000 und 50.000.000 Pfund, floß jedoch den Produzenten selbst zu (Owen, 124, S. 107 ff). Was die Fellachen betraf, verwendeten sie das Gold, das sie als einziges Zahlungsmittel akzeptierten, oft als versteckte Reserve oder ließen es zu Schmuck verarbeiten, kauften Sklaven, Möbel u.ä.. Andere gaben mehr für soziale und religiöse Handlungen wie Feste und Pilgerfahrten aus. Importgüter spielten bei der Erhöhung des bäuerlichen Konsums mit Ausnahme von Baumwollfertigwaren und Arbeitstieren keine Rolle. Längerfristige Verbesserungen ihrer Lage erreichten vor allem diejenigen, die durch den Kauf von Land ihre Position in der dörflichen Hierarchie verbessern konnten.

Über die Verwendung der den größeren Produzenten zufließenden Einkünfte lassen sich kaum Aussagen treffen. Jedoch scheinen auch hier Importgüter mit Ausnahme der neuen landwirtschaftlichen Maschinen kaum verstärkt gekauft worden zu sein.

Die Neigung, die erhöhten Einnahmen hauptsächlich für den Kauf einheimischer Produkte zu verwenden, hatte im wesentlichen zwei Folgen (Owen, 124, S. 109 f):

- Handwerker, Weizenproduzenten u.ä. profitierten von der erhöhten Nachfrage nach ihren Produkten.

- Es kam zu einer starken Inflation, die z.B. die Preise für Weizen 1863/64 um 64,5 v.H., für Rindfleisch um 165 v.H. und für Gänse sogar um 230 v.H. steigen ließ. Während Kaufleute, Handwerker und Landbewirtschafter weniger zu leiden hatten, waren insbesondere die städtischen Armen stark betroffen.

Nach einem Höhepunkt im Sommer 1864 begannen die Baumwollpreise zu sinken, um dann am Ende des Krieges einen Tiefstand zu erreichen. Einige Entkernungsanstalten mußten schließen, der Finanzmarkt war gestört.

Trotz des Rückgangs der Preise, die sich aber relativ schnell wieder normalisierten, wurde die Baumwollanbaufläche ausgeweitet, um die wegen der Überbelastung der Böden und der Verschlechterung der alten Jumel-Sorte gesunkenen Erträge auszugleichen (Owen, 123, S. 428). Die Baumwolle hatte sich zumindest im wichtigsten Landesteil, Unterägypten, als Hauptanbauprodukt durchgesetzt.

4.2.3.3. Ausbau der Baumwollexportwirtschaft (1865-82)

Die Aufrechterhaltung und Steigerung des Baumwollanbaus in den Jahren und Jahrzehnten nach dem Boom ist vor allem auf drei Gründe zurückzuführen:

- Die Einschätzung der Landwirtschaft als wichtigste Ressource des Landes durch den seit 1863 regierenden Ismail.

- Den andauernden Preisvorteil der Baumwolle gegenüber möglichen landwirtschaftlichen Alternativprodukten, auch Weizen, der sich auf dem Weltmarkt gegenüber der amerikanischen und australischen Konkurrenz immer schlechter behaupten konnte.

- Die zwar im Verhältnis zur Boomperiode niedrigen, aber dennoch über dem Durchschnitt der Jahre vor 1861 liegenden Baumwollpreise.

Das Fehlen wirklicher Alternativen war die Ursache für die in der Folgezeit immer stärkere Konzentration auf das einzige Produkt, bei dem Ägypten echte Wettbewerbsvorteile besaß. Ab 1870 begannen die Baumwollernten wieder zu steigen und überschritten bereits 1875/76 die Spitzenwerte der Boomperiode.[1] Neben der Ausdehnung des Anbaus auch in südliche Landesteile waren Ertragsteigerungen zu verzeichnen, die vor allem auf die 1863 eingeführte Aschmuni-Sorte zurückzuführen waren, die schnell Jumel als Hauptsorte verdrängte (Schanz, 152, S. 64).

Ismail beschränkte sich jedoch nicht nur auf die reine Baumwollproduktion. Er wollte den Agrarsektor insgesamt mit der Baumwolle als wichtigstem Produkt durch weitreichende Infrastruktur- und Bewässerungsmaßnahmen in die Lage versetzen, die Hauptlast einer an westlichen Vorbildern orientierten Modernisierung des Landes zu tragen.

Die Erfolge dieser Politik - beträchtliche Steigerungen der Baumwoll- und Zuckerrohrernten und eine zufriedenstellende Getreideversorgung der allein in den 70er Jahren um 1,2 Millionen gewachsenen Bevölkerung - waren an sich zwar beachtlich, hatten aber z.B. im industriellen Bereich kaum stimulierende Wirkungen. Zudem war die Finanzierung so unsolide, daß sie nicht als Basis für eine langfristig angelegte, kontinuierliche Entwicklung geeignet sein konnte.

---

[1] siehe Schaubild 2

Zusammenfassend ist bei der agrarwirtschaftlichen Entwicklung unter den Nachfolgern Mohammed Alis zu erkennen, daß nun, wie sich bereits gegen Ende der vorigen Herrschaftsperiode angedeutet hatte, völlig andere Rahmenbedingungen bestimmend waren. Der freie Markt war zum wesentlichen Bestimmungsfaktor geworden. Daß sich auf ihm auch nach den Jahren des Baumwoll-Booms der Siegeszug der langfaserigen Baumwolle fortsetzte, ist ein Beweis für die komparativen Kostenvorteile Ägyptens. Mohammed Alis mit hohem Investitionsaufwand getroffene Weichenstellung fand eine nachdrückliche Bestätigung.

4.2.4. Die wichtigsten Agrarprodukte

4.2.4.1. Baumwolle

Die gesamtwirtschaftliche Bedeutung der Baumwolle erhöhte sich in dieser Periode stark. Die Mehrheit der Landbewirtschafter in den Dauerbewässerungsregionen war mit ihrer Produktion beschäftigt, wobei eine allmähliche Ausbreitung des Anbaus nach Süden zu verzeichnen war.

Trotz Schwierigkeiten bei der Qualitätssicherung und Schädlingsbekämpfung stiegen die Durchschnittserträge vor allem nach dem Boom deutlich an. Tabelle 4 verdeutlicht diese Entwicklung.

Tabelle 4: Baumwollanbaufläche und -erträge pro Feddan 1865-74

Jahr	Fläche in Feddan	Ertrag in Quintar
1865/66		2
1869	750.000	2
1870/71		2,5
1871	718.997	2,75
1874	871.847	3

Quelle: Versch., zit. n. (Owen, 124, S. 130)

Hierfür waren neben den auf den Großbetrieben praktizierten modernen Anbaumethoden und einer Erholung der während des Booms erschöpften Böden insbesondere die neuen Baumwollsorten Aschmuni und Bamiah verantwortlich, die gegenüber der degenerierten Jumel ein höheres Ertragspotential aufwiesen (Schanz, 152, S. 64 f). Sowohl durch Flächenausdehnung als auch durch Steigerung der Erträge gelang es, die Position der ägyptischen Baumwolle am Weltmarkt zu behaupten und auszubauen.[2]

4.2.4.2. Andere Produkte

Obwohl sich in Ägypten immer mehr eine vorwiegend auf die Produktion von Baumwolle orientierte Wirtschaft herausbildete, wiesen auch andere Agrarprodukte hohe Produktions- und Anbauflächensteigerungen auf. So erzielte Zuckerrohr in den frühen 70er Jahren ebenso hohe Exporterlöse wie Weizen oder Bohnen. Auch Mais, wie Baumwolle auf ganzjährige Bewässerung angewiesen, wurde in immer stärkerem Maß produziert und erreichte 1877 eine Anbaufläche von 600.000 Feddan, die vorwiegend im Delta lag (Simon, 158, S. 120).

Weizen, Gerste und Bohnen waren zwar für die Versorgung der schnell wachsenden Bevölkerung nach wie vor wichtig, verloren aber als Exportprodukt nach einem Anstieg in den 50er Jahren an relativer Bedeutung, da die überseeische Konkurrenz immer stärker wurde.

Von großer Wichtigkeit war die Getreideproduktion weiterhin in den noch nicht dauerbewässerten und somit nicht baumwollfähigen Regionen. Mit weiterer Ausdehnung des Baumwoll- und damit zusammenhängend des Bersimanbaus zeichnete sich ein zunehmender Druck auf den Getreideanbau in diesen Gebieten ab, vor allem bei Gerste und Reis.

4.2.5. Technik der Landbewirtschaftung

Träger des technischen Fortschritts waren in erster Linie die Großbetriebe und die in der Baumwollverarbeitung tätigen Einrichtungen. Letztere investierten sowohl in neue, dampfbetriebene Entkernungsmaschinen als auch in moderne, hydraulisch- bzw. dampfbetriebene Baumwollpressen, um den Verarbeitungsprozeß zu rationalisieren und das Transportvolumen zu senken (Schanz, 152, S. 110 f).

Die landwirtschaftlichen Großbetriebe wandten sich schon früh, insbesondere nach der Viehseuche von 1863, neuen Entwicklungen wie Lokomobilen, Dampfpflügen und -pumpen zu (Schanz, 152, S. 34). Auch Kunstdünger wurde vereinzelt schon eingesetzt, um die durch ganzjährige Bewirtschaftung verschlechterte Nährstoffbilanz auszugleichen. Ebenso ist bei der Einführung der neuen Baumwollsorten Aschmuni und Bamiah von einer Vorrangstellung der Großbetriebe auszugehen, die 1880 eine Gesellschaft zur Förderung der Landwirtschaft und insbesondere neuer Techniken gründeten. Die Verfügbarkeit der neuen Düngemittel war aber noch nicht so groß, daß weiter-

---

[2] zu den Ausfuhrmengen siehe Schaubild 2

Schaubild 2: Die ägyptischen Baumwollausfuhren 1849 - 82

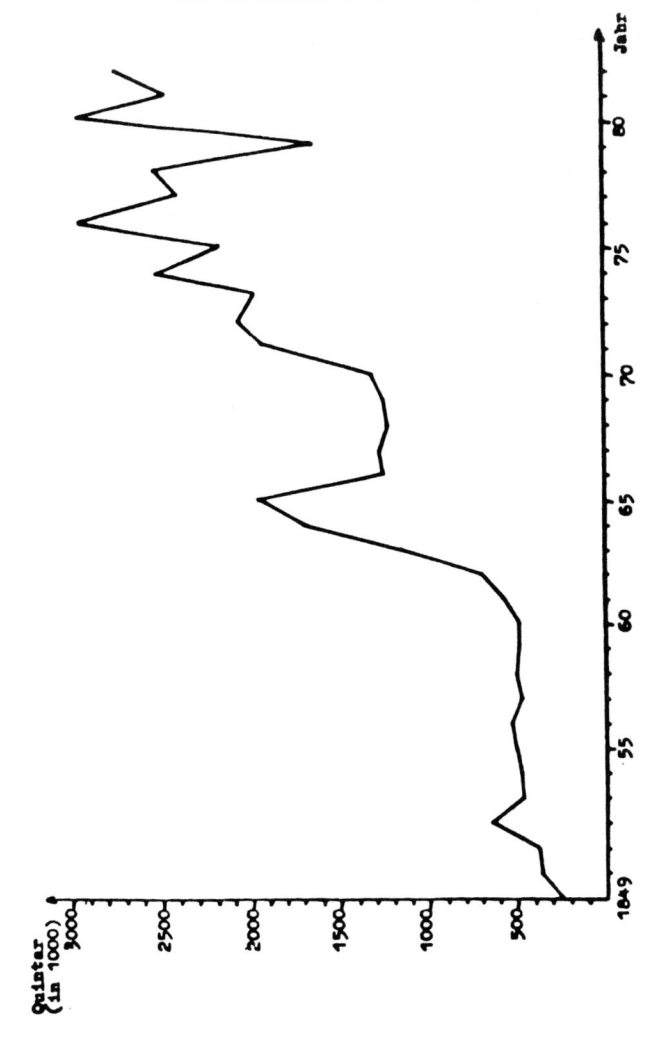

Quelle: Eigene Darstellung n. (Crouchley, 37, S. 263)

gehende Maßnahmen, wie etwa eine Umstellung der Fruchtfolgen, schon möglich gewesen wären. Auf den Kleinbetrieben war bis auf die Einführung der neuen Sorten keine Änderung der von traditionellen Methoden geprägten Landbewirtschaftung zu verzeichnen.

4.3. Wesentliche außerlandwirtschaftliche Bereiche

4.3.1. Verkehr und Infrastruktur

Unter Said und Ismail wurde die schon von Mohammed Ali eingeleitete Verbesserung der internen Verkehrs- und Kommunikationsmittel verstärkt weitergeführt. Durch den Bau neuer Eisenbahnen, Straßen, schiffbarer Kanäle sowie Telegraphenleitungen erreichte Ägypten einen Standard, der auch den Vergleich mit weit höher entwickelten Ländern nicht zu scheuen brauchte (Issawi, 81, S. 364). Die auswärtigen Verbindungen wurden durch Überseetelegraphen, die Modernisierung des Hafens von Alexandria und die Hafenneubauten in Suez und Port Said gefördert.

Das bedeutendste Projekt dieser Periode, der 1869 eröffnete Suezkanal, leitete zwar einen großen Teil des internationalen Schiffsverkehrs durch Ägypten, enttäuschte aber die in ihn auf ägyptischer Seite gesetzten Hoffnungen, da das Land zwar beim Bau die größten Lasten zu tragen hatte[3], die erhofften späteren Einnahmen aber seit dem Notverkauf von Aktien der Kanalgesellschaft durch den hochverschuldeten Ismail ausblieben. Der Kanal war zu einer der Hauptursachen der immensen ägyptischen Staatsverschuldung geworden.

4.3.2. Die nichtlandwirtschaftlichen Wirtschaftszweige

Eine industrielle Entwicklung, die teils auf staatlicher, teils auf privater, meist ausländischer Initiative beruhte, fand in nur begrenztem Maß statt.

Auf staatlicher Seite hatte die Zuckerindustrie in Mittel- und Oberägypten Priorität. Ismail forcierte nach dem Baumwollboom ihren Aufbau, um einen Ausgleich für möglicherweise im Baumwollgeschäft anfallende Einnahmeausfälle zu schaffen. Bis zum Ende seiner Herrschaft waren 64 Zuckerfabriken mit einem Kostenaufwand von über 6.000.000 £.E. errichtet worden. Zusammen mit einer starken Erhöhung des Zuckerrohranbaus ermöglichten die neuen Fabriken eine Steigerung der Zuckerausfuhren von 13.226 Quintar 1862 auf 661.000 Quintar 1880 (Crouchley, 37, S. 135).

---

3 So spricht z.B. Crouchley von 60.000 Arbeitern, die der Kanalbau der Landwirtschaft entzog, (37, S. 118).

Unter den ägyptischen Rahmenbedingungen war das Projekt jedoch zu ehrgeizig: mangelnde Transporteinrichtungen, Schwierigkeiten bei der Beschaffung von Arbeitskräften und Energie (Kohle!) sowie fehlende organisatorische Fähigkeiten ließen die Fabriken weit unter ihrer normalen Kapazität arbeiten. Das qualitativ gute Endprodukt mußte am Markt zudem mit ausländischen Erzeugnissen konkurrieren, deren Ausfuhr oft von Seiten der fremden Regierungen finanziell gefördert wurde (Mazuel, 106, S. 37 f), so daß die Rentabilität der Fabriken stark gefährdet war und viele ihren Betrieb schnell wieder einstellen mußten.

Neben der Zuckerindustrie ließ Ismail in den Großstädten Kairo und Alexandria Großbäckereien errichten sowie zwei vorwiegend auf die Bedürfnisse der Armee ausgerichtete Textilfabriken erstellen, obwohl der Import von Baumwollfertigprodukten immer mehr zunahm.

Die privaten Anleger investierten mit Ausnahme der Baumwollentkernungsanlagen vorwiegend in für den städtischen Bedarf produzierende Betriebe, wie z.b. Bäckereien, Mühlen sowie Gas- und Wasserwerke (Crouchley, 37, S. 136).

4.3.3. Ausländische Einflüsse in Wirtschaft und Politik

Unter Mohammed Alis Nachfolgern wurde Ägypten immer stärker von ausländischen Einflüssen durchdrungen. Sichtbarster Ausdruck dieser Entwicklung war die unaufhörlich steigende Zahl von Ausländern, die am Ende dieses Zeitraums bereits über 90.000 erreichte (Owen, 124, S. 157).

Neben Handelsunternehmen waren vor allem Banken die dynamischen Kräfte des ausländischen Engagements, was nicht zuletzt durch die ungehemmte Verschuldungspolitik besonders Ismails hervorgerufen wurde. Die in diesem Bereich erzielbaren hohen Gewinne waren der Hauptgrund dafür, daß die Europäer im industriellen Bereich mit Ausnahme der Baumwollentkernungsanlagen nur wenig Initiative zeigten.

Im ländlichen Bereich waren Landkäufe und Geldgeschäfte die Hauptaktivitäten der Ausländer. Hierfür bildeten die vollkommene Legalisierung des vormals zwar auch schon praktizierten, aber nach islamischem Recht verbotenen Landerwerbs durch Nichtmoslems, die Ersetzung der alten Konsulargerichtsbarkeit durch die eine neue Rechtssicherheit schaffenden "Gemischten Gerichte" 1876[4] und die Einführung eines dem westlichen Recht

---

[4] Diese mit einheimischen und europäischen Richtern besetzten Gerichte waren für Streitfälle zwischen Europäern verschiedener Nationalität sowie zwischen Europäern und Ägyptern zuständig.

entliehenen Hypothekenrechts neben der Erweiterung der bäuerlichen Eigentumsrechte den juristischen Rahmen.

4.3.4. Handel mit dem Ausland

Unter Mohammed Ali unterhielt Ägypten zu mehreren Ländern umfangreiche Handelsbeziehungen, vor allem zu Frankreich, England, Österreich, Norditalien und zur Türkei. Im letzten Jahrzehnt seiner Herrschaft begann sich jedoch bereits eine stärkere Orientierung auf Großbritannien abzuzeichnen, was durch die politische und wirtschaftliche Dynamik dieses Landes und vor allem durch den stark steigenden britischen Baumwollbedarf bedingt war. Schon 1849 ergab sich folgendes Bild:

Tabelle 5: Ägyptens Handelspartner

Land	Export in £.E.	Import in £.E.
England	808.616	607.448
Österreich	255.812	171.820
Türkei	266.103	236.261
Frankreich	195.599	110.956
Toskana	98.979	67.027
Syrien	27.419	170.884
Griechenland	13.560	28.943
"Barbarenstaaten"	15.683	75.092
Verschiedene	18.969	6.629
Summe	1.660.740	1.474.060

Quelle: (Crouchley, 37, S. 96)

Auch unter Mohammed Alis Nachfolgern setzte sich diese Tendenz ungebrochen fort und führte zu einem 80 v.H.-Anteil Englands an den ägyptischen Ausfuhren. Bei den Importen stand England mit 44 v.H. ebenfalls an der Spitze (Crouchley, 7, S. 138).

Zusammensetzung und Umfang des Außenhandels entwickelten sich weniger kontinuierlich. Exportiert wurden zunächst neben Baumwolle, die ca. 1/4 bis 1/3 der Ausfuhrerlöse erbrachte, auch bedeutende Mengen Weizen und Bohnen. Andere Exportprodukte waren Reis, Leinenbekleidung sowie das wichtige neue Erzeugnis Baumwollsaat (Owen, 124, S. 170).

Die Weltmarktentwicklung während des amerikanischen Bürgerkriegs führte zu einschneidenden und nachhaltigen Veränderungen. Während der Anteil von Baumwolle und Baumwollsaat an den Ausfuhren bei Ausbruch des Krieges ca. 41 v.H. betrug, stieg er bis zum Ende auf ca. 95 v.H. an. Gleichzeitig entwickelten sich die Getreideexporte stark rückläufig; während des Krieges wurde Ägypten sogar kurzfristig Nettoimporteur (Owen, 23, S. 422).

In der Nachkriegszeit verringerte sich der Anteil der Baumwolle an der Gesamtausfuhr zwar auf ca. 75 v.H.. Der Getreideexport erreichte aber nie wieder die relative Bedeutung der Jahre vor 1861. Nur das neue Exportprodukt Zucker konnte seinen Anteil deutlich ausbauen.

Die Importe gliederten sich zunächst in Rohstoffe wie Holz, Kohle und Stahl sowie Manufakturwaren wie Baumwollkleidung, Maschinen u.ä.. Hinzu kamen später Luxusartikel für die stark wachsende europäische Bevölkerungsgruppe und hochwertige Produkte, die in Ägypten in zu geringer Qualität und Menge produziert wurden.

Tabelle 6: <u>Der ägyptische Außenhandel 1845-79</u> (jeweils Jahresdurchschnitte)

Zeitabschnitt	Importe in £.E.	Exporte in £.E.
1845-49	1.631.441	1.836.969
1850-54	1.849.621	2.926.769
1855-59	2.580.164	3.683.179
1860-64	3.520.422	8.623.632
1865-69	5.203.768	11.712.871
1870-73	6.249.978	11.134.124
1875-79	4.685.297	13.595.818

Quelle: (Owen, 124, S. 168)

Die Terms of Trade entwickelten sich zunächst allmählich, dann während des Baumwollbooms sehr schnell zu Gunsten Ägyptens, da die guten Weltmarktpreise für Baumwolle die ebenfalls steigenden Preise für Kohle und Baumwollkleidung mehr als ausglichen. In den 70er Jahren kehrte sich dieser Trend jedoch um, so daß bei Betrachtung der Gesamtperiode nur eine relativ kleine Verbesserung zu verzeichnen war.

Die aus Tabelle 6 ersichtliche Entwicklung des Außenhandels weist einen auch bei Berücksichtigung der möglichen Fehler beachtlichen Überschuß aus, der in völligem Gegensatz zur immer desolater werdenden Finanzsituation des Staates stand.

4.3.5. Die öffentlichen Finanzen

Erste Ansätze einer beginnenden Staatsverschuldung zeigten sich bereits unter Abbas und waren in erster Linie auf seinen bei stark sinkenden Steuereinnahmen betriebenen Luxuskonsum und den Bereicherungswillen seiner Familie zurückzuführen (Crouchley, 37, S. 107 f).

Für den weiteren Anstieg unter Said war hingegen weniger eine Vernachlässigung der Einnahmen verantwortlich - das Steuererhebungssystem wurde sogar in vielen Punkten verbessert - sondern eine extreme Erhöhung der Ausgaben, vor allem für die zahlreichen Verkehrs- und Infrastrukturprojekte mit dem Suezkanalbau an der Spitze. Besonders letzterer zwang Said zur Ausgabe von Schuldverschreibungen und zur Aufnahme großer Kredite, insbesondere bei ausländischen Geldgebern.

Die bis zu seinem Tod aufgelaufenen Schulden von 16.308.075 £.E., denen z.B. 1861 nur Einnahmen in Höhe von 2.154.000 £.E. gegenüberstanden (Crouchley, 37, S. 116 ff), veranlaßten Ismail, den Nachfolger, jedoch nicht zu einer restriktiven Ausgabenpolitik. Die scheinbar günstigen Zugangsmöglichkeiten zu immer neuen Krediten und die hohen Einnahmen während des Baumwollbooms ließen ihn vielmehr eine Verschuldungspolitik betreiben, die das Land durch hohe Investitionen schnell in einen modernen Staat westlicher Prägung verwandeln sollte.

Über 50.000.000 £.E. wurden für öffentliche Arbeiten wie den Weiterbau des Suezkanals, andere Kanäle, Eisenbahnstrecken u.ä. ausgegeben; hinzu kamen Millionen für den Schuldendienst, den Tribut an die Türkei, Bildungsförderung, städtische Verschönerungsmaßnahmen u.s.w., was insgesamt trotz der auf 9.584.430 £.E. gesteigerten Jahreseinnahmen (1875) zur Zahlungsunfähigkeit führte. Schulden in einer Gesamthöhe von 98.376.660 £.E. waren aufgelaufen (1880) (Crouchley, 37, S. 276), der finanziellen Abhängigkeit folgte die politische.

4.4. Erklärung und Wertung der dargestellten Vorgänge

4.4.1. Ökonomische Interpretation

Unter dem nur von Abbas teilweise in Frage gestellten wirtschaftspolitischen Konzept des freien Marktes waren Entscheidungen über *künftige Produktionsrichtungen* weniger von herrschenden Personen, sondern in erster Linie von den Marktkräften abhängig. So regte z.B. in den 50er Jahren der international hohe Getreidebedarf eine entsprechende Angebotsreaktion der ägyptischen Landwirtschaft an. Der *neugewonnene unternehmerische Handlungsspielraum* der Landbesitzer wurde deutlich.

Langfristig aber war Ägypten nach der weitgehenden Erschließung der großen überseeischen Neulandgebiete auf dem Getreidemarkt in der Defensive. Es besaß nur bei einem von den westlichen Ländern, insbesondere von England, in steigendem Maß nachgefragten Produkt nennenswerte Standortvorteile, nämlich bei qualitativ hochwertiger Baumwolle, deren *Produktion* folgerichtig auf bis dahin nicht gekannte Höhen stieg.

Im Rahmen einer *freien, weltmarktorientierten Wirtschaft* war neben den für die Ausdehnung der Baumwollproduktion nötigen, umfangreichen bewässerungs- und verkehrstechnischen Maßnahmen eine andere Entwicklung unvermeidlich, die sich schon unter Mohammed Ali abgezeichnet hatte: die schrittweise vorgenommene Ausweitung der *privaten Eigentumsrechte am Boden,* also die Überführung dieses Produktionsfaktors in private Hand. Sie war eine der wesentlichen Grundlagen für Neulandkultivierungen, aber auch für andere große, von Privatleuten vorgenommene Investitionen im landwirtschaftlichen Bereich. Als Folge sind Veränderungen beim Einsatz der Produktionsfaktoren zu registrieren, die komplexer als im vorangehenden Zeitraum ausfallen.

Technische Möglichkeiten, demographische Entwicklung und zunächst gute Kreditzugangsmöglichkeiten einerseits sowie über die Gesamtperiode betrachtet günstige Absatzmöglichkeiten andererseits induzierten einen wesentlich *verstärkten Einsatz aller drei Faktoren.*

Insbesondere *Kapital* wurde in einem bis dahin ungeahnten Maß in Form von Bewässerungs-, Transport- und Infrastrukturmaßnahmen zur Förderung der Agrarexportwirtschaft eingesetzt, aber auch ansatzweise zu einer Mechanisierung der Großbetriebe. *Kapitalquellen* waren auf staatlicher Seite Steuereinnahmen und umfangreiche, oft ausländische Kredite, auf privater Seite Verkaufserlöse und Kredite. Außerdem wurde *Kapital* auf beiden Ebenen durch den hohen Einsatz von *Arbeit* gebildet.

Der Einsatz dieses Faktors wurde absolut gesehen zwar gesteigert. Die relative Belastung der einzelnen *Arbeitskraft,* obwohl immer noch auf sehr hohem Niveau, verminderte sich aber im Verhältnis zu der von Mohammed Ali erzwungenen Überlastung zumindest gegen Ende dieses Betrachtungszeitraums. Wichtigster Grund hierfür war das deutliche Bevölkerungswachstum - über 2.200.000 zwischen 1848 und 1882 - mit einer entsprechenden *Ausweitung der Faktorverfügbarkeit.*

Nicht ganz in diesen Dimensionen, aber dennoch deutlich steigend, entwickelte sich der Arbeitskräftebedarf durch die Flächenausweitung und Intensivierung vor allem während des Booms, was sich in Erhöhungen bei der Entlohnung der in der Landwirtschaft und in den Verarbeitungsanlagen eingesetzten Arbeitskräfte ausdrückte, obwohl die unter Mohammed Ali praktizierte künstliche Absenkung der *Entlohnung des Faktors Arbeit* zumindest in Teilen (z.B. Zwangsarbeitsdienst) noch erhalten und wirksam blieb.

Die allmähliche Herausbildung eines Arbeitsmarktes, hervorgerufen durch die *freie Wirtschaftsform*, die große Zahl Landloser und das Bevölkerungswachstum, zwang somit die landwirtschaftlichen Großbetriebe, sich zumindest in Teilbereichen an ökonomischen Maßstäben wie dem Grenzproduktivitätsprinzip zu orientieren. Inzwischen besser an die spezifisch ägyptischen Verhältnisse und Bedürfnisse angepaßte technische Lösungen sowie die verheerende Rinderpest als Auslöser führten besonders seit den sechziger Jahren auf den Großbetrieben zu einer teilweisen Mechanisierung und somit zu einer *Steigerung der Arbeitsproduktivität*. Die Kleinbetriebe konnten dieser Entwicklung auf Grund der Nichtübertragbarkeit der Techniken und der andersgearteten ökonomischen Verhaltensweisen bäuerlicher Familienbetriebe nicht folgen.

Anders stellt sich die Situation beim *Faktor Boden* dar. Hier profitierten die kleinen Betriebe ebenfalls, wenn auch in geringerem Maß als die großen Einheiten, von der nicht mehr nur auf das Delta beschränkten Dauerbewässerung sowie von den dringend benötigten neuen Saatgutqualitäten. Neben der so ermöglichten Intensivierung und *Steigerung der Flächenproduktivität* induzierten die meist sehr guten Absatzbedingungen vor allem bei Baumwolle auch eine beträchtliche *Erweiterung des Faktorangebots* durch die großen Flächenausweitungen, zumal die übrigen Rahmenbedingungen ebenfalls günstig waren.

Wie lukrativ die Flächenausdehnungen waren, zeigt die *hohe Entlohnung des Faktors Boden* auf dem nach der Privatisierung der Eigentumsrechte entstandenen Bodenmarkt. Obwohl auch aus diesem Zeitraum noch keine gesicherten Zahlen in Form von Kauf- und Pachtpreisen vorliegen, belegen zeitgenössische Aussagen den hohen Wert von Grundbesitz deutlich.[5]

Die Verteilung des Faktors *Boden* entwickelte sich wegen der unterschiedlichen Belastungen durch Besteuerung, Zwangsarbeit, Kapitalerschließung u.ä. zuungunsten der Fellachen. Auch bei der Neulanderschließung waren die Großbetriebe in bedeutendem Maß engagiert, so daß sich auf Grund dieser Benachteiligungen eine zunehmend ungleiche Agrarstruktur herausbildete.

---

[5] siehe z.B. eine bei (Baer, 17, S. 24) zu findende Äußerung.

Der *Anteil des Agrarsektors an der Gesamtwirtschaft* war absolut dominierend. Diese richtete sich in hohem Maß auf die Erfordernisse einer weltmarktorientierten Produktion vor allem von Baumwolle aus, was sowohl für Handel und Finanzwesen als auch für die wenigen Industrieanlagen galt, die in erster Linie der Verarbeitung von Baumwolle und in geringerem Maß von Zuckerrohr dienten.

4.4.2. Soziologische Interpretation

Auf dörflicher Ebene, wo nach wie vor die überwiegende Mehrheit der ägyptischen Bevölkerung lebte, waren einschneidende Veränderungen in Form anhaltender Differenzierungs- und Individualisierungsvorgänge zu verzeichnen, die die *grundlegenden sozialen Prozesse des ländlichen Lebens* dieser Herrschaftsperiode darstellen.

Vor allem die shaykhs verbesserten im Rahmen der relativ zum vorigen Zeitraum dezentraler organisierten Wirtschafts- und Sozialordnung ihre *Machtposition* innerhalb der ursprünglich immer noch recht egalitären dörflichen Gemeinschaft. Auch im übrigen Bereich dieser Gemeinschaft wuchsen die Unterschiede zwischen einer neuen, aus der Zersplitterung großer Betriebe hervorgegangenen Mittelklasse, der breiten Masse der Fellachen und der steigenden Zahl von landarmen Pächtern und Landlosen.

Hauptursachen für diese Entwicklung waren die Privatisierung der Flächen sowie die zunehmende Kommerzialisierung. Beides bot zwar Chancen, aber unter den herrschenden Umständen für die Masse der Bevölkerung mehr Risiken. So wurden zwar im Baumwollboom auch von kleineren Produzenten gute Einnahmen erzielt, die ihnen langfristig aber nur zum Teil zugute kamen, da der Staat die Besteuerung so erhöhte, daß viele Landbewirtschafter zur Aufgabe gezwungen wurden.

Die Einbindung auch kleiner Produzenten in die Marktwirtschaft und die Umstellung auf eine monetäre Steuerzahlung führte zur Überschuldung vieler Fellachen, die in diesem Ausmaß erst durch die Ausweitung der Eigentums- und damit auch der Verpfändungsrechte ermöglicht wurde und eine Umschichtung des Landbesitzes zugunsten der Geldgeber zur Folge hatte.

Die Herausbildung von privatem Grundbesitz und Marktwirtschaft sowie die wachsende soziale Differenzierung waren auch für eine allmähliche Bedeutungsminderung der Dorfgemeinschaft verantwortlich. Immer mehr kooperative Elemente dieser *ländlichen Institution* wurden im fortgesetzten Individualisierungsprozeß aufgegeben, so z.B. die in manchen Regionen noch betriebene periodische Neuaufteilung des Landes und die Funktion des Dorfes als Grundeinheit der Steuererhebung.

Es kam jedoch nicht zu einem völligen organisatorischen und *institutionellen* Umbruch, da wichtige Komponenten beibehalten wurden, so vor allem der Zwangsarbeitsdienst.

Insgesamt aber konnten Rückwirkungen auf die *Einstellungen und Verhaltensweisen der Landbevölkerung* nicht ausbleiben. Die kurzfristig schon in den zwanziger Jahren gezeigten unternehmerischen Fähigkeiten kamen nach Durchsetzung der Marktwirtschaft und Verbreitung von Privateigentum stärker zum Ausdruck und zeigten sich in den schnellen Reaktionen auf die Entwicklungen verschiedener Weltmärkte, so in den fünfziger Jahren bei Getreide und in den sechziger Jahren bei Baumwolle.

Mittel- und langfristig wurde die unternehmerische Initiative der Fellachen aber wieder gedämpft: ökonomische und außerökonomische Zwänge, wie die Nachteile bei der Steuerbelastung und beim Zwangsarbeitsdienst, ließen in vielen Fällen neue Bindungen als Schuldner, Pächter oder landloser Arbeiter entstehen. Diese *direkten Macht- und Abhängigkeitsverhältnisse* schränkten den neugewonnenen unternehmerischen Freiraum vieler Landbewirtschafter wieder stark ein und schlossen sie von der aktiven Teilnahme am Marktgeschehen aus.

Im gesamtgesellschaftlichen Rahmen, den die Landwirtschaft im Gegensatz zum vorhergehenden Herrschaftsabschnitt fast völlig dominierte, waren ihre Folgeerscheinungen für Entwicklungen von nationaler Bedeutung verantwortlich.So machte sich nach Durchsetzung der Marktwirtschaft eine zunehmende Differenzierung zwischen Unter- und Oberägypten bemerkbar. Der schon traditionelle Vorrang des nördlichen Landesteils wurde durch die neuen bewässerungstechnischen Möglichkeiten, die den Anbau des über die gesamte Herrschaftsperiode lukrativsten Agrarprodukts, Baumwolle, erlaubten, sowie durch die günstige Verkehrslage in der Nähe der großen Städte und der Küste verstärkt.

Auch die noch unter Mohammed Ali eingeleitete Feudalisierung hatte ihre Basis vorwiegend in Unterägypten. Träger dieses Prozesses war die aus hohen Offizieren und Würdenträgern sowohl türkischer als auch ägyptischer Herkunft zusammengesetzte Führungsschicht, die oft als 'absentee landlords' in den Städten lebte.

Ihre Interessen deckten sich zunächst weitgehend mit denen der durch die zunehmende Kommerzialisierung begünstigten Händlerschicht. Bildeten die nun größtenteils nicht mehr vom Staat kontrollierten Produktionsüberschüsse die Grundlage für diese Händler, so resultierte aus der dadurch bewirkten relativen Schwächung des Staatsapparates eine größere Unabhängigkeit der die Landwirtschaft *dominierenden Gruppe,* der Großgrundbesitzer.

Im Zuge der immer stärkeren Ausrichtung auf die Baumwollproduktion und
-vermarktung wurde die Verbindung zwischen Großgrundbesitz und Handelskapital zunehmend enger. Gegen Ende des Zeitraums investierten viele
Händler in Land, um die guten Renditemöglichkeiten auszuschöpfen und den
sozialen Status zu erlangen, der nun mit Landbesitz verbunden war, so daß
eine allmähliche Durchdringung der Großgrundbesitzerschicht durch diese
kommerziell geprägte Gruppe vorgezeichnet zu sein schien.

Die Zusammensetzung der turko-ägyptischen Führungsschicht und somit
auch des Großgrundbesitzes hatte sich schon unter Said merklich gewandelt.
Im Verlauf der Lockerung der Beziehungen zur Türkei und der wachsenden
Arabisierung des Landes erreichten z.B. viele Angehörige von shaykh-Familien höhere Verwaltungsposten und verstärkten so den ägyptischen Anteil
merklich.

Die Arabisierung stand in großem Gegensatz zum weiter zunehmenden westlichen Einfluß, der Ägyptens innere und äußere Handlungsfähigkeit zunehmend bedrohte. Neben den zahlreichen Ausländern, denen die freie
Wirtschaft und der besondere Rechtsstatus günstige Geschäftsmöglichkeiten
boten, waren hierfür auch Teile der ägyptischen Oberschicht verantwortlich,
die durch Aufenthalte in Europa und durch Erziehung auf europäischen
Schulen in Ägypten westlich geprägt waren, was vor allem bei Ismails stark an
westlichen Vorbildern orientierten Politik zum Ausdruck kommt.

Eine starke nationalistische Gegenbewegung, an deren Spitze hauptsächlich
unzufriedene ägyptische Offiziere vorwiegend ländlicher Herkunft standen,
die einen im Verhältnis zu den Türken stärkeren Anteil an der Vergabe hoher Kommandoposten anstrebten, ergriff auch weite Teile der Bevölkerung
auf dem Land. Für diese war besonders das Versprechen, einen Schuldenerlaß durchzusetzen, von großer Anziehungskraft. Für Großbritannien boten
diese Unruhen aber den Anlaß, der wirtschaftlichen Abhängigkeit Ägyptens
die koloniale Eingliederung folgen zu lassen.

4.4.3. Agrarpolitische Interpretation

Kennzeichnend für den gesamten Zeitraum ist der stark steigende englische
Einfluß, der sich auch in der Hinwendung zu einer liberalen Wirtschaftspolitik ausdrückt. Nicht nur die außenpolitischen Zwänge, sondern vor allem
der Glaube Saids und Ismails, auf diese Weise die angestrebte Modernisierung im westlichen Sinn durchführen zu können, waren hierfür ausschlaggebend.

Die *Grundzüge der Politik bzw. Agrarpolitik* lassen aber erkennen, daß zwischen der bereits dargestellten Theorie des klassischen Liberalismus und der

Umsetzung in die ägyptische Praxis große Differenzen bestanden. Die freie Wirtschaft klassischer Prägung stieß in Ägypten schnell an ihre Grenzen.

So sorgte der Staat zwar für den Abbau von Handelshemmnissen und hielt sich bei Eingriffen in den direkten Wirtschaftsablauf zurück, verstieß aber gleichzeitig gegen wichtige andere Grundsätze vor allem der klassischen Finanzwirtschaft, die eine Beschränkung der staatlichen Ausgaben auf das unerläßliche Minimum, einen jährlichen Budgetausgleich sowie die Marktneutralität des staatlichen Handelns forderte. Die klassische Vorstellung vom Staat als Nutznießer der Wirtschaftskraft, der aber für den ökonomischen Fortschritt nicht direkt verantwortlich ist, wurde von Mohammed Alis Nachfolgern als *Träger der Agrarpolitik* vernachlässigt.

Das *Ziel* dieser Agrarpolitik trat hinter dem *politischen Hauptziel*, dem Aufbau eines an westlichen Vorbildern orientierten modernen Staates, zurück und hatte im Bezug darauf hauptsächlich instrumentalen Charakter. Der Agrarsektor als ökonomische Hauptressource Ägyptens, bei der das Land auch international komparative Vorteile besaß, sollte befähigt werden, die Hauptlast der künftigen Gesamtentwicklung zu tragen.

Einen *wichtigen Bereich* der Agrarpolitik bildete somit die Leistungssteigerung insbesondere des exportfähigen Teils des Agrarsektors. Hohe Investitionen sowie Innovationen vor allem von staatlicher, aber auch von privater Seite waren die *ablaufpolitischen Instrumente* hierzu, die sowohl durch Bewässerungsmaßnahmen, Flächenausdehnung, Einführung neuer Sorten u.ä. direkt bei der Erhöhung der Produktionsmöglichkeiten ansetzten, als auch bei der Verbesserung der infrastrukturellen Rahmenbedingungen durch Eisenbahnen, Hafenausbau u.ä.. Als weiteres *ablaufpolitisches Instrument* in diesem Bereich ist Zwang in Form des Arbeitsdienstes zu nennen, auch wenn die Bedeutung dieses eher kollektiven Instruments im Zuge der voranschreitenden Privatisierung und Individualisierung nicht mehr so zentral wie unter Mohammed Ali war.

Im *Bereich* der Bodenordnung vollzog der Staat durch rechtliche, also *ordnungspolitische Instrumente* eine im Verlauf der Herausbildung einer Marktwirtschaft folgerichtige Privatisierung des Bodens, die aber nicht wie unter Mohammed Ali die Umgehung von Handelsvorschriften bewirken sollte, sondern als Basis der marktwirtschaftlichen Ordnung gesehen wurde. Das in der prekären Finanzlage des Staates sehr wichtige fiskalische *Instrument* der Besteuerung von landwirtschaftlichem Grund und Boden diente dabei zugleich auch als *ablaufpolitisches Instrument* im Bereich der Leistungssteigerung des Agrarsektors sowie im Bereich der Bodenordnung und bewirkte eine Vorrangstellung der geringer besteuerten, ` fortschrittlichen' Großbetriebe.

Im *Bereich* der landwirtschaftlichen Märkte wurde auf staatliche Eingriffe weitgehend verzichtet. Aktive Marktmacht übten die Herrscher in erster Linie als die jeweils größten privaten Grundbesitzer aus, was nur bei Ismails Zuckerindustrieprojekt relativiert werden muß.

Dieses den klassischen Grundaussagen relativ konforme Marktverhalten des Staates trug aber mit zum sich stetig verschlimmernden Hauptproblem Ägyptens, der wachsenden Staatsverschuldung, bei, da den teils nötigen, teils unnötigen hohen öffentlichen Aufwendungen zur Förderung einer Entwicklung im westlichen Sinn keine in gleichem Maß gestiegenen Einnahmen gegenüberstanden. Der Staat konnte nicht mehr, wie unter Mohammed Ali, Monopol- oder Monopsongewinne erzielen, da dies politisch nicht mehr durchsetzbar war und zumindest von Said und Ismail auch nicht gewünscht wurde. Die Einkünfte aus Zollgebühren waren ebenfalls zu einem großen Teil der freien Marktwirtschaft zum Opfer gefallen. Der Versuch, mit Hilfe des Suezkanals die strategische Lage des Landes gewinnbringend auszunutzen, verschlimmerte die finanziellen Nöte und weckte die Begehrlichkeit der Großmächte, vor allem Englands.

Bei der Beurteilung ihrer *Auswirkungen* ist der ägyptischen Wirtschafts- und Agrarpolitik insgesamt eine Verletzung der klassischen Grundsätze anzulasten, da zwar die Märkte weitgehend vom staatlichen Einfluß befreit und Handelshemmnisse entfernt wurden, aber gleichzeitig keine deutliche Begrenzung der Ausgaben erfolgte. Ob aber innerhalb des klassischen Modells für Ägypten eine erfolgreiche Wirtschafts- und vor allem Finanzpolitik überhaupt möglich war, erscheint zumindest fraglich.

Mit diesem Modell vereinbar, ja von ihm aus Gründen der Neutralität des staatlichen Handelns sogar gefordert, wäre auf der Seite der öffentlichen Einnahmen nur eine Angleichung der geringen steuerlichen Belastung der Großbetriebe an die höhere der Kleinbetriebe gewesen. Auf diese Unterschiede wollte der Staat aber aus politischer Rücksichtnahme auf die Großgrundbesitzer keinen Einfluß nehmen, zumal er sie als Anreiz zur Neulandgewinnung durch kapitalstarke Privatleute ansah.

Da das finanzielle Potential einer solchen Angleichung aber zur Bereinigung der fiskalischen Probleme bei weitem nicht ausgereicht hätte, bliebe nur eine starke Drosselung der Ausgaben. Unter den spezifisch ägyptischen Umständen - Aufbau einer Agrarexportwirtschaft bei begrenzten Bodenreserven und mit einem kostspieligen Bewässerungssystem - waren jedoch die Aufwendungen für notwendige kollektive Güter, die auch nach klassischer Auffassung der Staat zu tragen hatte, größer als in anderen Ländern.

Beim öffentlich finanzierten Luxuskonsum wären zwar merkliche Einsparungen zu erzielen gewesen, die die Verschuldung verlangsamt hätten. Den wichtigsten Teil der Ausgaben aber machten neben dem Suezkanalbau die mit dem Ausbau der Agrarexportwirtschaft verbundenen Aufwendungen aus, die nach Lage der Dinge hauptsächlich durch Handelsabschöpfungen wie z.B. Zölle, also durch Erhöhung der Staatseinnahmen zu finanzieren gewesen wären. Da dies ein Verstoß gegen die herrschende klassisch-liberale Lehre gewesen wäre und zudem aus außenpolitischen Rücksichtnahmen unterbleiben mußte, blieb nur der Weg in die Verschuldung.

Fazit:

Mohammed Alis Nachfolger rundeten dessen Werk in vieler Hinsicht ab. Dies galt vor allem für den Ausbau des rechtlichen und institutionellen Rahmens, innerhalb dessen sich die neuen ländlichen Besitz- und Machtstrukturen schnell herauskristallisierten. Auch der Ausbau der Baumwollwirtschaft wurde sowohl aus eigenem Antrieb als auch auf Grund der zunehmenden politischen Auslandsabhängigkeit fortgesetzt. Dieser Ausbau erhöhte zugleich mit dem Bau des Suezkanals das Interesse der Großmächte an Ägypten, dessen Führung weder gewillt noch außenpolitisch in der Lage war, die Verschuldung als größte Gefährdung der noch verbliebenen Unabhängigkeit durch die richtige Verwendung der eigenen Ressourcen zu verhindern.

5. Ausländische Okkupation - die Eingliederung Ägyptens ins Britsche Empire (1882 - 1922)

5.1. Das politische Umfeld

Nach der Invasion 1882, die von den Briten offiziell unter dem Vorwand ausländerfeindlicher Umtriebe eingeleitet wurde, praktisch aber die direkte Kontrolle des nun kürzesten Seeweges nach Indien zum Ziel hatte, blieb Ägypten zwar zunächst weiterhin formaler Bestandteil des Osmanischen Reiches, was sich u.a. in der Beibehaltung des jährlich zu zahlenden Tributs von 1.000.000 £. E. ausdrückte. De facto lag die Macht aber bei der britischen Besatzungsmacht, die jedoch offiziell erklärte, daß die Okkupation nur vorübergehend bis zur Wiederherstellung geordneter Verhältnisse geplant sei.

Die jeweiligen Khediven hatten nur noch vorwiegend repräsentative Aufgaben und mußten sich den Weisungen der britischen Residenten fügen, von denen der bedeutendste Lord Cromer war, der von 1883-1907 Ägypten mit Hilfe der neuorganisierten Verwaltung wie eine Kolonie, d.h. vor allem an den Bedürfnissen des Mutterlandes und der Gläubiger ausgerichtet, leitete. Auch die Schaffung von parlamentarischen Einrichtungen mit allerdings nur beratender Funktion sowie die Duldung von neuentstandenen Parteien und Zeitungen ist in erster Linie als Zugeständnis an den liberalen Zeitgeist zu werten; sobald die Belange der Besatzungsmacht berührt waren, hatten Sicherheitserwägungen Vorrang.

Dies zeigte sich insbesondere bei Ausbruch des Ersten Weltkriegs, als England vertragswidrig das Suezkanalgebiet besetzte und für Schiffe der Mittelmächte sperrte. Ägypten wurde zum britischen Protektorat erklärt und die letzten noch bestehenden Bindungen zur Türkei gelöst, was sich auch in der Annahme des Titels 'Sultan' durch den Khediven ausdrückte.

Im Gegensatz zur relativen Ruhe während des Krieges kam es kurz nach dem Waffenstillstand 1918 zu schweren nationalistischen Unruhen, die u.a. auf die Verkündung des Selbstbestimmungsrechts der Völker durch den amerikanischen Präsidenten zurückzuführen waren und auch die Landbevölkerung erfaßten. Der britischen Armee gelang zwar die Unterdrückung des Aufstands, aber bereits 1922 sah sich Großbritannien nach langen Verhandlungen gezwungen, die Unabhängigkeit Ägyptens anzuerkennen, dessen Sultan künftig als König Fuad I. eine konstitutionelle Monarchie mit einer allerdings starken Position des Herrschers regierte.

5.2. Agrarsektor und ländlicher Raum

5.2.1. Ländliche Besitz- und Sozialstruktur

Die unter Said und Ismail schon weit vorangetriebene Privatisierung des Bodens wurde 1896 zum Abschluß gebracht, indem das Verbot, kharajiya-Land in einen waqf umzuwandeln, aufgehoben wurde. Diese rechtliche Gleichstellung ließ die steuerliche Benachteiligung von kharajiya-Land umso fragwürdiger erscheinen.

Die britische Besatzungsmacht hob infolgedessen 1899 die Unterschiede zwischen kharajiya- und ushurija-Land auf. Künftig sollte die jährliche Grundsteuer für Kulturland 28.64 v.H. des Pachtwertes oder 1.43 v.H. des Bodenwertes betragen (Schanz, 152, S. 44). Zur Ermittlung dieser Werte wurde die gesamte landwirtschaftliche Nutzfläche bis 1907 nach europäischem Muster katastriert und zur Erhöhung der Rechtssicherheit von Eigentumsübertragungen ein Grundbuch angelegt.

Größter Grundeigentümer des Landes blieb auch weiterhin der Herrscher und seine Familie. Die Zusammensetzung des übrige Großgrundbesitzes wandelte sich aber unter der neuen Rechtssicherheit, die die britische Besatzungsmacht vermittelte, rasch und nachhaltig.

Unternehmen, deren Anteilseigner vorwiegend Ausländer und reiche Städter waren, gelangten u.a. durch den Kauf von umfangreichen Teilen der den ausländischen Gläubigern übertragenen Staatsdomänen in den Besitz großer Flächen. Bei den Unternehmen handelte es sich zum einen um Landgesellschaften, die ihr Ziel weniger in der direkten Landbewirtschaftung sahen, sondern in der Melioration mit anschließender Aufteilung und Verpachtung bzw. Verkauf.

Zum anderen waren die seit den achtziger Jahren entstandenen Hypothekenbanken stark engagiert; die größte, Crédit Foncier Égyptien, erhielt zwischen 1883 und 1900 über 132.000 Feddan durch Beschlagnahme bei säumigen Schuldnern (Papasian, 125, S. 238 f).Für das Jahr 1894 wird der mit Hypotheken belastete Anteil der landwirtschaftlichen Nutzfläche für Unterägypten auf ca. 10 v.H. geschätzt. An der gesamten Hypothekensumme waren die Betriebe über 50 Feddan mit mehr als 70 v.H. beteiligt (Baer, 17, S. 102), so daß diese Finanzierungsart stark am Anstieg des Großgrundbesitzes beteiligt war, der allein in den Jahren zwischen 1894 und 1908 ca. 520.000 Feddan betrug (Baer, 17, S. 103).

Auch eine nach 1907 einsetzende Wirtschaftskrise bedrohte die meisten Großbetriebe nicht ernsthaft, da die Hypothekenbanken sich bei Pfändungen zurückhaltend zeigten. Zudem boten die hohen, nach 1914 zu erzielenden

Einkünfte vor allem den großen, baumwollproduzierenden Betrieben in der Folgezeit die Möglichkeit, ihre Schuldenlast wieder zu reduzieren.

Unter den Eigentümern der Großbetriebe traten die Angehörigen der alten turko-ägyptischen Führungsschicht zunehmend in den Hintergrund, obwohl sie als eine der Stützen der britischen Herrschaft ihre Anwesen durch die vor allem nach der Jahrhundertwende verstärkte Einrichtung von waqfs größtenteils sichern konnten. Neue Landvergaben an hohe Beamte und Offiziere fanden jedoch nicht statt, so daß sich die Bindungen der alten Familien zu diesen gesellschaftlichen Gruppen bald lockerten (Baer, 17, S. 103).

Die neuen dynamischen Kräfte unter den Großgrundbesitzern waren neben den Landgesellschaften kapitalkräftige, oft aus dem städtischen Bereich kommende Investoren und Gläubiger, unter denen sich viele Angehörige lokaler Minderheiten und Ausländer befanden. Allein letztere kontrollierten um die Jahrhundertwende über 550.000 Feddan oder mehr als 23 v.H. der Gesamtfläche der Betriebe über 50 Feddan, wobei der Schwerpunkt ihrer Aktivitäten weiterhin im nördlichen Landesteil lag (Baer, 17, S. 69).

Die Zahl der Grundeigentümer zeigte insgesamt eine stark steigende Tendenz und erhöhte sich z.B. von 1895 bis 1913 von 728.835 auf 1.556.310, was hauptsächlich auf einen entsprechenden Anstieg der Zahl der Kleineigentümer zurückzuführen war. Demgegenüber stieg die Zahl der Großgrundbesitzer nur leicht, bei der ländlichen Mittelklasse war sogar ein geringer Rückgang zu verzeichnen (Crouchley, 37, S. 162). Bei den Anteilen der einzelnen Kategorien an der Gesamtfläche, in Tabelle 7 dargestellt, zeigt sich ein ähnliches Bild: konstante oder sogar sinkende Werte bei Groß- und Mittelbetrieben und deutliche Zuwächse bei den Kleinbetrieben.

Tabelle 7: Aufteilung der Gesamtfläche (Privat- und Waqfland) auf unterschiedliche Betriebsgrößen (in v.H.)

Jahr	bis 5 Feddan	5-50 Fedddan	über 50 Feddan
1896	19.9	36.3	43.8
1906	23.8	30.6	45.6
1916	26.6	30.3	43.1

Quelle: (Baer, 17, S. 77)

Diese Flächenzuwächse waren aber bei weitem nicht ausreichend für die mehr als verdoppelte Zahl der Kleineigentümer, so daß ein Absinken ihrer durchschnittlichen Eigentumsfläche von 1.5 auf 1 Feddan zu verzeichnen war (Crouchley, 37, S. 163). Die Hauptursache stellte neben dem starken Bevölkerungswachstum die Zersplitterung der Betriebe im Zuge der Erbteilung dar. Ab 1881 wurde das moslemische Erbrecht strikt angewendet, bei dem eine Vielzahl von Erben unterschiedlicher Abstammungsgrade begünstigt war und nur ein Drittel der Erbmasse nach freiem Willen übertragen werden konnte (Baer, 19, S. 76). Während die größeren Betriebe Wege fanden, das Erbrecht zu umgehen, z.b. durch Einrichtung von Waqfs, scheuten die Fellachen aus Unwissenheit, Tradition und Mißtrauen gegenüber der Verwaltung hiervor zurück.

Die Regierung war im Gegensatz zu ihren eher die Großbetriebe begünstigenden Vorgängerinnen daran interessiert, die Lebensumstände der stark wachsenden Fellachenschicht erträglich zu gestalten, was vor allem in Interventionen des Staates zur Vergrößerung der bäuerlichen Gesamtfläche sowie der Minderung von außergewöhnlichen Lasten und Benachteiligungen der Fellachen zum Ausdruck kommt. Verkauf von Staatsland in kleinen Parzellen an Kleinbauern und Landlose, Abschaffung der Zwangsarbeit, gerechte Wasserverteilung und die schon erwähnte Gleichstellung bei der Besteuerung (Crouchley, 37, S. 163) waren Maßnahmen, mit denen die Existenz der Kleinbetriebe gesichert und das innenpolitische Konfliktpotential vermindert werden sollte. Zwei weitere wichtige Entscheidungen, die sich in ihrer Wirkung aber zum Teil gegenseitig beeinträchtigten, sollten die finanziellen Grundlagen der bäuerlichen Betriebe schützen: die Schaffung einer staatlichen Agrarbank (1899/1902) sowie das Five Feddan Law von 1912.

Aufgabe der Agrarbank war es, die von anderen Banken kaum vergebenen Kredite für Kleinbauern zur Verfügung zu stellen und so deren Abhängigkeit von den Geldverleihern zu vermindern. Nach erfolgreichen Anfangsjahren - bis 1906 waren schon Kredite in Höhe von 8.000.000 £.E. vergeben worden (Crouchley, 36, S. 55) - war die Bank in der Wirtschaftskrise nach 1907 aber nicht in der Lage, die Pfändung bäuerlichen Eigentums zu verhindern, sondern mußte zur Sicherung ihres Kapitals selbst zu diesem Mittel greifen.

Genau dem wirkte das Five Feddan Law aber entgegen, das bei Bauern, die nicht mehr als fünf Feddan besaßen, die Pfändung landwirtschaftlicher Anwesen untersagte (Baer, 19, S. 75). Dies bedeutete zwar theoretisch eine Sicherung der bäuerlichen Existenz, hielt aber die Banken und selbst die Agrarbank von der Vergabe von Kleinbauernkrediten ab, was irreguläre Kapitalquellen, wie z.B. Geldverleiher, begünstigte (Baer, 17, S. 89 f).

Die im Gesetz verwendete Fläche von fünf Feddan sowie andere Angaben (Schanz, 152, S. 46) lassen ca. 3-5 Feddan für die Existenz einer Fellachenfamilie als ausreichend erscheinen. Der, wie schon angegeben, auf 1 Feddan gesunkene Durchschnittswert zeigt somit, daß immer mehr Landbewirtschafter landarm und somit auf zusätzliche Einkommensquellen, zumeist auf den Großbetrieben, angewiesen waren. Die Palette der Möglichkeiten, die sich diesen Landarmen sowie den Landlosen bot, war sehr breit und reichte von reiner Lohnarbeit über verschiedene Mischformen bis hin zur Pacht. Die Entlohnung bei reiner Lohnarbeit hing vom Alter und Geschlecht des Arbeiters sowie von der Art der Arbeit ab. Ein männlicher Landarbeiter in Unterägypten verdiente zwischen 3 und 5 Piaster/Tag, was im Verhältnis zu städtischen Löhnen einen leichten Nachteil bedeutete.

Oft bestand die Entlohnung auch aus Naturalien sowie einem Feddan Land je Fellachenfamilie zum Kleeanbau oder einem kleinen Geldbetrag von monatlich ca. 30 Piaster und einem größeren Stück Land von 2 - 2.5 Feddan plus 0.5 Feddan für jedes Kind. Dieses Land, für das der Arbeiter nur eine etwa der Grundsteuer entsprechende Pacht zu zahlen hatte, war nach den Vorstellungen des Eigentümers zu bestellen. Verbreitet wurde auch Teilanbau mit einem dem Fellachen zustehenden Anteil von 1/3 bis 1/2 der Baumwollernte bei schlechten und 1/5 bei guten Böden betrieben (Schanz, 152, S. 55).

Die vor allem durch den Bevölkerungsdruck ausgelöste hohe Nachfrage nach Land kommt außer in den ungünstigen Teilungsverhältnissen auch in den stark gestiegenen Pachtpreisen zum Ausdruck. Während zu Beginn der neunziger Jahre als Jahrespacht je Feddan in Oberägypten 100 Piaster, im Delta 140-150 Piaster und für Zuckerrohrland 350-450 Piaster zu zahlen waren, hatten sich diese Werte 20 Jahre später je nach Qualität und Lage auf 6-20 £.E. erhöht (Schanz, 152, S. 54).

Die Pachtverhältnisse waren oft keine direkten Bindungen zwischen Eigentümer und Pächter; zur Sicherstellung der Pachtzahlungen wurden vielmehr wohlhabende Zwischenpächter eingeschaltet, die eine große Fläche übernahmen und in kleineren Parzellen weiterverpachteten. Häufig waren selbst diese Pächter nicht die endgültigen Bewirtschafter, sondern verpachteten die Flächen nochmals weiter (Schanz, 152, S. 54).

Besonders shaykhs oder umdas waren unter den Zwischenpächtern stark vertreten, da ihre durch britische Reformmaßnahmen geschwächte lokale Machtposition sonst kaum noch Bereicherungsmöglichkeiten bot und auch kein verlassenes Bauernland mehr existierte, das ihrem Zugriff offenstand (Baer, 17, S. 55).

Zudem wurden vielerorts neue umdas ernannt, die keine großen Flächen hatten, sondern zur Mittelklasse der Landbesitzer gehörten. Einige alte shaykh-Familien konnten zwar Teile ihrer Anwesen durch Waqf-Gründungen sichern, aber viele Besitzungen wurden im Zuge der Erbfolge aufgeteilt, so daß die umdas bald aus der Gruppe der Eigentümer großer Flächen ausschieden.

Der Gesamtüberblick über die Entwicklung der ländlichen Besitz- und Sozialstruktur weist aus, daß die im vorigen Herrschaftsabschnitt eingeschlagene Richtung abgerundet wurde. Dies war die Basis für die zunehmende Erschließung der Landwirtschaft durch Geschäftsleute, Wirtschaftsunternehmen und Banken. Einen neuen Akzent bildete der Abbau von Benachteiligungen der Fellachen bei der Besteuerung und durch die Einführung des 'Five Feddan Law'. Verhängnisvolle Auswirkungen deuteten sich bei dem aus Rücksicht auf islamische Traditionen wiedereingeführten moslemischen Erbrecht an. Eine chronische Zersplitterung des Kleinbesitzes stand drohend über der Zukunft des ländlichen Raums.

5.2.2. Bewässerung und landwirtschaftliche Flächen

Noch stärker als ihre Vorgängerinnen maß die britische Verwaltung der Verbesserung des Bewässerungssystems eine zentrale Bedeutung für die weitere Entwicklung des Landes zu. Angesetzt wurde auf mehreren Ebenen.

Zunächst erfolgte eine Leistungssteigerung des bestehenden Systems, die nicht nur Reinigungs- und Reparaturmaßnahmen, sondern auch administrative Veränderungen umfaßte. Das ganze Land wurde in fünf von englischen Ingenieuren geleitete Wasserbaubezirke mit entsprechendem Verwaltungsapparat unterteilt, die für Wasserverteilung und Instandhaltung zuständig waren (Schanz, 152, S. 19). Der bisher bei der Reinigung alter und der Aushebung neuer Kanäle eingesetzte Zwangsarbeitsdienst wurde zwischen 1885 und 1889 abgeschafft und diese Aufgaben an Privatunternehmen vergeben (Owen, 124, S. 123).

Der Reinigungsaufwand wurde zudem durch die Fertigstellung der noch unter Mohammed Ali begonnenen Delta Barrage wesentlich vermindert, die es ermöglichte, den Wasserstand hinter dem Wehr um über 4 Meter über das normale Sommerniveau anzuheben (Simon, 158, S. 31). Neben Flächenerweiterungen und Produktivitätserhöhungen ermöglichte dies die Einsparung von Arbeitskräften und Maschinen beim bisher sehr aufwendigen Wassertransport zu den Feldern.

Die Delta Barrage war zwar in der Lage, den Wasserspiegel anzuheben, eine Wasserspeicherung, nötig für die geplante weiträumige Ausdehnung der Dauerbewässerung auch in südlichere Gegenden, war mit ihr aber nicht möglich. Erst der Bau des Assuan-Damms 1902 mit einer Speicherkapazität von zunächst ca. 1 Mrd. cbm, ab 1912 ca. 2.5 Mrd. cbm, schuf zusammen mit einigen kleineren Dämmen hierfür die Voraussetzung.In Verbindung mit dem ebenfalls 1902 errichteten Wehr bei Assiut war es nun ähnlich wie im

Delta möglich, weite Flächen in Mittelägypten ganzjährig zu bewässern (Simon, 158, S. 32). Das traditionelle Beckenbewässerungssystem blieb nur noch, allerdings verbessert, in Oberägypten vorherrschend, wo der Übergang zur Dauerbewässerung aus technischen Gründen schwierig war.

Die Auswirkungen dieser aufwendigen Maßnahmen auf Kultur- und Anbaufläche waren eindrucksvoll. Die grundsteuerpflichtige Nutzfläche stieg von 4.764.406 Feddan 1881 auf 5.503.000 Feddan 1913, während sich die Anbaufläche durch die nun in weiten Landesteilen mögliche Einbringung mehrerer Ernten im Jahr von 4.762.178 Feddan 1879 auf 7.7112.412 Feddan 1913 erhöhte (Crouchley, 37, S. 152 f).

Mit der konsequenten Ausbreitung der ganzjährigen Bewässerung machte sich, vor allem nach Inbetriebnahme der großen Stauwehre, verbreitet ein Anstieg des Grundwasserspiegels[1] und eine fortschreitende Versalzung der Böden bemerkbar, die erst ab 1910 in vollem Maß erkannt wurde. Obwohl der Krieg die Drainagearbeiten behinderte, waren bis 1919 bereits Entwässerungskanäle in einer Gesamtlänge von 6.363 km erstellt und ein weiterer Ausbau vorbereitet (Simon, 158, S. 32).

5.2.3. Ökonomische Entwicklung des Agrarsektors

5.2.3.1. Dominanz der Baumwollwirtschaft (1882-1914)

Die agrarwirtschaftliche Entwicklung unter der britischen Besatzungsmacht stützte sich in vielen Bereichen auf bereits unter Mohammed Ali und seinen Nachfolgern geschaffene Grundlagen, so z.B. auf bestehende Handels- und Marktstrukturen sowie auf Bewässerungseinrichtungen und Infrastruktur. Die Ausrichtung der Wirtschaft auf das Hauptprodukt Baumwolle wurde auch von den Briten nicht in Frage gestellt.

Um eine vor allem aus finanzpolitischen Gründen angestrebte Produktions- und Einnahmesteigerung zu erreichen, sah sich die neue Administration ebenfalls gezwungen, durch hohe Investitionen die Voraussetzungen hierfür zu schaffen. Insbesondere das Bewässerungssystem wurde als Motor der künftigen Entwicklung angesehen und durch moderne Staudämme u.ä. in seiner Leistung laufend gesteigert, so daß auch Böden in Mittel- und Oberägypten zunehmend baumwollfähig wurden.

Die Auswirkungen dieser Leistungssteigerung zeigten sich nur sehr langsam. Zudem litt die Agrarwirtschaft noch unter den Rückschlägen, die die Unru-

---

[1] Der Grundwasserspiegel im Delta erhöhte sich vom Beginn des 19. bis zum Beginn des 20. Jahrhunderts um 5-7 m. Siehe hierzu (Crouchley, 37, S. 157)

hen von 1882 bewirkt hatten, so daß in den achtziger und frühen neunziger Jahren bei relativ konstanten Weltmarktpreisen die Baumwollfläche und - produktion nur wenig Änderungen aufwies.

Erst in der Folgezeit wurden diese Auswirkungen offenkundig, die neben den aufwendigen bewässerungstechnischen Maßnahmen auch auf der Einführung neuer, ertragreicherer Sorten sowie einer Rotation beruhten, die alle 2 statt bisher alle 3 Jahre Baumwolle beinhaltete. Die Ausfuhren stiegen bis 1898 beachtlich, ohne daß eine entsprechende Einnahmesteigerung zu verzeichnen war, da die Weltmarktpreise sanken (Crouchley, 37, S. 166). Dies besserte sich erst mit der folgenden Marktbelebung, die, nur 1907 von einer Krise mit entsprechendem Preisrückgang unterbrochen, bis zum ersten Weltkrieg anhielt und von sprunghaften Steigerungen der Investitionen sowie der Boden- und Pachtpreise begleitet war. Tabelle 8 verdeutlicht Letzteres.

Tabelle 8: Entwicklung des Wertes guten Kulturlandes 1882-1912 (in £.E./Feddan)

Jahr	Bodenwert	Jahr	Bodenwert
1882	15	1904	120
1883	20	1905	140
1884	25	1906	180/200
1885	30	1907	160
1890	50	1908	140
1895	60	1909	140
1900	80	1910	150
1901	90	1911	150
1902	100	1912	150
1903	110		

Quelle: (Schanz, 152, S. 53)

Da die nach kommerziellen Gesichtspunkten wirtschaftenden Agrarproduzenten der Baumwolle als dem bei weitem lukrativsten Produkt den Vorzug einräumten, kam es zu Engpässen bei den Grundnahrungsmitteln. Insbesondere das traditionelle Exportprodukt Weizen mußte zur Befriedigung der durch Bevölkerungswachstum und Einkommenssteigerung erhöhten Nachfrage in immer größeren Mengen eingeführt werden, so daß Ägypten seit der Jahrhundertwende ständig Nettoimporteur war (Crouchley, 37, S. 106).

Um die Leistungsfähigkeit der Exportwirtschaft zu sichern, griff die britische Verwaltung stärker als ihre Vorgängerinnen in die Produktion der Baumwolle ein, da z.B. eine Mißernte vernichtende gesamtwirtschaftliche Folgen gehabt hätte.

Zwangseinsätze von Bauern zur Abwehr des Baumwollwurms, eines immer größere Verluste hervorrufenden Schädlings, wurden organisiert und mit der Gründung des 'Department of Agriculture' übernahm der Staat 1911 die wichtige Funktion der Bereitstellung von sortenreinem Saatgut. Ferner ergriff die Regierung Initiativen zum Schutz der Kleinbauern gegen die lokalen Händler, indem sie an vielen Orten den Fellachen die Möglichkeit bot, Saatgut und Dünger zu staatlich kontrollierten Preisen zu beziehen, eine geeichte Waage zu benutzen und sich über die aktuellen Baumwollpreise in Alexandria zu informieren (Owen, 124, S. 218).

Die verbesserten Marktbedingungen sowie die stark erhöhte Produktion hatten insgesamt eine merkliche Einnahmesteigerung zur Folge (Crouchley, 37, S. 150), über deren genaue Aufteilung auf Produzenten, Entkernungsanlagen, Kaufleute und Exportfirmen jedoch keine genauen Angaben vorliegen. Als sicher kann nur gelten, daß trotz vielerorts bestehender Abhängigkeiten der Fellachen von den lokalen Händlern ein Großteil der zusätzlichen Einnahmen den Produzenten zugute kam und so zumindest Bewirtschafter von Flächen mit hohem Eigentumsanteil von der wirtschaftlichen Entwicklung in einem Maß profitierten (Owen, 124, S. 232), das den gleichzeitigen inflationären Anstieg der Preise für Konsumgüter - z.B. bei Weizen ca. 50 v.H. (Issawi, 78, S. 31) - mehr als ausglich.

Zudem hatten, obwohl der technische Vorsprung der Großbetriebe weitgehend gewahrt wurde, Fellachenfamilien mit einem Eigentum von wenigen Feddan den für Familienbetriebe typischen Vorteil relativ niedriger Produktionskosten[2], was ein Grund für die zunehmende Neigung der Großbetriebe war, Land in kleinen Parzellen zu verpachten.

Die Kapazität der der Landwirtschaft nachgelagerten Verarbeitungseinrichtungen, vor allem der Entkernungsanlagen, hielt zunächst nicht mit der stark gestiegenen Baumwollproduktion Schritt. Erst der Bau neuer Anlagen und die Einführung verbesserter Maschinen beseitigte den Engpaß, obwohl dieser vorwiegend von den großen Exportfirmen und Ausländern kontrollierte wichtigste Weiterverarbeitungszweig im Vergleich z.B. zu ähnlichen

---

[2] Die Produktionskosten sollen zu Beginn der achtziger Jahre auf Großbetrieben bei 4.2 £.E./Feddan Baumwolle gelegen haben, auf Kleinbetrieben hingegen nur bei 2.9 £.E./Feddan Baumwolle (Owen, 124, S. 232).

amerikanischen Betrieben immer noch ineffizient arbeitete (Owen, 124, S. 219 f).

5.2.3.2. Krise der Nahrungsmittelproduktion (1914-22)

Der Kriegsausbruch 1914 beendete zunächst den wirtschaftlichen Aufschwung, da infolge der unübersichtlichen Situation kaum noch Marktaktivitäten stattfanden und die Preise vor allem bei Baumwolle sehr stark zurückgingen. Die Regierung sah sich gezwungen, der Landwirtschaft zu helfen, indem sie Steuerstundungen gewährte und über die großen Handelshäuser auf eigene Rechnung Baumwolle aufkaufte (Crouchley, 37, S. 182 f). Um im folgenden Jahr eine ähnliche Situation zu vermeiden, wurde ein Gesetz erlassen, das für jeden Produzenten die Baumwollanbaufläche auf 1/3 der Gesamtfläche begrenzte.

Die Marktlage besserte sich jedoch schneller als erwartet. Ähnlich wie zur Zeit des amerikanischen Bürgerkriegs stiegen die Baumwollpreise stark an. Hinzu kamen insgesamt über 80.000.000 £.E., die zur Versorgung der großen alliierten Truppenverbände in Ägypten ausgegeben wurden (Crouchley, 36, S. 174).

Während sich so die Absatzbedingungen für ägyptische Produkte und insbesondere für das Hauptprodukt Baumwolle entscheidend besserten, gingen die inzwischen für die Nahrungsmittelversorgung sehr wichtigen Einfuhren kriegsbedingt stark zurück. Die Einschränkung der Baumwollfläche durch das Gesetz von 1914 und die daraus resultierende Erhöhung der Produktion von Nahrungsmitteln wie Mais, Weizen u.ä. sorgte zunächst für einen gewissen Ausgleich. In Verkennung der künftigen Versorgungslage wurde das Gesetz jedoch aufgehoben, was eine Vernachlässigung der Nahrungsmittelproduktion zugunsten der Baumwolle, des Produkts mit den höchsten Preisen, zur Folge hatte (Crouchley, 37, S. 186).

Die Präferenz der Produzenten für den Baumwollanbau, der hohe Nahrungsmittelbedarf der Truppen sowie die eingeschränkten Importmöglichkeiten bewirkten schnell eine schwere Versorgungskrise, die auch durch die Wiedereinführung des Gesetzes über die Beschränkung der Baumwollanbaufläche nur unvollkommen gemindert wurde. Erst ein starker, allgemeiner Preisrückgang 1920/21 sowie die wesentlichen verbesserten Importmöglichkeiten sorgten nach dem Krieg für eine Entspannung und eine vorübergehende Aussetzung des Gesetzes von 1914. Um die Landwirtschaft vor einem zu starken Preisverfall zu schützen, versuchte die Regierung, allerdings wenig erfolgreich, durch Wiedereinführung des Gesetzes und durch Baumwolleinkäufe künstlich die Nachfrage zu erhöhen (Crouchley, 37, S. 198).

Krieg und Nachkriegszeit brachten Landbewirtschaftern und Kaufleuten große Einnahmen, die zunächst für die Abgeltung von Steuerrückständen und Hypotheken, dann vorwiegend für den Kauf von Land verwendet wurden. Ähnlich wie zu Zeiten des Baumwollbooms kam es auch zur Hortung von Edelmetallen und, da diese nicht in ausreichender Menge vorhanden waren, von Regierungsanleihen (Crouchley, 37, S. 189 f).

Die hohen Einnahmen waren jedoch nicht gleichmäßig verteilt. Große gesellschaftliche Gruppen, die keinen Grundbesitz hatten, litten unter der Knappheit von Nahrungsmitteln und anderen notwendigen Gütern, deren Preise merklich stiegen. Tabelle 9 gibt diese Veränderungen wieder.

Tabelle 9: <u>Entwicklung der Preisindices verschiedener Waren 1913-22</u>
(Jahresdurchschnitt)

Jahr	Sakell.	Weizen (baladi)	Bohnen	Mais	Zucker	Reis	Benzin	Kohle
Jan.1913 - Juni 1914	100	100	100	100	100	100	100	100
1914	62	98	93	79	111	93	110	135
1915	84	112	82	77	132	89	118	202
1916	158	123	111	91	144	98	169	446
1917	236	199	162	138	179	153	186	868
1918	198	242	165	164	271	168	203	1107
1919	249	232	214	181	294	172	211	882
1920	556	282	377	254	357	317	262	880
1921	151	161	120	100	362	170	270	316
1922	162	130	124	94	262	157	170	156

Quelle: (Crouchley, 37, S. 198)

Staatliche Eingriffe kamen, wie ein Exportverbot für Nahrungsmittel 1917, entweder zu spät, oder wurden, wie die Festsetzung von Höchstpreisen 1918, in der Praxis umgangen, so daß die Regierung sich 1919/21 große Mengen Getreide durch Lieferverträge im Ausland sicherte und zu deutlich verminderten Preisen an Benachteiligte ausgab. Der Preisverfall für Nahrungsmittel nach 1920 im Zuge der Marktnormalisierung brachte dann zwar den Konsumenten Erleichterung, kostete die Regierung, die durch Lieferverträge auf der Basis der vormals hohen Preise gebunden war, Millionen.

Zusammenfassend läßt sich die agrarwirtschaftliche Entwicklung unter den Briten dahingehend beschreiben, daß zunächst die Interessen von Landbewirtschaftern bzw. -eigentümern und der Protektoratsmacht identisch waren und die sich auf den Märkten bestätigende Dominanz der Baumwolle den höchsten gesamtgesellschaftlichen Nutzen zu gewährleisten schien. Während des ersten Weltkriegs zeigte sich jedoch schnell, daß die Baumwollexportwirtschaft von den weitgehend außenbestimmten Marktkräften leicht in eine für die Nahrungsmittelversorgung breiter Bevölkerungsgruppen ungünstige Richtung gelenkt wurde. Staatliche Eingriffe wurden unerläßlich, ihre Umsetzung ließ jedoch wegen fehlender Erfahrungen und der instabilen politischen Lage oft viele Wünsche übrig.

5.2.4. Die wichtigsten Agrarprodukte

5.2.4.1. Baumwolle

Begünstigt von den umfangreichen öffentlichen Förderungsmaßnahmen konnte die Führungsposition der Baumwolle weiter ausgebaut werden, wie Schaubild 4 verdeutlicht. Ihre Erträge, zunächst relativ konstant, stiegen seit der großräumigen Einführung der neuen Sorte Mitafifi Anfang der neunziger Jahre deutlich an. Nach der Jahrhundertwende war jedoch wieder eine abnehmende Tendenz zu verzeichnen, deren Ursachen zunächst weitgehend unbekannt blieben, sich dann aber als sehr vielschichtig herausstellten. Schaubild 3 gibt die Ertragsentwicklung wieder.

Neben der zunehmenden Versalzung der Böden wirkten sich in den Dauerbewässerungsgebieten auch die abnehmende Sommerbrache sowie die mangelhafte Nährstoffversorgung ertragsmindernd aus (Crouchley, 37, S. 158 f). Hinzu kamen die verstärkten Aktivitäten von Baumwollschädlingen und die Verschlechterung der Sorte Mitafifi (Owen, 124, S. 193), die seit 1908 zur Verbreitung der neuen Hauptsorte Sakellaridis führte (Simon, 158, S. 100).

5.2.4.2. Andere Produkte

Mais entwickelte sich, wie schon gegen Ende des vorigen Zeitraums zu erkennen war, zum bedeutendsten im Inland produzierten Nahrungsmittel. Begünstigt durch die verbesserte Wasserversorgung verdreifachte sich die Anbaufläche von 1879 bis zum Weltkrieg. Weizen blieb zwar nach wie vor wichtig und erhöhte seine absolute Anbaufläche noch, wurde aber in seiner relativen Bedeutung zugunsten des Baumwollanbaus eingeschränkt.

Die vierte wichtige Feldfrucht nach Baumwolle, Mais und Weizen war weiterhin Bersim, dessen Produktion aufgrund der im Rahmen der Intensivierung erfolgten Ausweitung des Bestandes an Arbeitstieren erhöht werden mußte (Simon, 158, S. 156).

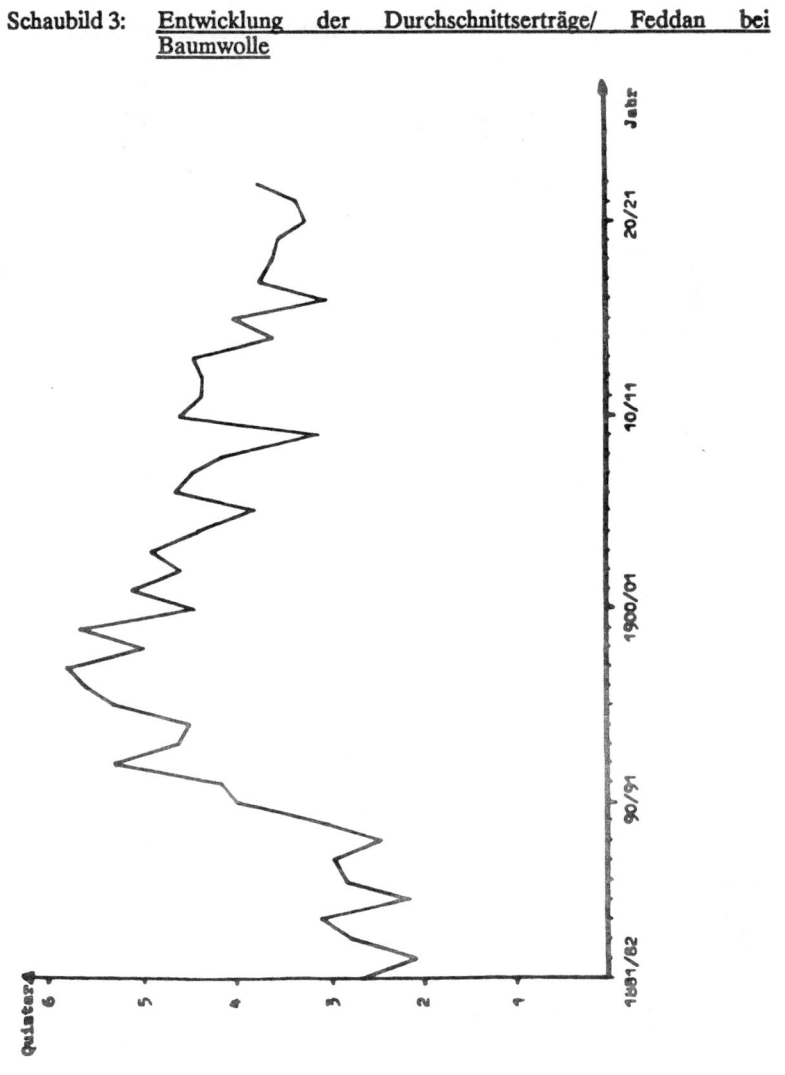

Schaubild 3: <u>Entwicklung der Durchschnittserträge/ Feddan bei Baumwolle</u>

Quelle: Eigene Darstellung, nach (Crouchley, 37, S. 263 f)

Schaubild 4: Die ägyptischen Baumwollausfuhren 1881/82-1922/23

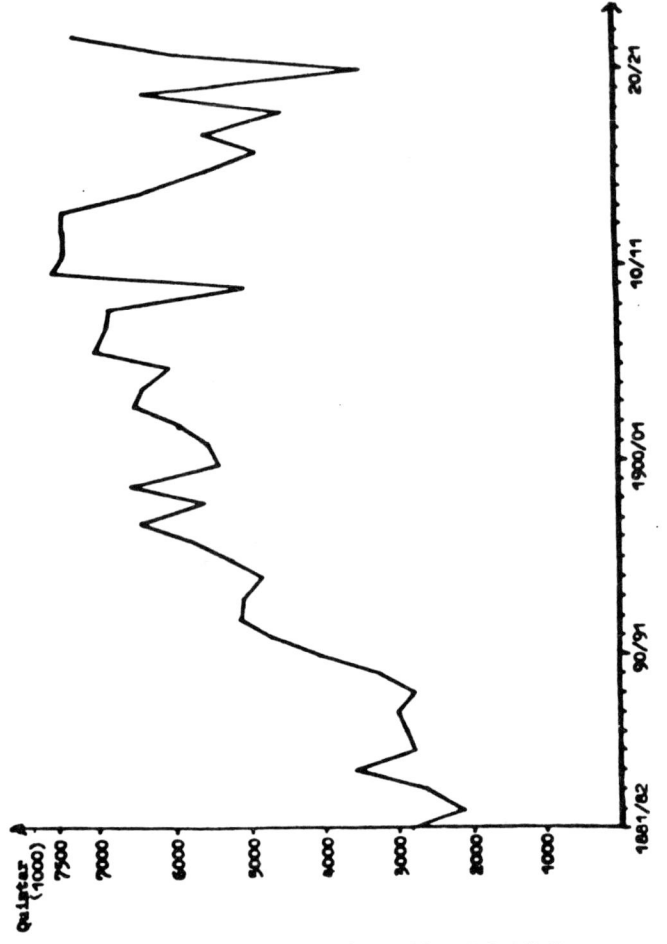

Quelle: Eigene Darstellung, nach (Crouchley, 7, S. 263 f)

Die übrigen Produkte, von denen die wichtigsten Reis, Bohnen, Zuckerrohr und die ehemals so verbreitete Gerste waren, konnten nur noch wenig zur Versorgung der während dieses Zeitraums verdoppelten Bevölkerung beitragen, deren Ernährung zunehmend durch Importgetreide sichergestellt werden mußte (Crouchley, 37, S. 166 f; Brown, 25, S. 14 ff).

5.2.5. Technik der Landbewirtschaftung

Bei den auf den Großbetrieben und in den Verarbeitungsanlagen eingesetzten Maschinen blieb die Gerätepalette im wesentlichen bestehen; nicht die Einführung völlig neuartiger Geräte stand im Vordergrund, sondern die Verbesserung der bereits bekannten. Nur beim Antrieb von Großanlagen, z.B. Pumpwerken und Entkernungsbetrieben, setzten sich Neuentwicklungen wie Diesel- und Stromaggregate durch (Schanz, 152, S. 21 u. S. 111).

Die Fellachen behielten ihre traditionellen Geräte weiterhin bei, die jedoch durch kleine, aber wirkungsvolle Maßnahmen, wie die Verstärkung der Pflüge durch Eisenbeschläge, verbessert wurden (Owen, 124, S. 258).

Eine zunehmend stärkere Bedeutung gewann Mineraldünger, der in immer höheren Mengen importiert wurde. Vereinzelt bereits weit früher verwendet, verbreitete sich diese Form der Düngung seit der Jahrhundertwende vor allem auf den Großbetrieben, die die Mängel in der Nährstoffbilanz allmählich erkannten und in der Lage waren, die hohen Preise zu zahlen (Simon, 158, S. 94; Schanz, 152, S. 42).

Die neben der periodischen Einführung neuer Sorten wichtigste Änderung sowohl auf Groß- als auch auf Kleinbetrieben war die Umstellung von der dreijährigen auf eine zweijährige Rotation, die regional in verschiedenen Varianten vorkam. Eine der häufigsten ist in Tabelle 10 aufgeführt:

Tabelle 10: Zwei-Jahres-Rotation mit Baumwolle

1. Jahr	2. Jahr
Bersim	Gerste, Weizen
Baumwolle	Mais
Gerste, Weizen	Bersim
Mais	Baumwolle

Quelle: (Simon, 158, S. 94)

Die kürzere Rotation war in mehrerer Hinsicht von großer Bedeutung: sie ermöglichte einen deutlichen Anstieg der Baumwollanbaufläche sowie, durch die Verkürzung der Brache, eine intensivere Bewirtschaftung. Trotz der vor allem auf den Großbetrieben vermehrt ausgebrachten Düngemittel wurde aber bereits mittelfristig die Bodenfruchtbarkeit beeinträchtigt, was mit zu den erwähnten Ertragseinbußen beitrug.

5.3. Wesentliche außerlandwirtschaftliche Bereiche

5.3.1. Verkehr und Infrastruktur

Im Gegensatz zu früheren Regierungen, die den hohen verkehrstechnischen Wert des Nils und der Kanäle ausnutzten, beschleunigte die britische Regierung den Ausbau des Eisenbahnnetzes, das sich während der Besatzungszeit verdoppelte (Issawi, 78, S. 28). Die Vernachlässigung des Straßennetzes und die zeitweilige Behinderung der Flußschiffahrt durch Gebühren u.ä. dienten dem Zweck, ein möglichst großes Verkehrsaufkommen auf die Bahn zu verlagern (Arminjou, 11, S. 121 ff) und durch diese Einnahmen zur Sanierung der Staatsfinanzen beizutragen.

Neben dem Eisenbahnnetz wurden nur die Hafenanlagen, besonders in Alexandria, verbessert, um den für ein außenhandelsorientiertes Land wie Ägypten wichtigen Anschluß an die internationale Schiffahrt nicht zu gefährden (Crouchley, 37, S. 172 f).

5.3.2. Die nichtlandwirtschaftlichen Wirtschaftszweige

Eine nachhaltige industrielle Entwicklung fand auch unter der britischen Besatzungsmacht nicht statt. Nur der Weltkrieg gab den Anstoß zur Gründung einiger moderner Betriebe, die meist, wie die Textilfabriken, landwirtschaftliche Erzeugnisse weiterverarbeiteten oder Produkte für den Direktverbrauch herstellten, wie z.B. Zigarettenfabriken, Salzsiedereien und Brauereien.

Neben diesen Betrieben, die ca. 30.000 bis 35.000 Arbeitskräfte beschäftigten (C. C. I., 34, S. 452 f), bestand eine sinkende Zahl von Klein- und Kleinstbetrieben, die unter meist sehr schwierigen Arbeitsbedingungen Artikel produzierten, welche größtenteils nicht mit den aus Europa importierten Massenwaren konkurrieren konnten (C. C. I., 34, S. 452 f). Zusätzlich verschlechtert wurde die Situation noch durch einen Geschmackswandel der Konsumenten zugunsten westlicher Produkte (Issawi, 78, S. 29), der eine entsprechende Nachfrageänderung nach sich zog.

5.3.3. Ausländische Einflüsse in Wirtschaft und Politik

Nach den Unruhen von 1882 gingen die ausländischen Aktivitäten zunächst zurück. Das günstige wirtschaftliche Klima und die durch die britische Präsenz vermittelte Sicherheit führten dann seit den neunziger Jahren wieder zu einem ständig stärker werdenden Engagement mit entsprechend hohen Investitionen. So wurden allein zwischen 1900 und 1907 160 Firmen mit einem Kapitalaufwand von 43.000.000 £.E. gegründet (Crouchley, 36, S. 53). Die ca. 140.000 in Ägypten ansässigen Ausländer westlicher Herkunft (1907) kontrollierten weitgehend Handel, Industrie und Kreditwesen sowie große landwirtschaftliche Flächen (Owen, 124, S. 320 f).

Neben der vor 1882 entstandenen Auslandsverschuldung des ägyptischen Staates entwickelten sich hohe nichtstaatliche Verbindlichkeiten, so daß der Schuldendienst gegenüber dem Ausland auf ca. 8.500.000 £.E./Jahr anstieg (36, S. 74).

Erst die hohen Einnahmen während des Krieges ermöglichten die Tilgung vieler Schulden; zudem legten viele Einheimische Geld in Schuldverschreibungen des eigenen Landes an, so daß 1923 die Hälfte der ägyptischen Staatsschuld gegenüber eigenen Staatsbürgern bestand. Der Krieg erlaubte somit eine weitgehende Reduzierung der privaten und staatlichen Verschuldung gegenüber dem Ausland, was die Grundlage für eine künftig unabhängigere Stellung Ägyptens war.

5.3.4. Handel mit dem Ausland

Bis 1914 war ein ständiges Anwachsen des gesamten Außenhandels, danach ein einseitiges der Exporte zu verzeichnen. Bei den Ausfuhren beruhten die Steigerungen fast ausschließlich auf den Produkten Baumwolle und Baumwollsaat, deren Anteil an den Gesamtausfuhren sich von ca. 76 v.H. im Zeitraum 1880-84 auf 93 v.H. 1910-14 erhöhte (Owen, 124, S. 307). Die ägyptischen Ausfuhren bestanden de facto nur noch aus einem Produkt.

Die Zusammensetzung der Einfuhren war vielschichtiger. Neben Fertigwaren wurden Rohstoffe wie Kohle und Tabak sowie zunehmend auch Nahrungsmittel aus dem Ausland bezogen. Seit der Jahrhundertwende war das traditionelle Getreideausfuhrland Ägypten endgültig Nettoimporteur geworden.

Unter den Handelspartnern Ägyptens nahm England nach wie vor den ersten Platz ein, obwohl sein Anteil an den ägyptischen Ausfuhren von 63 v.H. 1885-89 auf 43 v.H. 1913 und bei den Einfuhren von 37.5 v.H. auf 30.5 v.H. im gleichen Zeitraum sank, was größtenteils auf den erhöhten Handel Ägyptens mit den aufstrebenden Industriestaaten Deutschland und U.S.A. zurückzuführen war, der allerdings im Fall Deutschland nach dem Kriegsausbruch 1914 zum Erliegen kam. Der Anteil des Reichs an den ägyptischen Exporten war von 0.1 v.H. 1885-89 auf 12.8 v.H. 1913 angestiegen, der amerikanische von 0.2 v.H. auf 7.9 v.H. (Crouchley, 37, S. 174).

Die Terms of Trade entwickelten sich zunächst durch die relativ schlechten Baumwollpreise zuungunsten Ägyptens, was jedoch durch die folgenden, sehr günstigen Bedingungen vor allem im Weltkrieg mehr als ausgeglichen wurde, so daß bei Betrachtung des gesamten Zeitraums eine Verbesserung zu verzeichnen war.

5.3.5. Die öffentlichen Finanzen

Der britischen Administration als Nachfolgerin der internationalen Finanzverwaltung gelang es, den Staatshaushalt Ägyptens dauerhaft zu konsolidieren. Nicht unmittelbar nötige oder produktive Maßnahmen wurden weitgehend eingeschränkt, z.B. für Bildung und Verwaltung, was jedoch, da hohe Beträge für Bewässerungsmaßnahmen sowie Zins- und bis 1914 Tributzahlungen[3] aufgewendet wurden, keinen entscheidenden Einfluß auf die Haushaltslage hatte, die von einer leicht steigenden Tendenz bei den Ausgaben gekennzeichnet war.

Die eigentliche Konsolidierung erfolgte auf der Einnahmeseite, obwohl das Steueraufkommen aus landwirtschaftlichen Böden als traditionell wichtigste Einnahmequelle trotz stark erweiterter Flächen wegen der Senkung der Steuersätze nur gering erhöht werden konnte. Die Verdoppelung der Staatseinnahmen von 1880 bis zum Weltkrieg ist fast ausschließlich auf gestiegene Zuflüsse aus Importsteuern und öffentlichen Leistungen wie Post, Eisenbahn und Telegraph zurückzuführen, die meist weniger aus höheren Gebühren als aus einer verstärkten Auslastung resultierten (Owen, 124, S. 311 ff).

Der Ausgleich des Budgets bedeutete zwar, daß die weitere Verschuldung gestoppt und die Zinsen für die Altschulden geleistet werden konnten. Ein nennenswerter Abbau der nominalen Staatsverschuldung gelang jedoch nicht, Ägypten hatte auch 1922 noch Verbindlichkeiten von über 90.000.000 £.St. (Crouchley, 37, S. 278). Der reale Wert dieser Summe war jedoch durch Inflation stark gesunken, so daß die Staatsverschuldung später für das neue, unabhängige Ägypten keine existenzbedrohende Hypothek mehr darstellte.

5.4. Erklärung und Wertung der dargestellten Vorgänge

5.4.1. Ökonomische Interpretation

Auch unter der britischen Administration konnten die nicht in einem Abhängigkeitsverhältnis stehenden Landeigentümer und -bewirtschafter weitgehend selbst Art und Umfang der Produktion bestimmen. Ihre *freie unternehmerische Entscheidung* für den *Ausbau der* großflächigen *Baumwoll-*

---

[3] Die jährlichen Zins- und Tributzahlungen beliefen sich auf ca. 5.000.000 £.E., was etwa einem Drittel der Gesamtexporte entsprach (37, S. 178).

produktion war wiederum durch das Fehlen wirklicher Alternativen begründet, was selbst für Jahre mit ungünstiger Marktlage bei Baumwolle galt.

Da der Regierung an der Erhaltung der finanziellen Leistungsfähigkeit Ägyptens lag und sich ihre Interessen somit bis auf Ausnahmen während des Krieges mit denen der selbständigen Produzenten deckten, war die in den zurückliegenden Jahrzehnten eingeschlagene *Hauptproduktionsrichtung nie in Frage gestellt*, umso mehr, als die vor der britischen Herrschaft mit hohem Aufwand an *Kapital* und *Arbeit* erstellten Einrichtungen, um rentabel zu arbeiten, auf den Anbau lukrativer marktfähiger Produkte angewiesen waren.

Die Briten entschlossen sich daher ebenfalls dazu, mit *hohem Kapitalaufwand* die Rahmenbedingungen der Produktion vor allem durch den Bau eines kostspieligen Systems von Staudämmen zu verbessern und somit die Möglichkeit zur weiteren Kultivierung und Dauerbewässerung ausgedehnter Flächen zu schaffen. Diese Vorleistungen der öffentlichen Hand regten auch den Einsatz von privatem *Kapital* an, das in hohem Maß für Landkäufe sowie Kultivierungs- und Meliorationsmaßnahmen verwendet wurde.

Als *Kapitalquellen* dienten auf staatlicher Seite erhöhte Einnahmen, auf privater stark gestiegene Kredite und Verkaufserlöse sowie bei den Landgesellschaften Mittel aus Verkauf bzw. Verpachtung von Land. Die nach dem finanziellen Desaster und den Unruhen 1882 erstaunlich schnelle und starke Wiederaufnahme der Zuflüsse insbesondere von *ausländischem Kapital* und die somit relativ gute Verfügbarkeit dieses Faktors resultierte einerseits aus der Sicherheit vermittelnden britischen Präsenz. Hauptanreiz aber waren die geschäftlichen Möglichkeiten, die sich durch Verschiebungen bei der Verfügbarkeit der übrigen Produktionsfaktoren ergaben, was durch die Art der Kapitalverwendung deutlich belegt wird.

Alle Bemühungen waren auf die Erhöhung des im Verhältnis zum *steigenden* Arbeitskräfteangebot immer *knapper werdenden Faktors Boden* ausgerichtet, der als eigentlicher Engpaß für den weiteren Ausbau der Agrarexportwirtschaft angesehen wurde und dessen *Faktorentlohnung* durch Kauf- und Pachtpreise dieser Einschätzung entsprechend in teilweise unrentable Höhen stieg.

Neben der *Erweiterung des Faktorangebots* durch beträchtliche Flächenausdehnungen wurden auch die Bemühungen zur *Intensivierung*, also zur *Steigerung der Flächenproduktivität*, wesentlich erhöht. Wo es der Stand der Technik erlaubte, wurde zur ganzjährigen Bewässerung übergegangen, eine kürzere Rotation steigerte die Baumwollproduktion je Flächeneinheit und Mineraldünger verbesserte zumindest auf den Großbetrieben die Nährstoffbilanz. Die teilweise unsachgemäße Durchführung dieser Maßnahmen verhinderte aber im Zusammenhang mit anderen, erst im Nachhinein beeinflußbaren Phänomenen, wie dem Auftreten des Baumwollwurms, eine Erhöhung der Erträge und somit eine mögliche weitere Steigerung der Flächenproduktivität.

Im Gegensatz zu früheren Jahrzehnten, in denen die Anbieter des damals knappen Faktors Arbeit gezwungen wurden, auf eine der geringen Verfügbarkeit entsprechende hohe Entlohnung zugunsten des Staates und weniger Privatleute zu verzichten, ermöglichte die abgeschlossene Privatisierung der Bodenrechte und der juristische Rahmen den Eigentümern des nun knappen Faktors Boden einen nahezu ungeschmälerten Zugang zu den *ständig steigenden Faktorentlohnungen*, was wiederum die Voraussetzung für weitere Bodenerschließungen durch Privatleute war.

Besonders Eigentümer, die schon früh zu noch günstigen Preisen Land gekauft hatten und deren Verschuldung somit relativ gering war, profitierten von der Entwicklung, aber auch Investoren, die später mit *hohem Fremdkapitalaufwand* Flächen erworben hatten, konnten während des Krieges ihre Verbindlichkeiten reduzieren. Gefährdet wurde die Substanz besonders der etablierten Betriebe hingegen durch die bei wachsender Bevölkerung zumindest teilweise ökonomische Zwänge wiederspiegelnde Durchsetzung des islamischen Erbrechts, die zu einer Aufteilung vieler vor allem bäuerlicher Betriebe führte, welche sich deutlich in der *Verteilung des Faktors Boden* zeigt. Die Zahl der Klein- und Kleinstbetriebe stieg stark an, die Eigentumsflächen vieler Fellachenfamilien waren zur Versorgung nicht mehr ausreichend.

Der daraus resultierende Zwang einer ständig steigenden Zahl von Kleinbauern, zusätzliches Land zu bekommen, verlagerte den Vorteil der Kontrolle über den knappen Faktor Land immer mehr zu den kommerziell wirtschaftenden Großbetrieben, die sich einem steigenden Angebot an Arbeit gegenübersahen.

Dieses *hohe Faktorangebot* war in erster Linie durch das beträchtliche Bevölkerungswachstum bedingt, hatte darüber hinaus aber auch noch andere Ursachen: Auswanderungsmöglichkeiten bestanden nicht, andere Sektoren der Volkswirtschaft waren nur schwach entwickelt und konnten somit nur Wenigen Beschäftigung bieten, die großräumigen Aufstauungsmaßnahmen führten zur Freisetzung von menschlicher und tierischer Arbeitskraft, die zuvor für den Höhertransport des Wassers zuständig gewesen war.

Der Zwangsarbeitsdienst, zu Zeiten eines geringen Arbeitskräftebestandes wichtigstes Instrument zur Durchsetzung eines hohen Faktoreinsatzes bei nicht marktgerechter Entlohnung, verlor rasch an Bedeutung. Seine Abschaffung privatisierte das Recht des Einzelnen an seiner eigenen Arbeitskraft, was die wichtigste Voraussetzung für die Funktionsfähigkeit des neu entstandenen Arbeitsmarktes darstellte, auf dem sich die *Faktorentlohnungen* dem hohen Angebot entsprechend entwickelten.

Somit schwand die in früheren Jahrzehnten entstandene Notwendigkeit, die Landbewirtschaftung zu mechanisieren, also die *Produktivität der Arbeit* zu steigern, für die Großbetriebe immer mehr. Bewirtschaftungsformen mit hohem Einsatz des nun reichlich vorhandenen Faktors Arbeit traten in den Vordergrund.

Die ständig steigende Bedeutung des Faktors Boden drückt sich demgegenüber auch darin aus, daß die Großbetriebe immer häufiger dazu übergingen, die Selbstbewirtschaftung aufzugeben, ihr Land zu verpachten und somit den Gewinn allein aus der Bereitstellung dieses knappen Faktors zu ziehen, während die Pächter für Arbeit und Kapital zu sorgen hatten. Die ungünstigen und sich weiter verschlechternden Pachtbedingungen sind ein deutliches Zeichen für den zunehmenden Bevölkerungsdruck, der die mit hohem Aufwand vor allem von *Kapital* betriebenen Flächenausweitungen deutlich überstieg und zu einer ständig sinkenden landwirtschaftlichen Nutzfläche je Einwohner führte.

Der *Anteil des Agrarsektors an der Gesamtwirtschaft* wurde noch gesteigert, industrielle Aktivitäten waren nur begrenzt und dienten vor allem der Verarbeitung landwirtschaftlicher Erzeugnisse mit dem Hauptprodukt Baumwolle. Erst im Weltkrieg zeigten sich Ansätze einer künftig stärkeren industriellen Entwicklung.

5.4.2 Soziologische Interpretation

Differenzierung und Individualisierung, schon im vorigen Herrschaftsabschnitt die *grundlegenden sozialen Prozesse des ländlichen Lebens*, setzten sich auch unter der britischen Verwaltung fort, was vor allem aus der kommerziellen Freizügigkeit resultierte und in der Abschaffung des Zwangsarbeitsdienstes als *Institution* von kooperativer Bedeutung deutlich wurde. Nicht mehr das Dorf insgesamt, sondern in Verwandtschaftsgruppen organisierte Großfamilien der alten Dorf-shaykhs sowie eine große Zahl kleinbäuerlicher Nuklearfamilien bestimmten neben den im Rahmen der zunehmenden Kommerzialisierung *neu entstandenen Institutionen*, z.B. den Banken und Landgesellschaften, das ländliche Leben.

Die ursprüngliche *Machtposition* der shaykhs wurde jedoch durch die Abschaffung der Zwangsarbeit sowie verwaltungstechnische Maßnahmen geschwächt und die Kontrolle der Zentralgewalt über ihr Wirken ausgedehnt, da die frühere Eigenständigkeit dieser Gruppe den Überzeugungen der an effektiveren und stärker zentral ausgerichteten europäischen Verwaltungsformen orientierten Briten widersprach.

Zur Stützung ihrer Herrschaft bemühten sich die neuen Machthaber hingegen, den Einfluß der Landeigentümer zu stärken, deren Kooperation zur Aufrechterhaltung der Baumwollexportwirtschaft nötig war. Die konservative und somit systemkonforme Haltung der Grundeigentümer förderten die Briten gezielt, indem die Rahmenbedingungen der Produktion verbessert und alte *Institutionen* wie das moslemische Erbrecht respektiert und zur Geltung gebracht wurden. Obwohl vor allem die Interessen der reichen Grundbesitzer berücksichtigt wurden, ergriff die Regierung im Gegensatz zu ihren Vorgängerinnen auch Maßnahmen zur Unterstützung der Fellachen, um dieses Unruhepotential, das bei den Ausschreitungen 1882 nicht ohne Bedeutung gewesen war, zu entschärfen.

Die positiven Auswirkungen dieser Maßnahmen konnten aber nicht die aufgrund des moslemischen Erbrechts sowie des Bevölkerungsanstiegs zunehmende Zersplitterung des Kleinbauernbesitzes ausgleichen, die eine ständig steigende Zahl von Landarmen und Landlosen zur Folge hatte. Radikale Maßnahmen zur Landversorgung dieser Massen, denen sich auch in den Städten kaum Beschäftigungsmöglichkeiten boten, entsprachen aber nicht den Vorstellungen der Briten über die Sicherung ihrer Herrschaft in Ägypten, die im Buch 'Modern Egypt' des langjährigen britischen Residenten Lord Cromer deutlich werden (98).

Zum Aufbau eines modernen Ägypten standen den Briten demzufolge zwei Arten von Reformen zur Verfügung: solche, die nur administrative Maßnahmen erforderten, und solche, für deren Durchsetzung eine soziale Revolution notwendig wäre. Cromer gibt die verbreitete britische Meinung wieder, die vor einem zu starken Engagement zurückschreckte, wenn er eine Fremdherrschaft grundsätzlich als konservativ einschätzt und deshalb die britischen Handlungsmöglichkeiten in Ägypten auf Maßnahmen der ersten Kategorie beschränkt.

Die Hauptnutznießer dieser Politik, die in enger Verbindung mit Handel und Banken kommerziell wirtschaftenden Großbetriebe, waren somit in der Lage, ihre *ländliche Machtposition* auszubauen und *neue Abhängigkeiten* zu schaffen, indem sie an der Sicherung ihrer Subsistenz orientierte Kleinbauern und Landlose auf verschiedene Weise in den eigenen Produktionsprozeß eingliederten. Neben den ökonomischen Möglichkeiten, die sich innerhalb einer bodengebundenen Produktion wie der Baumwollwirtschaft für diejenigen eröffnen, die große Teile dieses beschränkenden Faktors kontrollieren, genossen die Eigentümer von Großbetrieben auch einen sozialen Status, der sowohl ihre *gestiegene Macht* im ländlichen Raum als auch ihre starke Vertretung in hohen Verwaltungsposten widerspiegelt.

Der schnelle Umschwung von Unter- zur Überbevölkerung und die daraus resultierenden *neuen Abhängigkeiten* konnten bei der Masse der ländlichen

Bevölkerung nicht ohne Auswirkungen auf *Werte, Einstellungen und Verhaltensweisen* bleiben. Ihre ursprüngliche unternehmerische Initiative wurde weitgehend beschnitten, erst ab einer gewissen Eigentumsgröße, die von vielen nicht erreicht wurde, konnten die Möglichkeiten, die die freie Wirtschaft bot, voll ausgenutzt werden. Eine eher passive Haltung, an der sowohl die Besitzer der Großbetriebe als auch die Briten interessiert waren, wurde auch durch die nochmalige Schwächung hervorgerufen, die das ohnehin schon wenig effiziente Schul- und Ausbildungssystem unter der britischen Herrschaft erlitt.[4]

Sowohl Briten als auch Großgrundbesitzer hatten ein fundamentales Interesse daran, die *Stellung der Landwirtschaft im nationalen Rahmen* möglichst noch zu stärken und jede anders verlaufende Entwicklung in ihrem Sinne zu beeinflussen. Den einen lag daran, Ägypten in seiner Rolle als Rohstoffproduzent und Abnehmer von Fertigwaren zu belassen, die anderen wollten unter Einsatz billiger Arbeitskräfte die gewinnversprechende Funktion dieses Produzenten übernehmen.

Städtische Beschäftigungsalternativen, die den ländlichen Bevölkerungsdruck hätten mindern können, wurden kaum entwickelt und das Entstehen einer urban geprägten 'Mittelklasse' solange wie möglich aufgeschoben. Die Gründe für ersteres waren vorwiegend ökonomische, aber auch die Furcht vor einer großen städtischen Arbeiterschicht.

Die schon vor der britischen Herrschaft entstandenen Strukturen im Handel und Geschäftsleben, die direkte Verwaltung des Landes als eine Art Kolonie sowie die geringe Zahl gutausgebildeter Ägypter verhinderten eine stärkere Beteiligung von Einheimischen und somit die Bildung einer Mittelklasse. Begünstigt durch den Niedergang der ägyptischen Kleinindustrie und des Handwerks war die Vorherrschaft der Ausländer im Geschäftsleben stärker denn je und auch in der Verwaltung setzten die Briten immer mehr eigene Staatsbürger ein.[5] Ägypter, die trotz dieser Schwierigkeiten den Weg in den Staatsdienst fanden, genossen bei ihren Landsleuten einen so hohen Status, daß viele einen derartigen Posten anstrebten und bald eine gute Ausbildung mit einer anschließenden Karriere im öffentlichen Dienst gleichgestellt wurde (Berger, 22, S. 28 f).

---

[4] So wurden z.B. 1878 2 v.H. der Bevölkerung unterrichtet, 1908 nur noch 1.5 v.H.(Kramer, 90a, S. 203).

[5] So sank von 1905 bis 1920 der Anteil von Ägyptern an höheren Verwaltungsposten von 27.7 v.H. auf 23.1 v.H., während der britische von 42.2 v.H. auf 59.5 v.H. stieg (Issawi, 78, S. 33).

Die wenigen staatlich Bediensteten sowie die kleine Zahl von Lehrern, Ärzten, Journalisten, Rechtsanwälten u.ä., also die am meisten von europäischem Gedankengut Beeinflußten, bildeten den Kern der wachsenden nationalen Unabhängigkeitsbewegung, die in Ägypten als Reaktion auf die durch rassische, kulturelle, sprachliche und religiöse Unterschiede verstärkte Fremdherrschaft entstand und durch außenpolitische Ereignisse wie den Aufstieg Japans und die jungtürkische Revolution verstärkt wurde.

Bis zum Ersten Weltkrieg blieb die Unabhängigkeitsbewegung aufgrund der die Landeigentümer begünstigenden Haltung der Briten und der relativ geringen Politisierung der Bauern auf die kleine städtische Mittelschicht beschränkt. Erst im Krieg wurde das nationale Bewußtsein weiter Bevölkerungskreise geschärft, da viele gesellschaftliche Gruppen Einschränkungen hinnehmen mußten. Neben der Verteuerung von Grundnahrungsmitteln, die die städtische Bevölkerung aufbrachte, fühlten sich auch Landeigentümer und Fellachen benachteiligt, da sie durch die Eingriffe des Staates in die Wirtschaft in ihrer freien Entscheidung über die Anbaufläche der einzelnen Produkte eingeschränkt wurden und durch die teilweise Festsetzung von Höchstpreisen nicht in den vollen Genuß der hohen Marktpreise kamen. Zusammen mit der Zwangsrekrutierung von Fellachen für der britischen Armee unterstellte Arbeitseinheiten führten diese Maßnahmen zu einem nationalen Solidarisierungseffekt, der die Basis der Unabhängigkeitsbewegung immer breiter werden ließ und ihr schließlich zum Erfolg verhalf.

5.4.3. Agrarpolitische Interpretation

Obwohl die türkische Oberhoheit bis 1914 formal bestehen blieb und die Mohammed-Ali-Dynastie weiterhin das Staatsoberhaupt stellte, erlangten die Briten durch ihre Besetzung von 1882 die direkte politische Macht in Ägypten.

Als *Träger der Politik und Agrarpolitik* hatten sie sowohl eigene Interessen zu wahren, wie z.B. geringe finanzielle Belastungen durch die Besetzung sowie Vorteile für die eigene Wirtschaft, als auch ägyptische Belange, wie den Fortschritt der Wirtschaft, zu berücksichtigen. Ihre eigenen, weitgehend vom klassischen Liberalismus bestimmten Einstellungen mußten unter ägyptischen Bedingungen und in Anbetracht der in der vorigen Periode gemachten Erfahrungen zumindest teilweise neu gefaßt werden.

Die *Grundzüge der Agrarpolitik* spiegeln dies wider. Klassische Vorstellungen, wie bei der Verbesserung der unternehmerischen Startchancen der Fellachen oder der Nichtintervention des Staates auf den Märkten, wurden bald durch dirigistischere und unter ägyptischen Bedingungen vielfach auch pragmatischere Regelungen ergänzt. Wo der freie Ablauf der Wirtschaft Probleme mit landesweiten oder Großbritannien direkt treffenden Auswirkungen nicht lösen konnte, scheute die britische Verwaltung im Gegensatz zu Said und Ismail nicht vor Eingriffen zurück, was besonders bei der Sicherung der Baumwollernte und während des Krieges deutlich wurde.

Der Staat übernahm also im Gegensatz zur klassischen Vorstellung und zu den vorigen Regierungen zunehmend Verantwortung bei der Sicherung der weiteren wirtschaftlichen Entwicklung des Landes. Klassischen Grundsätzen gerecht wurde hingegen das *wirtschaftspolitische Hauptziel*, der Ausgleich des Staatshaushalts, der sowohl angestrebt wurde, um die finanziellen Belastungen des Mutterlandes gering zu halten, als auch, um der Einflußnahme fremder Schuldnermächte vorzubeugen und so die wichtigste britische Position auf dem Weg nach Indien zu sichern.

Den *zentralen Bereich* der britischen Wirtschafts- und Agrarpolitik stellte dementsprechend die Leistungssteigerung der Baumwollexportwirtschaft dar, die sowohl durch Bereitstellung großer Baumwollmengen der britischen Industrie als Zulieferer dienen sollte, als auch nach Ansicht der Regierung für Ägypten durch die Ausnutzung komparativer Vorteile von Nutzen war. Das wichtigste *ablaufpolitische Instrument* in diesem Bereich war die Verbesserung der wasserwirtschaftlichen Voraussetzungen durch hohe Investitionen. Auch Infrastrukturmaßnahmen, wie z.B. Eisenbahnbau, wurden zur Leistungssteigerung des Agrarsektors eingesetzt, obwohl die Briten hierbei schon auf bedeutende Vorleistungen der früheren Regierungen zurückgreifen konnten. Andere *ablaufpolitische Instrumente* waren u.a. eine verbesserte Organisation der Schädlingsbekämpfung und Saatgutversorgung, während der seit vielen Jahrzehnten von verschiedenen ägyptischen Regierungen in Form des Arbeitsdienstes ausgeübte Zwang als agrarpolitisches Instrument keine Rolle mehr spielte.

Im *Bereich* der Bodenordnung, der schon von früheren Regierungen weitgehend neu geordnet worden war, blieb dem Staat nur noch die Aufgabe, durch rechtliche, also *ordnungspolitische Instrumente* den Privatisierungsprozeß abzurunden und noch bestehende Benachteiligungen der Kleinbetriebe vor allem bei der Besteuerung zu beseitigen. Trotz zusätzlichen Einsatzes von *auflaufpolitischen Instrumenten*, vor allem durch den Verkauf von Staatsland an Bauern, gelang es nicht, die verhängnisvolle Entwicklung der Agrarstruktur aufzuhalten.

Die landwirtschaftlichen Märkte, ein nach Mohammed Ali weitgehend von staatlicher Einflußnahme freier *Bereich*, gerieten vor allem während des Krieges unter zunehmende Kontrolle der Regierung, die sich entgegen ihren ursprünglichen liberalen Überzeugungen zu dirigistischen Maßnahmen gezwungen sah, um die strategischen Interessen des britischen Weltreiches zu wahren.

Obwohl die Besatzungsmacht durchaus auch *Ziele* verfolgte, die sich mit den Interessen der meisten Ägypter deckten, wie z.b. bei der Straffung der Verwaltung und dem Abbau der steuerlichen Benachteiligung der Kleinbauern, waren diese in ein Gesamtkonzept eingebunden, das sich eindeutig an eigenen Interessen orientierte. Dennoch sind die *Auswirkungen* der britischen Wirtschafts- und Agrarpolitik zumindest in Teilen als positiv zu bewerten. Im Gegensatz zu Said und Ismail besaßen die Briten sowohl den Willen als auch die Macht, eine pragmatische, an die Gegebenheiten Ägyptens angepaßte Politik durchzusetzen.

Vor allem vermieden sie den Fehler, den Said und Ismail aus mangelndem Verständnis für die Übertragbarkeit des westlichen, klassischen Wirtschaftsmodells auf Ägypten gemacht hatten: sie erkannten, daß die Aufwendungen des Staates für notwendige Kollektivgüter in Ägypten zwangsläufig hoch sein mußten und ein Ausgleich hierfür durch eigentlich der herrschenden Wirtschaftslehre widersprechende hohe Staatseinnahmen nötig sei.

Die Beschaffung dieser Einnahmen erfolgte aus indirekten Belastungen, wie z.B. durch Zölle auf Importe u.ä.[6], sowie aus der steigenden Ausnutzung öffentlicher Dienstleistungen, wobei beide eng an die Entwicklung der Wirtschaft gekoppelt waren, deren Wachstum somit das Hauptanliegen der Regierung darstellte.

Wirtschaftswachstum sollte nach britischem Willen jedoch nur in Form einer Leistungssteigerung der Agrarproduktion erfolgen, während die industrielle Verarbeitung im 'Mutterland' zu geschehen hatte. Ägypten wurde somit von der Besatzungsmacht in die klassische Rolle des Produzenten von Rohprodukten und Abnehmers von Fertigwaren gedrängt. Auch von 1882-1922 wurde die Entwicklung einer eigenen ägyptischen Industrie somit gebremst, so daß diese mehr als 70 Jahre nach dem Scheitern des Industrialisierungsprojekts Mohammed Alis immer noch nur einen Randbereich der Volkswirtschaft darstellte.

Fazit:

Die Briten konnten auf einen nahezu vollständigen rechtlichen und institutionellen Rahmen zurückgreifen, den sie nur in wenigen Punkten auszu-

---

[6] Am deutlichsten sichtbar wird diese Art der Steuerbeschaffung bei Tabak, dessen Anbau 1890 in Ägypten verboten wurde, da ein Importzoll leichter zu erheben war als besondere Steuern für mit Tabak bepflanzte Flächen (37, S. 168 f).

bauen brauchten. Kaum war diese Grundlage, die sich im ländlichen Raum in großen Eigentumsunterschieden manifestierte, gelegt, als sich schon Indizien dafür zeigten, daß dieser Rahmen dem neuen Phänomen des Bevölkerungsdrucks nicht gewachsen war. Die Briten als 'konservative' Macht konzentrierten sich jedoch auf den zum Abbau der Verschuldung besonders wichtigen Produktionsbereich, wo sie bei der Baumwollproduktion große Erfolge erzielten, eine industrielle Entwicklung jedoch aus Konkurrenzgründen hintertrieben.

6. Konstitutionelle Monarchie -Stagnation und Unfähigkeit zum Wandel (1922-52)

6.1. Das politische Umfeld

Mit der Aufhebung des britischen Protektorats 1922 war Ägypten formal unabhängig und souverän geworden. Es bestanden jedoch gewisse Vorbehalte, die es Großbritannien auch weiterhin erlaubten, auf die inneren und äußeren Angelegenheiten des Landes Einfluß zu nehmen. Diese Einschränkungen bezogen sich auf die Sicherung der britischen Reichsverbindungen durch Präsenz von Truppen, die Verteidigung Ägyptens gegen äußere Angriffe und den Schutz der Ausländer und Minderheiten, so daß die reale britische Machtstellung am Nil kaum geschwächt wurde.

Die innenpolitische Situation, gekennzeichnet von der Forderung nach völliger Unabhängigkeit durch alle Parteien, verschärfte sich bis 1928 so sehr, daß der König sich zur Auflösung des Parlaments und zur Regierung durch Dekrete gezwungen sah, was das Ansehen dieser von der kleinen Mittel- und Oberschicht beherrschten Institution jedoch ungewollt hob. Als extremste Form der Reaktion auf ausländische Abhängigkeit und innenpolitisches Chaos entstand im gleichen Jahr die Moslem-Bruderschaft, die die islamischen Überlieferungen, vor allem den Koran, als verbindliche Anleitung für alle Bereiche der Gesellschaft ansah.

Die Vorherrschaft des Königs bei gleichzeitigem Entstehen immer neuer Parteien blieb auch in den Folgejahren bestehen. Eine geänderte Verfassung erhöhte die Rechte des Monarchen, was vor allem der 1936 gekrönte neue König Faruk zu nutzen gedachte. Er konnte noch im gleichen Jahr einen Vertrag mit Großbritannien aushandeln, der die ägyptische Eigenständigkeit vergrößerte, wenn auch weiterhin britische Truppen die Kanalzone besetzt hielten.

Der zweite Weltkrieg, in dem Ägypten zeitweise zum Kampfgebiet wurde, brachte zwar zunächst große wirtschaftliche Vorteile, verstärkte aber auch die antibritische Stimmung im Land. Die nach 1945 folgende Rezession sowie die sich im Palästinakrieg offenbarende politische und militärische Schwäche der Araber führte zu wachsenden Unruhen, die sich vor allem gegen die weitere Präsenz britischer Truppen in der Kanalzone richtete. Die staatliche Ordnung zerfiel immer mehr, die bisher bestimmenden Kräfte waren nicht mehr in der Lage, sie funktionsfähig zu halten. Der Staatsstreich der 'freien Offiziere' im Juli 1952 war der logische Abschluß dieser Entwicklung und das Ende der Dynastie Mohammed Alis.

6.2. Agrarsektor und ländlicher Raum

6.2.1. Ländliche Besitz- und Sozialstruktur

Weder unter Fuad noch unter Faruk wurden wesentliche Eingriffe in die ländlichen Besitzverhältnisse vorgenommen. Die schon in der letzten Herrschaftsperiode gezeigten Entwicklungen setzten sich daher im wesentlichen fort, die grundsätzlichen Strukturen blieben bestehen.

Wie bisher war die herrschende Dynastie der größte Landeigentümer, ihre Flächen wurden kurz nach der Revolution auf über 200.000 Feddan geschätzt. Die vorwiegend Absentismus praktizierende Großgrundbesitzerschicht, traditionell bei der Aufnahme von Hypotheken wenig zurückhaltend, baute mit Hilfe von Fremdkapital ihre Gesamtfläche in der zweiten Hälfte der zwanziger Jahre zunächst aus, war dann aber während der Weltwirtschaftskrise besonders von Pfändungen bedroht, da die Banken wegen der chaotischen Situation auf dem Kapitalmarkt ihre Außenstände eintreiben wollten (Baer, 17, S. 107).

Der dominierende Einfluß der Großgrundbesitzer in Regierung und Parlament erlaubte ihnen jedoch, staatliche Unterstützungsmaßnahmen, wie eine gesetzlich verfügte Zinssenkung, die teilweise Übernahme des Schuldendienstes durch die öffentliche Hand und andere weitgehende Maßnahmen zu erreichen (Baer, 17, S. 107). Auf diese Weise wurde die Zahl der Pfändungen bei dieser Gruppe wesentlich gemindert, obwohl die leichte, aber stetige Abwärtstrend sowohl bei der Gesamtfläche als auch beim Anteil dieser Betriebe an der gesamten privaten Eigentumsfläche bis zur Revolution anhielt. Tabelle 11 verdeutlicht die veränderten Anteile der Betriebsgrößen:

Tabelle 11: Aufteilung der Gesamtfläche (Privat- und Waqfland) auf unterschiedliche Betriebsgrößen (in v.H.)

Jahr	bis 5 Feddan	5-50 Feddan	über 50 Feddan
1926	29.6	31.0	39.4
1929	29.5	30.3	40.2
1936	31.5	29.9	38.6
1946	33.6	30.2	36.2
1949	35.1	29.9	35.0

Quelle: (Baer, 17, S. 77)

Die Einrichtung von waqfs zur Sicherung der Betriebe wurde bis zur Mitte der dreißiger Jahre so häufig praktiziert, daß Befürchtungen laut wurden, alles Kulturland könnte in kurzer Zeit zu waqf-Land werden (Sékaly, 155, S. 94 f). Die in der Folgezeit stagnierende oder durch getarnte Verkäufe sogar sinkende Gesamtfläche der waqfs (Baer, 17, S. 152) zeigt jedoch, daß die Betriebsinhaber sich hiervon keine Lösung ihrer Probleme versprachen.

Besonders am relativen Abstieg des Großgrundbesitzes beteiligt waren die in ausländischer Hand befindlichen Betriebe, die fast ausschließlich in die Kategorie über 50 Feddan fielen. Ihr Anteil an der gesamten privaten Grundeigentumsfläche sank seit der Unabhängigkeit von ca. 10 v.H. auf ca.8.5 v.H. Mitte der 30er Jahre und weiter auf ca. 6 v.H. Mitte der 40er Jahre (Baer, 17, S. 152), was auf wirtschaftliche Benachteiligung der Ausländer sowie auf die subjektiv von ihnen als geringer eingestufte Sicherheitslage zurückzuführen war.[1] Demgegenüber konnten die Landgesellschaften, in denen das ausländische Element zusehends schwand, ihre Flächenanteile durch den Kauf von Land aus staatlichem Domänenbesitz sichern. Zudem scheint sich bei den Gesellschaften eine Umkehrung der Gewichte von der Neulandkultivierung mit anschließendem Verkauf hin zur Eigenbewirtschaftung durchgesetzt zu haben, was zur Stabilisierung des Flächenumfangs beitrug (Baer, 17, S. 124).

Grundlegendes Merkmal auch dieser Herrschaftsperiode war der starke Anstieg der Zahl der Landeigentümer, die sich von 1.557.000 vor dem Ersten Weltkrieg auf 2.176.000 1928 und 2.802.000 1952 erhöhte (Ministère Des Finances, 113). Diese Steigerung war fast ausschließlich auf die durch Erbteilung großer und mittlerer Betriebe wesentlich angestiegene Zahl von Kleinbetrieben unter 5 Feddan zurückzuführen, die 1948 2.565.000 (Ministère Des Finances, 113), also über 94 v.H. der Gesamtzahl der Grundeigentümer betrug, während ihr aus Tabelle 11 zu ersehender Flächenanteil sich nicht im gleichen Maß erhöhte.

Zunehmend bildete nicht nur die immer geringer werdende Durchschnittsgröße dieser Betriebe ein Problem von gesamtgesellschaftlicher Bedeutung, sondern auch die Aufsplitterung dieser kleinen Einheiten in mehrere Teilstücke (Mead, 107, S. 68). Immer mehr Eigentümer von Kleinbetrieben waren auf zusätzliche Einkommensquellen angewiesen, obwohl die in früheren Jahrzehnten stärkste Belastung, die Grundsteuer, der Wertentwicklung des Bodens nur sehr langsam folgte. Bis 1939 wurden die Steuern auf der Basis der 1899 ermittelten durchschnittlichen Pachtwerte erhoben, erst danach erfolgten maßvolle Angleichungen (Issawi, 79, S. 233). Dennoch weist die

---

[1] siehe auch Kapitel 6.3.3.

Statistik für 1937 1.400.000 Eigentümer von Kleinbetrieben auf, die sich zusätzlich als Arbeiter verdingten (Issawi, 8, S. 74).

Die Bedeutung der schon in der letzten Herrschaftsperiode wichtigen Pacht stieg weiter an, im Jahr 1950 sollen ca. 60 v.H. des gesamten Kulturbodens in Pacht oder pachtähnlichen Verhältnissen genutzt worden sein (Warren, 174, S. 8). Die Bandbreite der möglichen Pachtverhältnisse war nach wie vor sehr groß, wenn auch ein eindeutiger Trend zur Geldpacht zu verzeichnen war, wobei die hohe Nachfrage nach Land die Pachtpreise stark steigen ließ.[2] Tabelle 12 veranschaulicht diese Entwicklung, wobei jedoch zu berücksichtigen ist, daß auf Grund der auch für staatliche Fachleute oft nur schwer überschaubaren, sehr komplex aufgebauten Pachtsysteme die Schätzungen eher als zu niedrig angesehen werden müssen.

Tabelle 12: Entwicklung verschiedener Arten von Pacht

Pachtart	1939		1950	
	Fläche (Feddan)	Zahl der Anwesen	Fläche (Feddan)	Zahl der Anwesen
Geldpacht	635.233	80.543	1.626.167	304.578
Teilpacht	50.907	8.545	103.330	15.409
Naturalpacht	-	-	125.682	18.674
And. Arten	179.584	18.234	74.106	11.869
Nicht bestimmt	101.618	8.982	-	-
Summe	967.342	116.304	1.929.285	350.530

Quelle: (Ministry of Agriculture, 114)

Die auf Grund hoher Belastungen geringe Widerstandsfähigkeit vieler Kleinbetriebe zeigte sich vor allem während der Weltwirtschaftskrise, als eine große Zahl gepfändet wurde (Crouchley, 36, S. 67). Staatliche Gegenmaßnahmen, wie der Verkauf von Staatsland in kleinen Parzellen oder die Gründung einer landwirtschaftlichen Kreditbank für Kleinbauern, wirkten sich für die Betroffenen weit weniger aus als die zur Unterstützung der Großbetriebe eingeleiteten Initiativen (Baer, 17, S. 83 ff).

---

[2] So lagen die Pachtpreise bereits in den 20er Jahren ca. 60-80 v.H. über dem Vorkriegsstand (Crouchley, 37, S. 212)

Das 'Five Feddan Law' bestand weiterhin, so daß die Stellung der lokalen Geldverleiher erhalten blieb. Auch die seit der Unabhängigkeit in zunehmendem Maß entstandenen landwirtschaftlichen Genossenschaften vermochten hieran nichts Grundlegendes zu ändern. Zunächst als Instrument zur Vergabe von günstigen Kleinkrediten gut angenommen, schwand ihre Attraktivität dann mit der Gründung der landwirtschaftlichen Kreditbank. Hinzu kam, daß viele Großgrundbesitzer begannen, Genossenschaften zu kontrollieren, um sich so Zugang zu günstigen Krediten zu verschaffen (Issawi, 79, S. 132 ff). Erst während des Zweiten Weltkriegs erlangten die Genossenschaften erhöhte Bedeutung, da die Regierung sie als Instrument zur Verteilung wichtiger Inputs, insbesondere von Düngemitteln, einsetzte, was bis 1944 zur Verzehnfachung des Mitgliederstandes von 1938, 78.000, führte.

Während auch nach dem Krieg noch keine Ansätze genossenschaftlicher Vermarktungsaktivitäten zu erkennen waren, bemühte sich die Regierung erneut, besonders gegen Ende der 40er Jahre, die stärker gewordene Genossenschaftsbewegung als Mittel zur Kapitalversorgung der Kleinbauern einzusetzen und somit die Macht der lokalen Geldverleiher zu beschränken (Issawi, 79, S. 132 ff). Die schon wenige Jahre später einsetzenden und weit darüber hinausgehenden Maßnahmen während und nach der Revolution ließen diese Reformen jedoch nicht mehr zur vollen Entfaltung kommen.

Im Gegensatz zur steigenden Bedeutung der Genossenschaften hatten die umdas oder shaykhs eine weitere Minderung ihrer traditionellen Aufgaben hinzunehmen, so z.B. bei der Aufzeichnung von Geburten und Sterbefällen und bei der Schlichtung von Landstreitigkeiten. Andere Aufgaben, wie die Überwachung der dörflichen Ordnung, blieben jedoch bestehen und neue, wie die Führung des lokalen Post- und Telegraphenbüros, kamen hinzu. Vor allem die politischen Parteien der konstitutionellen Monarchie stützten sich aus Mangel an lokalen demokratischen Institutionen auf die jeweiligen umdas, die ihr wichtigstes Instrument zur politischen Einflußnahme wurden und so einen Teil des vorausgegangenen Machtverlusts kompensieren konnten (Baer, 19, S. 30 ff).

Bei der Gesamtbetrachtung drängt sich dem Beobachter ein Eindruck auf, der eher mit Stagnation als mit Kontinuität zu bezeichnen ist. Die wesentlichen Entwicklungen des vorigen Herrschaftsabschnitts setzten sich fort, führten aber im Zusammenhang mit den vor allem demographisch veränderten Bedingungen zu immer weniger befriedigenden Ergebnissen, ohne daß energische Initiativen zur Anpassung an diese Veränderungen ergriffen worden wären. Die zwischen Grundbesitz und wachsendem Klein- bzw. Kleinstbesitz polarisierte ländliche Besitz- und Sozialstruktur blieb unangetastet, die hoffnungsvollen Anfänge der Genossenschaftsbewegung kamen nur unzureichend voran.

6.2.2. Bewässerung und landwirtschaftliche Flächen

Aus der wichtigen Stellung im ersten, 1945 verabschiedeten Fünf-Jahres-Plan (Mead, 107, S. 48), der allerdings nicht gesamtwirtschaftlich ausgerichtet war und dessen praktische Auswirkungen gering blieben, geht die große Bedeutung hervor, die auch in der konstitutionellen Monarchie dem Bewässerungssystem beigemessen wurde. Bei der Umsetzung dieser Einschätzung in die Praxis stieß die ägyptische Regierung jedoch schnell an Grenzen, da auf Grund der intensiven Anstrengungen zur Ausdehnung der bewässerten Fläche in früheren Herrschaftsperioden kaum noch leicht zu erschließendes Land vorhanden war. Zudem stellte in vielen Regionen nicht mehr Bewässerung, sondern Entwässerung das Hauptproblem dar. Die Aktivitäten beschränkten sich daher vor allem auf Erweiterungen der Anbaufläche und Drainagearbeiten, während die Nutzfläche, wie Tabelle 13 zeigt, nur geringfügig zunahm.

Tabelle 13: Entwicklung der landwirtschaftlichen Nutz- und Anbaufläche (in 1.000 Feddan)

Jahr	Kulturfläche	Anbaufläche
1917	5.269	7.677
1927	5.544	8.661
1937	5.281	8.358
1947	5.761	9.167

Quelle: (Ministère Des Finances, 113)

Die Erfolge bei der Ausdehnung der Anbaufläche wurden im wesentlichen auf der Basis des bereits bestehenden Bewässerungssystems erreicht, das in seiner Grundstruktur nahezu unverändert blieb, aber durch eine Vielzahl von Einzelmaßnahmen, wie z.b. eine Erhöhung des Assuan-Damms, eine Leistungssteigerung erfuhr. Hinzu kamen Dammbauten im britisch verwalteten Sudan, die zwar das Wasserangebot für Ägypten steigerten (Crouchley, 37, S. 220), zugleich aber auch die immer noch bestehende außenpolitische Abhängigkeit des Landes erhöhten.

Die sich zu Beginn des Jahrhunderts in deutlichen Ertragsminderungen niederschlagenden Mängel bei der Entwässerung konnten trotz Erweiterung des Kanal- und Drainagenetzes und der Erprobung moderner Methoden, wie z.B. Tonröhren, nicht endgültig gelöst werden. Einer der wichtigsten Gründe hierfür war, daß es nicht gelang, die Bauern zur Anlage von Entwässerungskanälen auf ihren Feldern zu bewegen, da sie dies bei der geringen Größe ihrer Einheiten als zu großen Flächenverlust ansahen (Simon, 158, S. 42). Zu verhindern wäre dieser Verlust nur durch die kostenintensive flächendeckende Verlegung von Felddrainagen, die sich aber nur langsam ausbreitete (Selim, 156, S. 56).

6.2.3. Ökonomische Entwicklung des Agrarsektors

6.2.3.1. Die Agrarwirtschaft in der Krise (1922-39)

Krieg und Nachkriegszeit 1914-22 stellten das vorläufige Ende einer langen Phase agrarwirtschaftlicher Expansion dar. Die Ursachen hierfür lagen sowohl in den Verhältnissen auf den internationalen Märkten, die besonders während der Weltwirtschaftskrise starke Auswirkungen auf die ägyptische Wirtschaft hatten, als auch darin, daß es im Gegensatz zu früher nicht gelang, den Umfang der landwirtschaftlichen Nutzfläche wesentlich zu steigern. Alle einigermaßen leicht zu erschließenden Flächen wurden bereits genutzt, was die Regierung zu hohen Investitionen zwang, um die bewässerungstechnischen Voraussetzungen für eine möglichst umfassende Ausdehnung der Dauerbewässerung zu schaffen.

Die ersten Jahre der Monarchie täuschten noch über den vorwiegend von Krisen beherrschten Charakter der Zeit zwischen den beiden Weltkriegen hinweg. Bis 1925 wurde in einer Phase guter Konjunktur bei allerdings schwankenden Preisen die Baumwollproduktion auf nahezu 8.000.000 Quintar gesteigert, wobei es den politisch sehr einflußreichen Großproduzenten trotz des relativ günstigen Wirtschaftsverlaufs und der im Vergleich zu 1913 im Durchschnitt doppelt so hohen Preise gelang, die Regierung zu preisstützenden Maßnahmen zu bewegen (Crouchley, 37, S. 210). Diese bestanden wieder aus der schon während des Weltkriegs nur sehr bedingt wirksamen Beschränkung der Anbauflächen 1921-23 sowie in staatlichen Stützungskäufen.

Einer 1926 einsetzenden und durch die große Depression verstärkten Wirtschaftskrise, deren Auswirkungen sich bis zum Zweiten Weltkrieg hinzogen, versuchte die Regierung ebenfalls durch diese angebotsverknappenden Maßnahmen zu begegnen, ohne jedoch den Preisverfall der Baumwolle erfolgreich bremsen zu können (Issawi, 80, S. 36). Erst eine der britischen Währungsentwicklung entsprechende Abwertung des ägyptischen £.E. erhöhte die Inlandspreise für Baumwolle und besserte so die angespannte finanzielle Lage vieler Agrarproduzenten (Crouchley, 37, S. 216).

Die produzierten und exportierten Baumwollmengen waren auch während der schlimmsten Krisenjahre noch erstaunlich hoch, die Reaktion der Produzenten vordergründig betrachtet gering. Der Hauptgrund hierfür lag neben der oftmals mangelnden Konkurrenzfähigkeit anderer Produkte und den seit Jahrzehnten eingespielten Produktions- und Vermarktungsmechanismen bei Baumwolle vor allem in einer ca. 20 v.H. betragenden Steigerung der Erträge, die bewirkte, daß trotz teilweise deutlicher Verminderung der Baumwollanbaufläche während der Weltwirtschaftskrise Produktion und Export auf relativ hohem Niveau verblieben, wobei beim Export Mengen aus staatlichen und privaten Lagern zusätzlich ausgleichend wirkten. Erreicht wurden die Ertragssteigerungen, die bei Brown (25) detaillierter behandelt werden, durch be- und entwässerungstechnische Maßnahmen, die Einführung neuer Sorten sowie insbesondere den großräumigen Einsatz von Kunstdünger. Letzterer, zu Beginn des Jahrhunderts nur in geringem Maß betrieben, steigerte sich, gestützt auf umfangreiche Importe, bis zur zweiten Hälfte der 30er Jahre auf ein Niveau, das zu den höchsten der Welt zählte (Mead, 107, S. 8).

Die ertragssteigernden Maßnahmen kamen aber nicht nur der Baumwolle zugute. Zusammen mit der ca. zehnprozentigen Ausdehnung der Anbaufläche von der Vorkriegszeit bis zum Ende der 30er Jahre erhöhte sich so die Produktion der ägyptischen Landwirtschaft um ca. 30 v.H., wobei diese Steigerung wegen der schwierigen Absatzlage bei Baumwolle zu einem großen Teil der Nahrungsmittelproduktion, insbesondere dem Reis- und Weizenanbau, zugute kam.[3]

Die Regierung, bestrebt, den Produzenten einen Ausgleich für die niedrigen Baumwollpreise zukommen zu lassen und die Abhängigkeit von der Baumwolle zu verringern, verhängte 1930 einen erst 1950 wieder aufgehobenen Schutzzoll für die Einfuhr von Weizen und Mehl und gewährte 1937 und 1939 Subventionen für Weizenexporte (Issawi, 80, S. 36). Dies führte zwar zu zusätzlichen Einnahmen der von der Wirtschaftskrise bedrängten Produzenten und zur Dämpfung der Nahrungsmittelimporte, zwang jedoch gleichzeitig arme Bevölkerungsgruppen, wie z.B. städtische Arbeiter oder Landlose, mehr für die Ernährung aufzuwenden.

Da diese aber, wie aus Tabelle 14 für landwirtschaftliche Arbeitskräfte hervorgeht, während der Krisenjahre deutliche Einkommenseinbußen hinnehmen mußten, war ein Rückgang des durchschnittlichen Nahrungsmittelverbrauchs/Kopf nicht zu vermeiden, der für die späten 30er Jahre im Vergleich zur Vorkriegszeit auf 10-15 v.H. geschätzt wird und von Craig und Abdel Karim (35) detailliert untersucht wird.

---

[3] So lag der Output bei Reis im Durchschnitt der Jahre 1930-39 um 89 v.H. über dem der Jahre 1913-19 (46, S. 39 ff).

Tabelle 14: Entlohnung ungelernter landwirtschaftlicher Arbeitskräfte (in Piaster/Tag)

	Delta	Mittel- und Oberägypten
1914	2.5 - 3	2.5
1920	7-8	6
1928	4.5	4
1933	2.5	2
1939	2.5 - 3	2 - 2.5

Quelle: (Lambert, 95, S. 80)

Ebenso wie bei den Löhnen waren auch bei den landwirtschaftlichen Pachtwerten deutliche Einbußen zu verzeichnen; sie erreichten 1932 nur 40-50 v.H. und 1937 nur 60-70 v.H. ihrer Höhe vor der Weltwirtschaftskrise (Lambert, 94, S. 196). Diesem Rückgang war jedoch im Gegensatz zu den Löhnen ein kontinuierlicher Anstieg vorausgegangen, so daß sich die Bodenwerte immer noch auf relativ hohem Niveau bewegten (Issawi, 79, S. 129). In den ersten vier Jahren der Weltwirtschaftskrise unternommene Versuche der Regierung, die Höhe der Pachtzahlungen durch Verordnungen weiter zu reduzieren, hatten in der Praxis nur geringe Auswirkungen (Bonné, 23, S. 28), so daß die durch die Knappheitsverhältnisse gegebenen unterschiedlichen Bewertungen von Boden und Arbeit gewahrt blieben.

Die der Landwirtschaft nachgelagerten Verarbeitungseinrichtungen erlebten durch die verstärkte inländische Produktion von Nahrungspflanzen wie Reis und Weizen einen deutlichen Auftrieb, der sich insbesondere in einem Ausbau der Mühlenkapazitäten niederschlug. Die traditionell schon bedeutenden Anlagen für Baumwolle und Zucker wurden ausgebaut und übernahmen zusätzliche Verarbeitungsschritte. Baumwolle wurde nun nicht mehr nur entkernt und gepreßt, sondern in zunehmendem Maß auch gesponnen und gewebt. Ein ständig wachsender Anteil der eigenen Baumwollproduktion - 1937 ca. 500.000 Quintar - wurde direkt im Land verarbeitet, ca. 30 v.H. des Jahresbedarfs an Baumwollbekleidung konnten so gedeckt werden (Crouchley, 37, S. 228). Die vermehrte Verwendung ägyptischer Ware ist auch auf das staatliche Importverbot von Rohbaumwolle zurückzuführen (Crouchley, 7, S. 228), das zwar die Handelsbilanz verbesserte und den Absatz der eigenen Ernte in schwierigen Zeiten erleichterte, gleichzeitig aber ärmere Bevölkerungsgruppen am Kauf von Textilien aus billiger Importbaumwolle hinderte.

6.2.3.2. Schwankungen der Agrarkonjunktur (1939-52)

Der Zweite Weltkrieg störte die agrarwirtschaftliche Entwicklung bisheriger Prägung, die immer noch auf Produktion und Export von Baumwolle als Grundpfeiler der Volkswirtschaft beruhte, da nicht nur die Absatzwege durch die Kampfhandlungen beeinträchtigt waren, sondern auch die zur Aufrechterhaltung eines hohen Produktionsniveaus erforderlichen Inputs nicht mehr in ausreichenden Mengen importiert werden konnten (O'Brien, 120, S. 188). Dies galt vor allem für die in immer größeren Mengen eingesetzten industriell hergestellten Düngemittel, deren plötzliches Fehlen zusammen mit anderen Faktoren starke Produktionseinbußen zur Folge hatte. Tabelle 15 zeigt diesen kriegsbedingten Einbruch des Düngemittelangebots sowie den Umfang der daraufhin aufgebauten Eigenproduktion in der Nachkriegszeit.

Tabelle 15: Die Entwicklung des Mineraldüngerangebots (in 1.000 Tonnen)

Jahr	Importe	Eigenproduktion	Summe
1912	70.1	0	70.1
1917	36.9	0	36.9
1922	118.2	0	118.2
1927	225.4	0	225.4
1932	234.6	0	234.6
1937	641.8	0	641.8
1943	158.6	-	-
1947	459.4	15.0	474.4
1952	629.0	206.1	835.1

Quelle: (Ministère des Finances, 113)

Die so eingeschränkte Produktion der ägyptischen Landwirtschaft erreichte erst in den 50er Jahren wieder den Stand der Jahre 1935-39 (O'Brien, 120, S. 188). Neben diesen quantitativen Veränderungen waren aber auch bedeutende qualitative zu verzeichnen, da sich die Zusammensetzung der Agrarproduktion auf Grund der verschlechterten Anbau- und Absatzbedingungen für Baumwolle, der eingeschränkten Importmöglichkeiten von Nahrungsmitteln und staatlicher Eingriffe deutlich wandelte. Tabelle 16 verdeutlicht dies anhand der Anteile der einzelnen Produkte an der Gesamtanbaufläche und zeigt auch, daß zu Beginn der 50er Jahre wieder eine Rückkehr zu den gewohnten Flächenanteilen eintrat.

Tabelle 16: Flächenanteile der wichtigsten Agrarprodukte (in v.H. der Gesamtfläche)

Produkt	1937/38	1942/43	1950/51
Baumwolle	21	8	21
Mais	18	21	16
Weizen	17	21	15
Bersim	21	18	24
Hirse	5	8	5
Reis	6	7	8
Bohnen	5	4	4
Gerste	4	5	1
Andere	3	8	6

Quelle: (Anhoury, 10, S. 108)

Staatliche Maßnahmen setzten diesmal, wohl auch eingedenk der früheren Mißerfolge, erst nach drei Kriegsjahren ein. Die Regierung verfügte nach einer Getreidemißernte eine Beschränkung der Anbaufläche von Baumwolle sowie eine Ausdehnung der Weizenfläche und erneuerte mit Ausnahme von 1949 diese Regelung ebenfalls in den Nachkriegsjahren, wobei die Proportionen zwischen den beiden Produkten teilweise geändert wurden (Issawi, 79, S. 123).

Im Gegensatz zu den rückläufigen Tendenzen, die während des Krieges im nach wie vor dominierenden Sektor der Volkswirtschaft, dem Agrarsektor, zu verzeichnen waren, erlebten die außerlandwirtschaftlichen Bereiche vor allem durch die hohen, für die Jahre 1940-45 auf 314.000.000 £.E. geschätzten Ausgaben der alliierten Truppen einen starken Auftrieb (Issawi, 79, S. 230). Neue Beschäftigungsmöglichkeiten eröffneten sich und veranlaßten viele Landbewohner zur Abwanderung in die großen Städte, deren Bevölkerung sich zwischen 1937 und 47 um weit über 1.000.000 erhöhte (Issawi, 79, S. 60).

Dem vor allem durch die geringere Baumwollerzeugung bedingten deutlichen Rückgang der landwirtschaftlichen Produktion stand somit eine wesentlich gestiegene industrielle gegenüber, die sich von 1939 bis 1944 um 54 v.H. erhöhte und dazu beitrug, daß sich die Summe aus landwirtschaftlicher und industrieller Produktion während des Krieges nur unwesentlich verringerte (Issawi, 79, S. 80).

Von der in den Nachkriegsjahren einsetzenden und im 'Korea-Boom' gipfelnden Nachfragesteigerung profitierten auch die Absatzmöglichkeiten und Preise für ägyptische Baumwolle merklich, so daß bei nunmehr wieder gesicherten Bezugsmöglichkeiten für Inputs eine Ausdehnung der während des Krieges eingeschränkten Anbaufläche vorgenommen wurde. Die Regierung versuchte, durch eigene Käufe diese positive Preisentwicklung zu stützen, trieb aber auf diese Weise den Baumwollpreis in solche Höhen, daß die großen staatlichen Bestände beim Abebben des Booms nur mit Verlust abzusetzen waren.

Parallel zur Rückorientierung auf Baumwolle erfolgte in der Nachkriegszeit die Aufhebung der Getreidezölle (1950), da eine Selbstversorgung Ägyptens immer weniger möglich erschien, der Baumwollanbau gefördert und die Preise für Grundnahrungsmittel in der politisch unruhigen Zeit gesenkt werden sollten. Zur Durchsetzung des letzten Ziels kamen noch staatliche Preiskontrollen hinzu (Mead, 107, S. 48).

Auch der Zweite Weltkrieg löste einen starken Preisanstieg mit entsprechenden Erhöhungen der Lebenshaltungskosten aus, während die Nachkriegszeit von relativer Konstanz gekennzeichnet war. In Tabelle 17 ist diese Entwicklung deutlich zu erkennen.

Die Löhne erhöhten sich zwar nominal ebenfalls deutlich, konnten aber den Preisanstieg erst gegen Kriegsende annähernd kompensieren. Besonders hart waren die Lohnempfänger im ländlichen Raum getroffen, deren Bezahlung, wie Tabelle 18 zeigt, deutlich unter der von Arbeitern in der Industrie lag, da dieser vom Krieg begünstigte Wirtschaftszweig zur Deckung seines rasch wachsenden Arbeitskräftebedarfs Lohnanreize gewährte.

Auch bei Berücksichtigung der unterschiedlichen Konsumgewohnheiten und der teilweise höheren städtischen Lebenshaltungskosten bewirkte das sehr geringe Gehaltsniveau der landwirtschaftlichen Arbeitskräfte, daß diese Gruppe von der kriegsbedingten Verteuerung besonders schwer getroffen wurde. Auch in der Nachkriegszeit kam es u.a. wegen des schnellen Wachstums der ländlichen Bevölkerung zu keiner wesentlichen Verbesserung der landwirtschaftlichen Reallöhne. Zusätzlich lohndämpfend wirkte sich aus, daß der Einsatz moderner Traktoren auf großen Anwesen vielfach betriebswirtschaftlich günstiger war als die arbeitsintensiven traditionellen Methoden der Landbewirtschaftung[4], was in der Zeit nach dem Zweiten Weltkrieg einen deutlichen Anstieg des Schlepperbestandes nach sich zog.

---

[4] (Saffa, 150, S. 319 f). Dieser Autor errechnete beim Schlepper Pflugkosten von 16 Pt pro Feddan und Tag, beim Ochsengespann hingegen von 70 Pt.

Tabelle 17: Entwicklung der Preisindizes verschiedener Warengruppen (1953 = 100)

	1939	1940	1941	1942	1943	1944	1945	1946	1947	1948	1949	1950	1951	1952
Cost-of-living index	34	38	47	62	82	94	99	97	94	95	94	99	108	107
Retail price index	31	35	44	60	81	96	100	96	92	92	93	101	110	107
Wholesale price index	28	37	46	51	77	88	93	90	86	93	88	97	108	105
A. Foodstuffs:														
1. Cereals	35	34	51	68	80	91	100	99	87	86	84	89	94	91
2. Drairy products	27	32	41	56	83	102	114	108	100	96	102	113	120	112
3. Oils	27	39	47	61	80	102	95	95	111	106	97	95	115	107
4. Meat and fish	34	37	44	63	92	100	99	105	103	106	110	114	123	117
5. Sugar, tea and coffee	29	37	43	48	59	69	67	69	69	69	70	80	83	95
6. Others	27	34	43	72	96	101	101	106	97	98	91	102	105	104
Total	30	:	:	:	:	:	:	:	89	89	86	95	101	98
B. Industrial products:														
1. Fuels	32	41	69	72	77	82	82	80	79	83	84	87	87	97
2. Soap and chemicals	27	41	49	67	82	95	102	101	100	106	101	99	106	108
3. Paper	19	43	63	81	177	355	301	138	83	81	74	72	138	120
4. Building materials	22	41	54	62	69	79	121	94	90	92	83	77	89	108
5. Fertilizer	27	43	57	69	89	99	96	81	72	96	99	100	100	100
6. Metals	23	44	62	86	105	113	109	82	82	87	86	90	105	114
7. Textiles	22	32	34	42	54	63	67	63	65	77	71	83	100	115
8. Hides and skins	29	39	50	70	83	117	120	110	96	98	95	100	109	105
9. Pharmaceuticals	32	39	42	45	48	85	97	97	97	96	91	98	100	100
Total	6	:	:	:	:	:	:	:	81	96	89	99	116	113

Quelle: (Mead, 107, a.a.O., S.400f)

Tabelle 18: Entwicklung der Wochenlöhne in Industrie und Landwirtschaft (in Millième)

Jahr	Industrie nominal	Industrie real	Landwirtschaft nominal
1938	440	440	170
1943	830	340	350
1945	1.110	380	520
1947	1.275	455	-
1950	1.500	510	

Quelle: (Mead, 107, S. 116)

Völlig gegensätzlich zu den landwirtschaftlichen Löhnen verlief die Entwicklung der Pachtwerte und Bodenpreise. Steigerungsraten von 50-60 v.H. in realen und ca. 500 v.H. in laufenden Preisen (El-Ghonemy, 45, S. 3) sind deutliche Indikatoren für die Landverknappung.

In der Zusammenfassung der agrarwirtschaftlichen Entwicklung ist der Eindruck beherrschend, daß nach den Schwächen, die die freie Marktwirtschaft im ersten Weltkrieg offenbart hatte, eine deutliche Tendenz zu immer stärkeren staatlichen Eingriffen zu verzeichnen war, deren Wirksamkeit jedoch beschränkt blieb. Entscheidender waren die weltwirtschaftlichen Ereignisse, die zusammen mit produktionstechnischen Erfolgen eine zwischenzeitliche Abschwächung der Dominanz der Baumwolle zur Folge hatte, was aber wegen einer in der Nachkriegszeit einsetzender Boomperiode nicht von langer Dauer war.

6.2.4. Die wichtigsten Agrarprodukte

6.2.4.1. Baumwolle

Während der Wirtschaftskrisen zeigten sich die Gefahren der bisher betriebenen weltmarktorientierten Produktion, die nur dadurch gemildert wurden, daß bei Baumwolle ein relativ schneller Wechsel zu anderen Produkten und umgekehrt produktionstechnisch möglich war. Diese Flexibilität erlaubte den Produzenten, rasch auf die Gegebenheiten der Märkte zu reagieren.

Der zwischenzeitliche Bedeutungsverlust der Baumwolle wurde auf diese Weise in den Boomjahren nach dem Zweiten Weltkrieg wieder ausgeglichen, so daß die gesamtwirtschaftliche Bedeutung dieses Produkts weitgehend erhalten blieb. Nur die Position auf dem Weltmarkt war schwächer als zuvor,

Schaubild 5: Entwicklung der Durchschnittserträge/Feddan bei Baumwolle

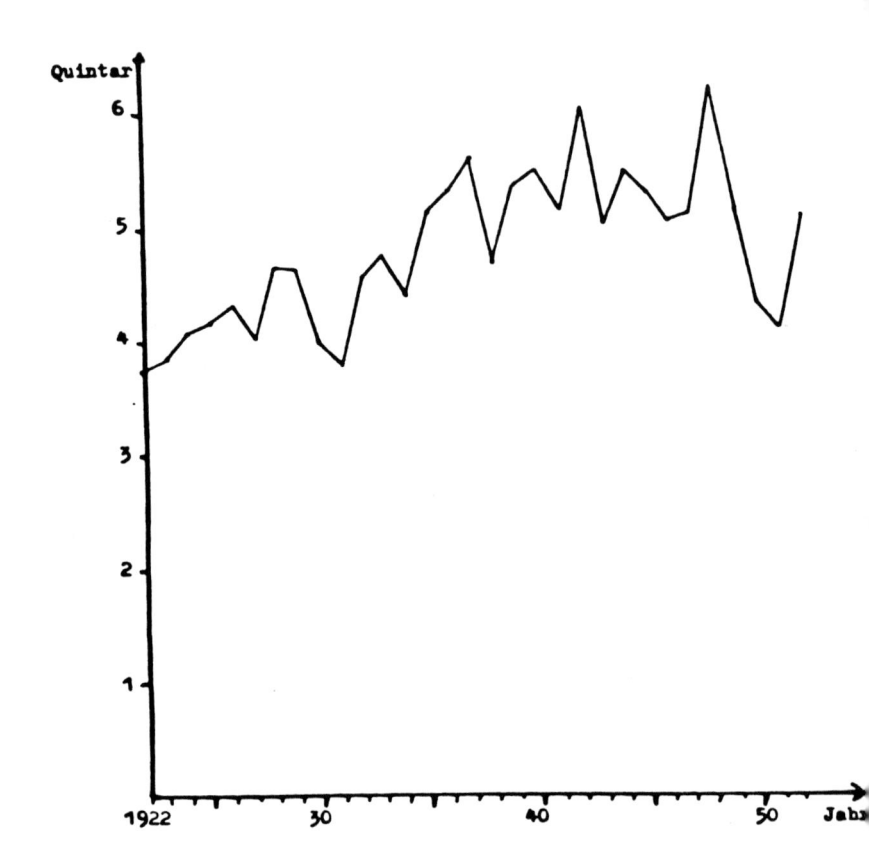

Quelle: Eigene Darstellung, n. (Ministère Des Finances, 113)

Schaubild 6: Die ägyptischen Baumwollausfuhren 1922-52

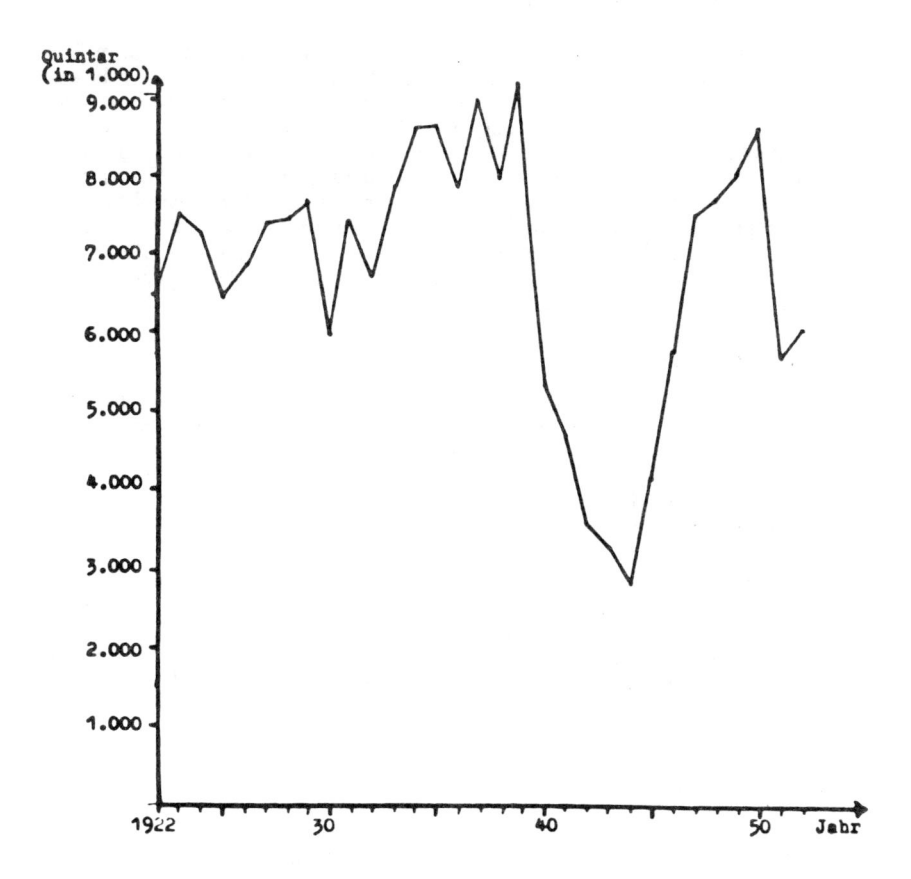

Quelle: Eigene Darstellung, n. (Ministère Des Finances, 113)

da konkurrierende Länder die teilweise von der Regierung bewirkte Verknappung der ägyptischen Baumwolle nutzten, um im internationalen Handel Fuß zu fassen (Issawi, 79, S. 122).

Die in den ersten Jahrzehnten des zwanzigsten Jahrhunderts negative Entwicklung der Erträge konnte durch eine Reihe von Maßnahmen gebremst und schließlich umgekehrt werden, wie Schaubild 5 zeigt. Neben erhöhten Düngergaben und Entwässerungsmaßnahmen trug vor allem das kurz vor der Unabhängigkeit eingerichtete Cotton Research Board viel zu diesem Erfolg bei, das für die Züchtung neuer Sorten verantwortlich war. Mit Giza 7, Giza 12 und Karnak gelang diesem Institut nicht nur die Gewinnung besonders ertragreicher Langfasersorten; auch die Resistenz gegenüber Schädlingen und Krankheitsbefall wurde deutlich verbessert (Simon, 158, S. 100 f), was nach der landesweiten Verbreitung dieser Pflanzen die Anfälligkeit des Gesamtbestands minderte.

6.2.4.2. Andere Produkte

Obgleich die Baumwolle nach dem zweiten Weltkrieg einiges von ihrer Bedeutung wiedergewann, war in den Krisenjahren das Bewußtsein vieler Landbewirtschafter über die Anfälligkeit dieser weltmarktabhängigen Produktion gewachsen, was u.a. im verstärkten Anbau von Gemüse im Einzugsbereich großer Städte, also vor allem in der traditionellen Baumwollregion Unterägypten, zum Ausdruck kam.

Unter den produzierten Nahrungspflanzen waren Mais, Weizen und Reis von besonderer Bedeutung, wobei nachhaltige Produktionssteigerungen nur beim vorwiegend für den Export produzierten Reis erzielt werden konnten. Bei den übrigen Nahrungspflanzen waren nur vor dem Zweiten Weltkrieg nennenswerte Produktionssteigerungen zu verzeichnen, während sich in der Folge Nahrungsmittelbedarf und -produktion immer weiter auseinanderentwickelten.

Im Zusammenhang mit einer deutlichen Zunahme des Tierbestandes, die vor allem auf verbesserte Seuchenkontrollen und erhöhte Anstrengungen zur Steigerung der Produktivität zurückzuführen war, erfolgte eine entsprechende Erhöhung der Bersimproduktion, die sich vor allem während des Krieges deutlich steigerte (Simon, 158, S. 156). Tabelle 19 zeigt die Steigerungen bei den wichtigsten Tierarten:

Tabelle 19: Entwicklung des Tierbestandes (in 1000)

Jahr	Kühe	Büffel	Schafe	Ziegen
1929	822	872	1.443	703
1939	1.217	961	1.842	1.032
1947	1.321	1.241	1.875	1.476

Quelle: (Issawi, 79, S. 120)

6.2.5. Technik der Landbewirtschaftung

Auch im Zeitraum von 1922-52 blieb das Gros der landwirtschaftlichen Geräte, u.a. bedingt durch Unkenntnis, niedrige Arbeitskosten und die geringe Größe der Schläge, auf ihrem im Vergleich zu westlichen Mustern wenig leistungsfähigen, traditionellen Stand. Der Einsatz moderner Geräte, wie z.B. Bewässerungspumpen und Traktoren, war zumeist auf die Großbetriebe beschränkt, die vor allem nach dem Zweiten Weltkrieg verstärkt die Kostenvorteile dieser Maschinen im Vergleich zur menschlichen und tierischen Arbeitskraft nutzten.

Mineraldünger hingegen eignete sich ähnlich wie die verbesserten Saatgutqualitäten auch für den Einsatz in kleineren Einheiten, so daß er von der Masse der Landbewirtschafter in immer größeren Mengen eingesetzt wurde. Vor allem Stickstoff, an dem die ägyptischen Böden recht arm sind, wurde in sehr hohen Mengen ausgebracht. So lag in der Zeit nach dem Zweiten Weltkrieg die durchschnittliche Gabe je ha Kulturland in Ägypten mit 44kg sehr hoch, während in Großbritannien 23 und in den USA nur 7kg eingesetzt wurden (Issawi, 79, S. 107).

Eine der folgenreichsten Entwicklungen während des vorangehenden Untersuchungszeitraums, die Umstellung auf eine zweijährige Rotation, rief wegen ihrer negativen Auswirkungen auf die Bodenqualität immer mehr Kritik hervor, war aber wegen der zumindest kurzfristig erzielbaren finanziellen Vorteile weiterhin sehr verbreitet (Anhoury, 9, S. 522).

Zudem hegten viele Landeigentümer und -bewirtschafter die Hoffnung, durch ein Bündel von komplementären Maßnahmen die schädlichen Folgen der Fruchtfolgeverkürzung begrenzen zu können. Neben den erwähnten Mineraldüngergaben zur Verbesserung der Nährstoffbilanz gehörte hierzu auch eine Erweiterung des Drainagenetzes, um dem Grundwasseranstieg, der Bodenversalzung und den ungünstigen Auswirkungen der Verringerung der Brachezeit auf die Böden zu begegnen. Zusätzlich boten sich noch Veränderungen der Anbautechnik an. Früheres und engeres Aussähen der Baumwolle ermöglichten eine frühere Ausreifung, was den Schädlingsbefall reduzierte (Richards, 141, S. 120 ff)

6.3. Wesentliche außerlandwirtschaftliche Bereiche

6.3.1. Verkehr und Infrastruktur

Das Rückgrat des ägyptischen Verkehrssystems sollte nach dem Willen der Regierung nach wie vor die Eisenbahn bilden, deren Konkurrenzfähigkeit gegenüber Fluß und Straße durch legislative, administrative und ökonomische Eingriffe zu sichern versucht wurde. Bis auf die starke Auslastung während des Krieges, die der Regierung hohe Einnahmen verschaffte, war dennoch eine Verlagerung vor allem des Frachtverkehrs von der Schiene aufs Wasser zu verzeichnen, während der Straßenverkehr besonders wegen des schlechten Zustands der meisten Straßen weiterhin das schwächste Glied im Transportsystem blieb.

Die Außenverbindungen wurden weiterhin hauptsächlich mit Schiffen von und nach Alexandria aufrechterhalten, während der Flugverkehr noch keine bedeutende Rolle spielte (Issawi, 79, S. 183 ff).

6.3.2. Die nichtlandwirtschaftlichen Wirtschaftszweige

Im Ersten Weltkrieg hatten sich die Gefahren der bis dahin praktizierten völligen Weltmarktabhängigkeit des Landes gezeigt, da durch die Störung der Handelswege deutlich weniger Fertigwaren eingeführt werden konnten, was zur Errichtung neuer Industriebetriebe führte. Nach Kriegsende verlangsamte sich wegen der Besserung der Baumwollkonjunktur die Dynamik der industriellen Entwicklung, obwohl sie von führenden Politikern als Instrument zur Durchsetzung größerer politischer und wirtschaftlicher Unabhängigkeit angesehen wurde.

Ein wirkungsvoller Schutz der neuen, teilweise noch nicht voll konkurrenzfähigen Industrien durch hohe Zölle war in den 20er Jahren noch nicht möglich, da Ägypten vertraglich verpflichtet war, einen Zollsatz von 8 v.H. nicht zu überschreiten (Issawi, 79, S. 140). Erst die Aufhebung dieser Bestimmung und die Verschlechterung der Absatzmöglichkeiten auf dem Baumwollmarkt induzierten in den 30er Jahren eine stärkere Orientierung auf die industrielle Entwicklung (Crouchley, 37, S. 227), die dann durch den Zweiten Weltkrieg neue Anstöße erhielt.

Im Gegensatz zum Ersten Weltkrieg bedeutete das Kriegsende 1945 nicht auch das Ende der industriellen Expansion. Die hauptsächlich in der Nahrungsmittel- und Tabakverarbeitung, der Textilherstellung sowie in wachsendem Maß auch in der Fertigung von Baumaterial, Mineralöl- und Metallprodukten tätigen Industriebetriebe konnten ihren Absatz auch in den

Nachkriegsjahren steigern, da hohe Zölle den ausländischen Konkurrenzdruck milderten und die Inlandsnachfrage sich verstärkte (Mead, 107, S. 100 ff).

Die ständig mehr Arbeitskräfte beschäftigende Industrie profitierte wie die Landwirtschaft vom Ausbruch des Korea-Kriegs, während die zu Beginn der 50er Jahre wachsenden Spannungen zwischen Großbritannien und Ägypten eher eine Belastung darstellten (Issawi, 79, S. 142). Aber auch die anderen nichtlandwirtschaftlichen Zweige der Volkswirtschaft, vor allem die Dienstleistungen, hatten bedeutende Beschäftigungszunahmen zu verzeichnen, wobei insbesondere die Ausweitung der Zahl der Staatsbediensteten hervorzuheben ist. Von den 800.000 Arbeitskräften, die zwischen 1937 und 1947 zusätzlich auf den Arbeitsmarkt drängten, fanden fast 20 v.H. im öffentlichen Dienst Anstellung (Mead, 107, S. 134).

6.3.3. Ausländische Einflüsse in Wirtschaft und Politik

In Folge der zunehmenden außenpolitischen Unabhängigkeit wurde auch die vor allem ökonomisch starke Stellung von Ausländern in Ägypten zunehmend in Frage gestellt. Während bis zum Ersten Weltkrieg mit Ausnahme der Landwirtschaft und mancher Zweige des Binnenhandels alle Bereiche der ägyptischen Wirtschaft von Ausländern beherrscht wurden, begann seit den 20er Jahren die einheimische Beteiligung zu wachsen. Diese Tendenz wurde staatlicherseits in der Folgezeit durch verstärkte Ausbildungsmaßnahmen, ökonomische Förderungen sowie insbesondere die Gründung der Misr-Bank verstärkt. Letztere trug nicht nur durch Vergabe von Krediten viel zur Erhöhung der Aktivitäten ägyptischer Unternehmer bei, sondern war auch direkt an Firmen beteiligt (Al-Gritly, 5, S. 443 ff).

Demgegenüber stuften Ausländer Investitionen in Ägypten zunehmend als unsicher und zudem wenig erfolgversprechend ein, da ihre juristische Sonderstellung, die in vielen Bereichen eine Art Immunität darstellte, 1937 entscheidend geschwächt wurde (Issawi, 78, S. 172). Obgleich es wegen der Annahme der ägyptischen Staatsbürgerschaft durch Ausländer zu Verzerrungen kam, zeigt doch die für 1947 ausgewiesene Zahl von 30.600 ägyptischen Eigentümern von Industriebetrieben im Vergleich zu 1.000 Ausländern, daß sich seit der Unabhängigkeit eine Umkehrung der Gewichte vollzogen hatte. Auch im Bereich der Spezialisten und Techniker, einer klassischen Domäne der Ausländer, bildeten die Ägypter nach dem Zweiten Weltkrieg die Mehrheit, wenngleich die Ausbildung im Rahmen des verstärkt geförderten Bildungssystems weiterhin große Mängel zeigte (Issawi, 9, S. 155).

Die schon im letzten Bewertungszeitraum wesentlich verringerte finanzielle Abhängigkeit vom Ausland konnte während des Zweiten Weltkriegs weiter vermindert werden, so daß die Handlungsfähigkeit Ägyptens in dieser Hinsicht gewahrt wurde. Bemerkenswert war nach dem Krieg die verstärkte Aktivität der USA als Kreditgeber, die das erhöhte Engagement dieser Macht im Mittleren Osten verdeutlicht (United Nations, 171, S. 108).

6.3.4. Handel mit dem Ausland

Der Umfang des ägyptischen Außenhandels hing stark von der Baumwollkonjunktur ab, da sich der Anteil der Rohbaumwolle nach einem Rückgang in den 30er Jahren wieder auf 80 v.H. (1947-49) erhöhte (Mead, 107, S. 159). Daneben erreichten nur noch die Reis- und Zwiebelexporte nennenswerte Bedeutung (Issawi, 79, S. 199). In Phasen mit relativ guten Baumwollpreisen und entsprechend hohen Exporten, wie zwischen 1921-29 und 1947-50, lagen auch die Einfuhren auf hohem Niveau, während sich in der Weltwirtschaftskrise die ungünstigen Absatzbedingungen für Baumwolle in einem Absinken der Importe niederschlugen.

Nur im Zweiten Weltkrieg lief die Entwicklung der Ex- und Importe auseinander, da zwar die Ausfuhren wegen der Störung der Schiffahrtswege und der Einschränkung des Baumwollanbaus zugunsten von Getreide zurückgingen, die vor allem zur Versorgung der alliierten Truppen bestimmten Importe jedoch anstiegen, so daß der Importüberschuß zwischen 1940-45 98.000.000 £.E. erreichte (Issawi, 80, S. 39).

Die mit Ausnahme der Kriegszeit rasche Anpassung der Einfuhrmenge an die Exporte wurde durch ihre Zusammensetzung begünstigt. Fertigwaren, Gebrauchs- und Luxusgüter waren wesentliche Komponenten, deren Ausfall jedoch keine bedrohlichen gesamtwirtschaftlichen Folgen hatte (Harris, 63, S. 250). Nur die wachsenden Düngemittel- und vor allem Getreideimporte schränkten die schnelle Anpassungsfähigkeit ein.

6.3.5. Die öffentlichen Finanzen

Auf der Einnahmeseite trat die einst so wichtige Grundsteuer immer mehr in den Hintergrund, während Zolleinnahmen, wie z.B. auf Tabak, den Hauptanteil bildeten. Dem deutlichen Anstieg der Staatseinnahmen von 15.022.000 £.E. vor dem Ersten Weltkrieg auf 103.402.000 £.E. 1946/47 standen bis auf die Jahre vor der Revolution, Ausgaben in ähnlicher oder sogar geringerer Höhe gegenüber, so daß die Bildung eines Reservefonds möglich wurde (Mead, 107, S. 380) und die finanzielle Situation als solide bezeichnet werden kann.

6.4. Erklärung und Wertung der dargestellten Vorgänge

6.4.1. Ökonomische Interpretation

Stärker als in der britischen Herrschaftsperiode wurde in der konstitutionellen Monarchie die *unternehmerische Entscheidungsfreiheit* der unabhängigen Landeigentümer und -bewirtschafter eingeengt. Teils geschah dies aus interessenpolitischen Gründen, teils sollte eine bessere Grundversorgung erreicht werden. Zusammen mit diesen vielfältigen agrarpolitischen Eingriffen trugen die zeitweise schwierigen Absatzbedingungen für Baumwolle sowie das Anwachsen der außerlandwirtschaftlichen Bereiche dazu bei, die bis dahin absolut dominierende gesamtwirtschaftliche Stellung der Baumwolle zu mindern. Eine grundsätzliche Abkehrung von dieser *Hauptproduktionsrichtung* fand jedoch nicht statt. Gleiches gilt für den *Anteil des Agrarsektors an der Gesamtwirtschaft*, dessen Dominanz durch die Ausweitung des Dienstleistungsbereichs zwar beeinträchtigt wurde, der aber auf Grund einer nur in Ansätzen erkennbaren Industrialisierung weiterhin der einzige 'produktive' Bereich von Bedeutung blieb.

Die zeitweise gesunkene Attraktivität des Baumwollanbaus verringerte sowohl beim Staat als auch bei Privatleuten den Anreiz für kostspielige Neulandkultivierungen, die zudem im Rahmen der bisher praktizierten Technik an ihre Grenzen stießen.

Staatlicherseits wurden zwar zumindest gegen Ende der Herrschaftsperiode Projekte in größeren technischen Dimensionen geplant, wie ein Hochdamm bei Assuan oder das Kattara-Senken-Projekt, zur Durchführung kamen aber nur Maßnahmen im Rahmen des bereits bestehenden Systems. Der hierfür erforderliche Einsatz von *Kapital* war zwar beachtlich, erreichte aber nicht die Bedeutung früherer Jahrzehnte. Dies gilt auch für die vormals so wichtigen ausländischen *Kapitalquellen*. Neben der geringeren Rentabilität der Agrarproduktion hielten sie sich auch aus Sicherheitsüberlegungen zurück, da nun Großbritannien nicht mehr als Garant fungierte.

Beachtliche Fortschritte konnte die Monarchie demgegenüber auf einem Gebiet erzielen, das von den Briten deutlich vernachlässigt worden war: der Bildung von *Humankapital*. Das kurz nach der Unabhängigkeit vergrößerte und verbesserte Ausbildungssystem war trotz seiner vielen Mängel eine wichtige Basis für die 'Ägyptisierung' der Berufsgruppen mit höheren Anforderungen.

Analog zu den wachsenden Schwierigkeiten bei der in früheren Jahrzehnten so eindrucksvoll betriebenen Ausdehnung des Faktors *Boden* erhöhte sich nun auch in Zeiten schlechter Konjunktur der Anreiz zum Einsatz von *Kapital* in Form von Maßnahmen, die die *Produktivität des knappen Bodenbestandes* sichern und erhöhen sollten. Aber auch Bodenspekulation erschien

Kapitaleignern als so lukrativ, daß viele eher in diesem Bereich als in der noch jungen Industrie investierten. Die Knappheit des Faktors *Boden* entzog somit unter der Rahmenbedingung der weiterhin bestehenden, extreme Ungleichheit tolerierenden Agrarverfassung dem volkswirtschaftlichen Bereich dringend benötigtes Kapital, der für viele Menschen ohne ausreichenden Zugang zum Boden die einzige alternative Beschäftigungsmöglichkeit bot.

Neben die schon bisher betriebene Erhöhung der Anbaufläche durch den Übergang zur ganzjährigen Bewässerung und die Sicherung des Faktorbestandes durch verbesserte Entwässerung traten zunehmend *flächenproduktivitätssteigernde Maßnahmen*, die teils, wie die Verbesserung des Saatguts, im Inland entwickelt wurden, teils aber auch, wie die Importdüngemittel, relativ preiswert aus den Industrieländern übernommen werden konnten. Im Gegensatz zum vorangehenden Herrschaftsabschnitt, in dem bei konstanten oder sogar sinkenden Erträgen eine Erhöhung des Outputs durch Erweiterung des Angebots an Boden erreicht wurde, stand die Zeit der Monarchie daher im Zeichen *nahezu unverändertem Einsatz von Boden* im Zeichen deutlicher Ertragssteigerungen. Diese konnten zwar den Bevölkerungsanstieg nicht kompensieren, trugen aber dazu bei, die durch den ungehemmten *Anstieg des Arbeitskräfteangebots* zunehmend verschobenen Faktorproportionen nicht völlig aus dem Gleichgewicht geraten zu lassen.

Die *Entlohnung des Faktors* Boden war, wie auch durch die Spekulationen deutlich wurde, den Knappheitsverhältnissen entsprechend hoch, wenn auch der unruhige Konjunkturverlauf und die somit schwankenden Ertragswerte nicht ohne Auswirkungen auf Kaufpreise und Pachtwerte blieben. In den Genuß der hohen *Faktorentlohnung* kam aber nur die kleine Schicht derer, die große Flächen kontrollierten. Demgegenüber war die mit quantitativ relativ geringen und zudem durch starke Zersplitterung qualitätsgeminderten Bodenzugangsrechten ausgestattete Masse der Landbewirtschafter auf zusätzliche Einkommensquellen angewiesen.

Das Regelungssystem für den Zugang zum *knappen Faktor Boden* entsprach somit immer weniger den Erfordernissen, was in der hohen landesweiten Verbreitung der Pacht zu für den Pächter oft ungünstigen Bedingungen sowie im Ausweichen vieler Kleinbetriebe auf die *arbeitsintensive Tierhaltung* zum Ausdruck kommt. Die bestehende Agrarstruktur, die ihre Wurzeln in einer Zeit hatte, als Ägypten ein dünnbesiedeltes Land war, bedurfte dringend einer Neuorientierung. Dies galt umso mehr, als auch für die Zukunft mit einem stetig *steigenden Angebot an landwirtschaftlichen Arbeitskräften* gerechnet werden mußte, so daß die gegenwärtig schon in vieler Hinsicht an Ricardos Grundrententheorie erinnernde Situation sich eher verschlimmern würde.

Zwar bewirkten nun die neu entstandenen Arbeitsmöglichkeiten in der Industrie und im Dienstleistungsbereich sowie die weitere Ausdehnung der

Dauerbewässerung auch eine Steigerung der Nachfrage nach Arbeitskräften. Die manuelle Ausbringung der großen Düngermengen erforderte einen höheren Personaleinsatz, eine durch die Ausdehnung der Dauerbewässerung bei unzureichender Entwässerung geförderte Verbreitung von Krankheiten verursachte durch Schwächung der einzelnen Arbeitskräfte eine tendenzielle Reduzierung des Arbeitskräfteangebots.

Dem standen jedoch das durch Verbesserungen im Gesundheitswesen noch erhöhte Bevölkerungswachstum sowie weiterhin verschlossene Auswanderungsmöglichkeiten gegenüber, was insgesamt einen dämpfenden Einfluß auf die *Entlohnung des Faktors Arbeit* hatte. Maßnahmen zur Steigerung der *Arbeitsproduktivität* erschienen auf Grund des Faktorüberangebots während fast des gesamten Herrschaftsabschnitts als wenig attraktiv. Erst die Möglichkeit, in einem völlig anderen Umfeld entwickelte, durch industrielle Massenproduktion preiswert herstellbare Verfahren zu importieren, hatte *Ansätze einer Mechanisierung* zur Folge.

So kam es in den letzten Jahren der Monarchie zu *Steigerungen der Arbeitsproduktivität* auf der Basis von Preisen, die nicht den Knappheitsverhältnissen der Faktoren in Ägypten, sondern in den Industrieländern entsprachen. Unter mikroökonomisch durchaus korrekten Voraussetzungen wurde auf eine Weise Agrarproduktion betrieben, die makroökonomisch bedenklich war.

6.4.2. Soziologische Interpretation

Während in den vorangegangenen Jahrzehnten die *grundlegenden sozialen Prozesse* Differenzierung und Individualisierung das dörfliche und ländliche Leben prägten und die traditionellen, auf Zusammenarbeit ausgelegten *Institutionen* allmählich verdrängten, setzten in der Monarchie bald Tendenzen ein, die eindeutig auf einen zunehmenden Organisationsgrad hinzielten. Teils geschah dies als Reaktion auf veränderte Rahmenbedingungen, teils wurde es seitens der Regierung gefördert.

Das für den ländlichen Bereich wichtigste Element hierunter, das auch kooperative Züge aufwies, waren die Anfänge der Genossenschaftsbewegung, auch wenn deren endgültiger Durchbruch erst im folgenden Herrschaftsabschnitt gelang. Hinzu kamen die politischen Parteien und Vereinigungen, von denen zumindest einige landesweite Organisationen hatten, die auch die Dörfer erreichten, sowie die vor allem in den letzten Jahren vergrößerte Armee.

Kontakte mit derartigen translokalen Institutionen und Organisationen sowie verwandtschaftliche Beziehungen mit im Verlauf der Urbanisierung in die Städte abgewanderten Familienmitgliedern hatten bei vielen Landbewohnern sicherlich eine Erweiterung des Lebensbereiches und das Kennenlernen urbaner Lebensweisen zur Folge. So fanden z.b. Fragen von nationaler Bedeutung, vor allem die Ausgestaltung der Beziehungen zur ehemaligen Protektoratsmacht England, auch Eingang in die Dörfer. Hier war die erforderliche Aufnahmebereitschaft und -fähigkeit durch die Verbesserung des Schul- und Ausbildungswesens, ebenfalls eine *Institution*, die einen zunehmenden Organisationsgrad wiederspiegelt, gestärkt worden war.

Trotz der auch weiterhin noch geringen Leistungsfähigkeit der ländlichen Bildungs- und Ausbildungseinrichtungen[5] blieben die *Werte, Einstellungen und Verhaltensweisen der ländlichen Bevölkerung* unter dem Gesamteinfluß der oben genannten Faktoren nicht unverändert, was sich u.a. in der gestiegenen Bereitschaft zur der ägyptischen Tradition widersprechenden Mobilität zeigt. Die in den meisten Fällen weiterbestehenden, vor allem ökonomisch bedingten *Abhängigkeiten* übten jedoch auf die *Verhaltensweisen* vieler Landbewirtschafter einen Anpassungszwang aus. Der Umsetzung von besserer Ausbildung und höherem sozialen Bewußtsein standen die alten *ländlichen Machtstrukturen* gegenüber, innerhalb derer ein Ausgleich kaum möglich schien, zumal sich die Großgrundbesitzer von passiven Stützen zu aktiven Trägern des Systems entwickelt hatten. Sie waren somit auch auf nationaler Ebene in der Lage, ihr Verständnis von der Rolle der Landwirtschaft als eigener Einkommensquelle umzusetzen. Die Aufrechterhaltung der bestehenden ländlichen Machtverteilung gelang.

Die immer offensichtlicher werdende Diskrepanz zwischen wachsenden Ansprüchen und konstant gehaltener Realität hatte *im gesellschaftlichen Rahmen* nur solange keine praktischen Auswirkungen in Form von revolutionären Handlungen, wie sich die wichtigsten Machtinstrumente des Systems und damit der Führungsschicht konform verhielten und die politischen Ambitionen der immer noch relativ kleinen, aber wachsenden Mittelschicht aus Furcht vor zu weitgehenden sozialen Veränderungen beschränkt blieben. Zu den wichtigsten Stützen des Staates zählten der Beamtenapparat sowie die Sicherheitskräfte, Armee und Polizei. Die auf Grund einer steigenden Zahl von höherqualifizierten Schulabgängern und der damit einhergehenden Furcht vor einem akademischen Proletariat stark ausgeweitete Bürokratie entwickelte sich zu einem zunehmend unsicheren Faktor. Ihre Leistungsfähigkeit hielt nicht mit der quantitativen Vergrößerung Schritt. Zudem hatte die relativ restriktive Haushaltspolitik der Regierung ein Absinken der Reallöhne zur Folge, was die politische Unzufriedenheit förderte.

Von entscheidender Bedeutung war jedoch die Haltung der Armee, die vor allem nach der Niederlage im Palästinakrieg der herrschenden Staatsform

---

[5] Zur Einschätzung des ägyptischen Bildungssystems siehe auch: (Radwan, 131)

immer weniger die Bewältigung der künftigen Probleme zutraute. Im Gegensatz zu den erstarkenden zeitgenössischen Parteien und Vereinigungen, von denen die Moslem-Bruderschaft die schlagkräftigste war, hatte sie die innenpolitischen Machtmittel, ihre gewandelten Vorstellungen auch in die Praxis umsetzen zu können.

Die Entwicklung revolutionärer Ansätze gerade in führenden militärischen Kreisen ist nicht aus westlichen Traditionen zu erklären, sondern eher aus der Rolle der Armee als einem Bereich, der mit als erster Zugang zu westlichen Techniken und Ideen bekam, was sich auch in der 'Urabi'-Revolte von 1882 zeigte. In diesem Zusammenhang ist auch die Zusammensetzung des Offizierskorps wichtig. Im Gegensatz zu westlichen Ländern, in denen die Rekrutierung von Angehörigen der Oberklasse ein konservatives Element schuf, war in Ägypten wie in anderen orientalischen Ländern die schmale, auch ländliche Mittelklasse Hauptquelle des Führungsnachwuchses (Toynbee, 167), also eine Schicht, deren soziale Stellung nicht voll ihrer wachsenden ökonomischen Bedeutung entsprach.

Diese Schicht sah vor allem in den semifeudalen Gesellschafts- und *Machtstrukturen* auf dem Land das Haupthindernis dafür, daß die Ressourcen der Landwirtschaft in der weiteren nationalen Entwicklung für produktive anstatt wie bisher für konsumptive Zwecke genutzt werden konnten.

Die Beseitigung insbesondere der ökonomischen Verzerrungen und ihrer Folgen, wie Bindung von zum Aufbau der Industrie benötigtem Kapital durch überhöhte Bodenpreise, hohes, von der herrschenden Schicht gefördertes Bevölkerungswachstum zur Bereitstellung billiger Arbeitskräfte u.s.w., also die Reorganisierung des ländlichen Zusammenlebens, nahm einen zentralen Platz in ihren Vorstellungen ein, die zeitbedingt und wegen der Möglichkeit zur zentralen Lenkung zunehmend sozialistische Züge annahmen.

6.4.3. Agrarpolitische Interpretation

Offizieller Träger der Politik und *Agrarpolitik* war die vom König ernannte Regierung , deren Verflechtungen mit der Großgrundbesitzerschicht sehr eng waren. Infolgedessen waren die Anliegen dieser relativ kleinen Gruppe für die Ausrichtung der Politik und insbesondere der Agrarpolitik weitgehend bestimmend. Den Belangen breiter Bevölkerungsgruppen, deren sich in Wahlergebnissen ausdrückende Willenskundgebungen durch den Monarchen umgangen werden konnten, wurde demgegenüber trotz teilweise sehr ungünstiger volks- und weltwirtschaftlicher Rahmenbedingungen und entsprechend schlechter Lebensumstände nur unzureichend Rechnung getragen.

Die Regierung war nicht gewillt, eine grundlegende Neuordnung der ländlichen Besitzverhältnisse vorzunehmen, die noch aus einer Zeit mit völlig anderen ökonomischen und sozialen Voraussetzungen stammten. Die unter diesen Umständen erforderliche Forcierung der industriellen Entwicklung begann jedoch spät und reichte u.a. wegen der durch die unvorteilhafte Agrarstruktur ausgelösten ökonomischen Verzerrungen nicht aus.

In den *Grundzügen der Agrarpolitik* finden sowohl internationale Einflüsse als auch die der dominierenden inländischen Gruppen ihren Niederschlag. Vor dem Hintergrund einer Weltwirtschaft, in der vor allem während der großen Depression die Gültigkeit der Lehren des klassischen Liberalismus zunehmend angezweifelt wurde, erfolgten auch in Ägypten mehr und mehr dirigistische Eingriffe, die in der Summe ihrer Wirkungen eine stärkere Abschottung nach außen und eine zumindest zeitweise Produktdiversifizierung im Inneren verursachten. Der wachsende außenpolitische Spielraum des Landes war hierfür eine wichtige Voraussetzung.

Die unter dem Eindruck der Weltwirtschaftskrise inbesondere von Keynes entwickelten neuen wirtschaftspolitischen Ansätze, die dem Staat mit seiner Ein- und Ausgabenpolitik die zentrale Rolle bei der Sicherung der Vollbeschäftigung einräumten, fanden demgegenüber in Ägypten nur sehr begrenzt Eingang in die praktische Politik. Die immer noch zu zahlenden Tilgungen der in früheren Jahrzehnten entstandenen Staatsverschuldung stellte zwar keine echte Belastung mehr dar, veranlaßte die Regierung aber, den alten klassischen Leitsatz des Budgetausgleichs weiterhin zu respektieren, insbesondere um die neugewonnene außenpolitische Handlungsfreiheit nicht wieder zu gefährden.

Als wirtschafts- und *agrarpolitisches Hauptziel* wie während der britischen Zeit ist der Budgetausgleich jedoch wegen der erreichten Stabilisierungserfolge nicht mehr anzusehen. Das *eigentliche Hauptanliegen* der Regierung bestand vielmehr in der Wahrung der Interessen und des Besitzstandes der Großgrundbesitzerschicht, was auch durch die wenigen zugunsten breiterer Bevölkerungskreise ergriffenen Maßnahmen kaum kaschiert wurde.

Ein *wesentlicher Bereich* der agrarpolitischen Aktivitäten war dementsprechend die Sicherung der ökonomischen Basis der herrschenden Schicht als Grundvoraussetzung für deren weitere politische und soziale Dominanz. Die hierfür ergriffenen *ordnungspolitischen Instrumente* waren, wie z.B. die teilweise Übernahme von Privatschulden durch den Staat, außergewöhnlich weitreichend und standen im Gegensatz zu den zugunsten der Kleinbauern ergriffenen Initiativen, die im wesentlichen aus dem schon zur britischen Zeit relativ unwirksamen Instrument des Verkaufs von Staatsland bestanden.

Besonders deutlich wird die ausgeprägte Interessenpolitik der ägyptischen Regierung im *Bereich* der landwirtschaftlichen Märkte. Hier wurde schon in Jahren mit relativ guter Konjunktur und erst recht während der Weltwirtschaftskrise versucht, die Preise für die vor allem von den Großbetrieben produzierte Baumwolle zu stützen. Sowohl *ordnungspolitische Instrumente*, wie die Begrenzung der Anbaufläche, als auch *ablaufpolitische*, wie staatliche Käufe, dienten diesem Zweck.

Die ergriffenen Maßnahmen sollten angebotsverknappend wirken; unberücksichtigt blieb seitens der Regierung jedoch, daß außer den drei traditionellen Baumwollproduzenten USA, Indien und Ägypten auch andere Länder begannen, auf dem Weltmarkt Fuß zu fassen, was durch die agrarpolitischen Eingriffe der ägyptischen Regierung erleichtert wurde. Einige dieser Staaten produzierten zudem Langfasersorten, was die direkte Konkurrenz zu Ägypten noch verstärkte. Hinzu kamen die neuentwickelten Kunstfasern, deren Verfügbarkeit auf den Weltmärkten ständig stieg.

Der unaufhaltsame Preisverfall während der Krisenjahre bei dem Produkt, das für die gesamte Volkswirtschaft, aber auch besonders für den Großgrundbesitz von entscheidender Bedeutung war, führte schnell zum Versuch, die Produktion zu diversifizieren. Bei der Wahl der neben den Anbauflächenbeschränkungen zu diesem Zweck eingesetzten *Instrumente*, Schutzzölle und Ausfuhrsubventionen, mußte dies zwangsläufig zur Teilabkopplung des Binnenmarktes und zur Belastung ärmerer Bevölkerungsgruppen führen. Preiskontrollen, die als *ablaufpolitisches Instrument* dem entgegenwirken sollten, kamen spät und waren wohl in erster Linie zur Beruhigung der angespannten innenpolitischen Lage bestimmt.

Auf Grund der großen Bedeutung, die die Landwirtschaft immer noch für Ägypten hatte, bildeten auch die Bemühungen zur Steigerung ihrer Leistungsfähigkeit weiterhin einen *wichtigen Bereich* der Agrarpolitik. Neben der Verbesserung des staatlichen Ausbildungssystems fanden auch unter der Monarchie die in diesem *Bereich* schon traditionellen *Instrumente*, wie die Verbesserung des Bewässerungssystems und der Infrastruktur, Verwendung, wenn sie auch nicht denselben revolutionären Charakter wie in früheren Zeiten hatten. Derartig nachhaltige Auswirkungen bewirkten im Gegensatz zur britischen Zeit die durch Saatgutverbesserung und hohen Düngemitteleinsatz erreichten Ertragssteigerungen, in deren Dienst auch die neugegründeten Genossenschaften als staatliches Medium zur Verteilung von Inputs traten.

Obwohl bei den *Auswirkungen der Agrarpolitik* durchaus positive Elemente zu erkennen sind, wie z.B. bei der Verbesserung des Ausbildungssystems, der Einführung von Genossenschaften und den Bewässerungsmaßnahmen, überwiegen die einer so nachhaltig betriebenen Interessenpolitik immanenten Folgen. Überkommene ökonomische und soziale Strukturen, die zur Zeit ihrer Entstehung durchaus adäquat waren, wurden innerhalb des Systems von allen Änderungsimpulsen abgeschottet, so daß im Laufe der Zeit Reformen des bestehenden Systems nicht mehr ausreichend waren, um die Funktionsfähigkeit des Ganzen wiederherzustellen.

Daß die dabei ergriffenen Maßnahmen einen zunehmend dirigistischen Charakter bekamen, wie z.b. auf ökonomischem Gebiet Preiskontrollen und Fünf-Jahres-Pläne, setzt die Entwicklung seit der Zeit der Khediven fort, in der der freie Markt mehr und mehr eingeschränkt wurde. Gleichzeitig ist unter diesem Aspekt ein folgerichtiger Übergang zur Politik des 'Arabischen Sozialismus' gegeben.

Fazit:

Die konstitutionelle Monarchie lebte in wesentlichen Bereichen von der Substanz des bisher Geschaffenen. In keinem wurden wirklich zukunftsträchtige Initiativen entwickelt, ja meist nicht einmal versucht. Vor allem in Anbetracht der zeitweise sehr schwierigen ökonomischen Verhältnisse hatte diese Passivität fatale Folgen. Weder gelang es, angesichts der Bevölkerungsentwicklung erforderliche produktive außerlandwirtschaftliche Wirtschaftszweige aufzubauen, noch gelang aus vordergründig interessenpolitischen Gründen die Anpassung der institutionellen und rechtlichen Rahmenbedingungen an die veränderten demographischen Verhältnisse im ländlichen Raum.

7. Republik - 'Arabischer Sozialismus' und Politik der Öffnung (1952 -)

7.1. Das politische Umfeld

Schon bald nach dem Umsturz von 1952 zeigte sich, daß es den 'Freien Offizieren' an einer einheitlichen Ideologie fehlte, da die Bandbreite der politischen Einstellungen unter ihnen sehr groß war. Erst allmählich bildete sich durch die Reaktion auf außen- und innenpolitische Herausforderungen eine Grundrichtung heraus, die sich als 'Arabischer Sozialismus' verstand und vor allem von Nasser propagiert wurde.

Zunächst übernahm aber nicht dieser, der eigentliche Führer der 'Freien Offiziere', die Leitung des Staates, sondern der ältere General Nagib. Nach anfänglicher Tolerierung von Parteien griff die Militärregierung wegen des unruhigen politischen Klimas schnell zu repressiven Maßnahmen, wie Außerkraftsetzung der Verfassung und Verbot von Parteien, um ihre immer radikaler formulierten revolutionären Vorstellungen z.B. im Agrarbereich durchsetzen zu können. Nagib, der als Befürworter eines allmählichen Demokratisierungsprozesses galt, wurde von Nasser entmachtet, der die als einzige politische Organisation zugelassene 'Nationalunion' gründete und als Staatspräsident der uneingeschränkte Führer des Landes wurde.

Kennzeichnend für die Nasser-Ära waren starke staatliche Initiativen zur Entwicklungsförderung, die allerdings in vielen Bereichen, z.B. in der Industrie, die hochgesteckten Erwartungen nicht voll erfüllten. Letzteres ist zumindest zum Teil auf die Belastung während des Krieges 1956, aber auch auf die im Rahmen der außenpolitischen Hinwendung zur Sowjetunion vollzogenen Verstaatlichungsmaßnahmen zurückzuführen.

Nicht diese Verlagerung der Position im west-östlichen Kräftefeld war jedoch das entscheidende Merkmal der Außenpolitik Nassers, sondern der Aufstieg Ägyptens zur panarabischen Führungsmacht mit gewichtiger Stellung innerhalb der Bewegung der Blockfreien. Verschiedene Vereinigungsansätze mit anderen arabischen Staaten blieben aber auf Grund der unterschiedlichen Interessen der einzelnen Länder erfolglos, so daß sich Ägypten wieder stärker auf die Durchsetzung des 'Arabischen Sozialismus' im eigenen Land besann.

Die 'Arabische Sozialistische Union' wurde anstelle der ineffektiv gebliebenen, ideologisch zu wenig abgesicherten N.U. als Einheitspartei gegründet, die Kontrolle des Staates über die Wirtschaft nach sozialistischem Muster stark ausgedehnt. Fortdauernde wirtschaftliche Probleme, immens hohe Militärausgaben sowie die Niederlage 1967 vergrößerten in der Folgezeit die vor allem finanzielle Abhängigkeit Ägyptens vom Ostblock und den Ölstaaten.

Beim Tod Nassers 1970 sah sich das Land Problemen in einer Größenordnung gegenüber, die eine Neuorientierung der bisherigen Politik nahelegten.

Nassers Nachfolger Sadat ging nach erfolgreicher Festigung seiner innenpolitischen Position und den Erfolgen im Jom-Kippur-Krieg daran, diese Neuorientierung nach und nach zu vollziehen. Die Lösung der Bindungen zur Sowjetunion und die in den Camp-David-Verträgen sich ausdrückende neue Westorientierung waren die Hauptmerkmale auf außenpolitischem, die 'Open Door Economic Policy' auf wirtschaftlichem Gebiet. Aber gerade letztere zeigt auch, daß nicht das nasseristische System beseitigt werden sollte, sondern nur dessen negative Begleiterscheinungen. Neben der Verstärkung privater Aktivitäten sollte die Führungsrolle des unter Nasser entstandenen großen öffentlichen Sektors erhalten werden.

Die parallel erfolgende innenpolitische Lockerung, die z.B. in der schrittweisen Umwandlung in ein Mehrparteiensystem zum Ausdruck kommt, eröffnete aber auch den Gegnern Sadats, vor allem der Moslembruderschaft, größere Handlungsmöglichkeiten. Gestärkt durch das in weiten Bevölkerungskreisen verbreitete Unbehagen über die im Zuge der neuen Wirtschaftspolitik gewachsenen sozialen Unterschiede und die Isolation des Landes in der Arabischen Welt gelang den Regimegegnern 1981 ein Attentat auf den Präsidenten. Dessen Nachfolger Mubarak scheint im Kräftefeld zwischen innenpolitischen Forderungen und Erfordernissen sowie außenpolitischen Zwängen die Politik seines Vorgängers zumindest in vielen Bereichen fortzuführen. Eine endgültige Wertung seiner Präsidentschaft ist naturgemäß noch nicht möglich.

7.2. Agrarsektor und ländlicher Raum

7.2.1. Ländliche Besitz- und Sozialstruktur

Eines der ersten Großprojekte, das die Revolutionsregierung 1952 in Angriff nahm, war eine Agrarreform. Durch diesen weithin sichtbaren Versuch, die soziale Ungerechtigkeit auf dem Land, also im Lebensbereich der Mehrheit der Bürger, zu verringern, wollte das neue Regime die Unterstützung der Massen gewinnen und die Machtbasis der alten Herrschaftselite schmälern. In mehreren Stufen wurden von 1952 bis 1969 jeweils verschärfte Gesetze verabschiedet, die für eine Korrektur der ungleichen Verteilung sorgen sollten.

Dabei spielte die Festsetzung von Obergrenzen für den privaten Bodenbesitz eine besondere Rolle. Zunächst wurden 1952 im ersten Landreformgesetz 200 Feddan pro Eigentümer plus 100 Feddan für die Kinder als Höchstwert festgelegt, wobei die ehemaligen Großgrundbesitzer das Recht zugestanden bekamen, innerhalb eines Zeitraums von fünf Jahren überzähliges Land in höchstens fünf Feddan großen Parzellen an ihre ehemaligen Pächter zu verkaufen (Radwan, 133, S. 14). Da diese Verkäufe mit ca. 145.000 Feddan aber schnell eine für die Regierung unerträglich hohe Dimension erreichten und das Kapital oft für Luxuskonsum verwendet wurde, verfügte der Staat bereits im Oktober 1953 ein Verbot dieser Praktiken (Eshag; Kamal, 50, S. 78). An ihre Stelle traten Enteignungen mit anschließender Weiterverteilung des Landes an Kleinbauern, Pächter und Landarbeiter.

Da es nicht wenigen Großgrundbesitzern gelang, die Höchstgrenzenverordnung durch Umschreibung der Eigentumsrechte auf Familienmitglieder zu umgehen, legte ein ergänzendes Gesetz 1958 die Höchstgrenze je Familie auf 300 Feddan fest (Radwan, 133, S. 14; Pawelka, 126, S. 147). Mehrere andere Regelungen vervollständigten die erste Stufe der Landreform. So wurden die waqf-Ländereien einem 'waqfministerium' zur Umverteilung unterstellt und der Besitz von Mitgliedern der ehemaligen Herrscherfamilie entschädigungslos enteignet (Khalil, 87, S. 35). Das unter dem Einfluß eines immer stärker sozialistische Züge annehmenden politischen Umfelds verabschiedete zweite Landreformgesetz von 1961 senkte die Höchstgrenze für privaten Grundbesitz auf 100 Feddan je Familie. Zudem wurde in der Folgezeit der Besitz von über 2.000 Ausländern enteignet. Ein 1969 verabschiedetes, in seiner Bedeutung aber nicht mit den beiden ersten vergleichbares Landreformgesetz senkte die individuelle Obergrenze auf 50 Feddan, ließ den Höchstwert je Familie aber bestehen (Pawelka, 126, S. 147).

Die früheren Eigentümer erhielten für ihre Verluste Entschädigungen in Form von nicht handelbaren Staatsobligationen mit 30 Jahren Laufzeit und einer Verzinsung von 3 v.H., die z.B. zur Begleichung von Steuerschulden verwendet werden konnten. Die Höhe der Entschädigung entsprach dem 70-fachen Grundsteuersatz von 1949, der durchschnittlich ca. 3 £.E./Feddan betrug. Auf diese Weise erhielten die früheren Eigentümer etwa die Hälfte des vor der Revolution aktuellen Marktwerts. Ab 1958 wurden die Entschädigungen allerdings zunehmend reduziert (Gadalle, 55, S. 39).

Bei der Aufteilung wurde zunächst den Bewirtschaftern des Bodens, also Pächtern und Kleinbauern, der Vorzug gegeben, dann folgten Landlose und Arme. Die jeweils vergebenen Parzellen schwankten je nach Bodenqualität und Größe der begünstigten Familie von 2-5 Feddan und waren somit gerade ausreichend für die Erhaltung der Subsistenz. Die Tatsache, daß die neuen Eigentümer die volle an die früheren Großgrundbesitzer gezahlte Entschädigungssumme sowie 15 v.H. Verwaltungsaufschlag zu entrichten hatten, zeigt, daß seitens der Regierung zunächst an ein sich selbst finanzierendes Umverteilungsprogramm gedacht wurde. Nach 1958 erfuhren die Kaufbedingungen durch eine Reduktion des Verwaltungsaufschlags auf 10 v.H., die Halbierung des jährlichen Zinssatzes sowie die Verlängerung der

Rückzahlungsperiode auf 40 Jahre eine deutliche Nachbesserung (Abdel-Fadil, 2, S. 8).

Tabelle 20: Landverteilungen im Rahmen der Agrarreform

Jahr	Fläche (Feddan)	Zahl der begünstigten Familien	Ø-Anteil je Familie (Feddan)
1953	16.426	4.784	3,4
1954	65.285	24.295	2,7
1955	66.687	31.588	2,1
1956	35.558	15.678	2,3
1957	42.067	19.701	2,1
1958	42.920	17.045	2,5
1959	5.982	2.447	2,4
1960	23.426	10.345	2,3
1961	28.381	9.291	3,0
1962	106.150	31.605	3,6
1963	90.172		
1964	121.645	107.286	2,2
1965	26.013		
1966	25.668	12.013	2,1
1967	58.107	31.298	1,9
1968	20.531	8.295	2,5
1969	22.743	9.056	2,5
1970	19.777	7.255	2,7

Quelle: (Capmas, 30)

Der flächenmäßige Umfang der Agrarreform war, wie Tabelle 20 ausweist mit etwas über 800.000 Feddan, entsprechend knapp 13 v.H. der landwirtschaftlichen Nutzfläche, relativ begrenzt. Immer noch recht hohe Obergrenzen sowie die teilweise Umgehung der Reform durch zeitweilig mögliche Bodenverkäufe trugen hierzu bei; schwer wiegt jedoch der Verlust an Einfluß, den die vormals dominierende Großgrundbesitzerschicht durch die Schmälerung ihrer Machtbasis erlitt.

Hervorzuheben ist außerdem die durch relativ günstige Kaufpreise und die spätere Senkung der Verwaltungsgebühr bewirkte reale Einkommenssteigerung je Feddan bei den von der Landumverteilung Begünstigten, die bis zur Mitte der 60er Jahre auf 44 v.H. geschätzt wird. Im folgenden Zehnjahreszeitraum wurde diese Entwicklung durch einen ca. 80 v.H.-igen Anstieg der Lebenshaltungskosten bei einem nur 60 v.H.-igen Anstieg der Erzeugerpreise aber unterbrochen (Radwan, 133, S. 27).

Die Umverteilung von Land war nur der offensichtlichste Aspekt der Agrarreform; was die Auswirkungen auf breite Bevölkerungskreise betrifft, erwies sich die Neuregelung der Pacht- und Entlohnungsverhältnisse als wichtiger, da zu Beginn der Reform nach Schätzungen der Pachtanteil des landwirtschaftlich genutzten Bodens ca. 60 v.H. betrug und ebenfalls ca. 60 v.H. der ländlichen Familien landlos und somit auf Lohnarbeit angewiesen waren (Radwan; Lee, 134, S. 166).

Das erste Landreformgesetz setzte 1952 bei Geldpacht eine der siebenfachen Grundsteuer entsprechende Zahlung, bei Teilpacht einen 50 %-Mindestanteil des Pächters am Ertrag bei gleichmäßiger Aufteilung der Kosten für Pächter und Verpächter fest, was bei Geldpacht durchschnittlich 21 £.E./Feddan entsprach, 10-15 £.E. weniger als in der Zeit vor der Reform (Radwan, 133, S. 27). Bei voller Anwendung der neuen Bestimmungen wurde für Mitte der 60er Jahre mit einer Verdreifachung der 1952 von den Pächtern erzielten Nettoeinkommen gerechnet (Eshag; Kamal, 50, S. 98). Als begleitende Maßnahme zur Erhöhung der Pachtsicherheit verfügte die Regierung außerdem eine Mindestpachtzeit von drei Jahren (Radwan; Lee, 134, S. 166).

Gleichzeitig mit den Pachtverordnungen traten neue Mindestlohnsätze in Kraft. Betrug die tägliche Entlohnung für männliche landwirtschaftliche Arbeitskräfte vor der Reform noch 10-15 Piaster und für Frauen 6-7 Piaster, so sollten nun mindestens 18 bzw. 10 Piaster gezahlt werden (Radwan; Lee, 134, S. 166)

Obwohl anfangs deutliche Umverteilungseffekte zu verzeichnen waren, trugen Landknappheit, Arbeitskräfteüberschuß und das Eindringen reicherer Grundbesitzer in die Landreforminstitutionen dazu bei, daß die neuen Bestimmungen häufig umgangen wurden und es zu keinen nachhaltigen Realeinkommensverbesserungen kam (Radwan; Lee, 134, S. 167).

Die Anfangsdynamik der Bodenumverteilung nutzte die Regierung als Ansatzpunkt, um ihr künftig wichtigstes Instrument zur Kontrolle der Agrarwirtschaft einzurichten. Allen von der Landreform Begünstigten wurde zur Auflage gemacht, durch den Erwerb einer Aktie/Feddan Mitglied der neugeschaffenen Dorfgenossenschaft zu werden. Dieselbe Regelung galt auch für die Siedler auf neukultiviertem Land (Marei, 102, S. 283).

Aufgabe der von einem gewählten Rat sowie einem die eigentliche Kontrolle ausübenden staatlichen 'supervisor' geleiteten Genossenschaften war die Übernahme von Funktionen, die früher von den Großgrundbesitzern wahrgenommen worden waren, sowie die Erfüllung von Aufgaben, die in größeren Bodeneinheiten besser und rentabler ausgeführt werden konnten: Kreditvergabe, Be- und Entwässerung, Versorgung mit Betriebsmitteln, Schädlingsbekämpfung, Einziehung der Raten für zugeteiltes Land und Kredite sowie der Steuern (Wörz, 178, S. 62 ff).

Besonders weitreichend wurden die genossenschaftlichen Aufgaben auch bei der Fruchtfolgegestaltung und der Bodenbearbeitung ausgelegt. Mit Ausnahme der oberägyptischen Zuckerrohrgebiete und einiger Regionen mit Spezialprodukten behandelten die Genossenschaften ihr gesamtes Landreformgebiet als einheitlichen Block, den sie entsprechend der aus Gründen der Bodenschonung wiedereingeführten dreijährigen Rotation in drei mit jeweils einem Produkt zu bestellende Einheiten aufteilte (Saab, 147, S. 33). Diese staatliche Anbauplanung benachteiligte vor allem Kleinbauern, die, falls ihre kleine Fläche z.B. für den Anbau mit Baumwolle vorgesehen war, Nahrungsmittel für die Familie und evtl. für Vieh auf dem Markt zukaufen mußten. Demgegenüber waren die Besitzer größerer und somit nicht in einem Fruchtfolgeblock gelegener Flächen in der Lage, Nahrungsmittel zu überhöhten Preisen zu verkaufen oder den Kleinbauern zusätzliche Flächen inoffiziell zu verpachten (Hassan, 64).

Die nur an die Abzahlung des Kaufpreises gebundenen Eigentumsrechte und die Verantwortlichkeit der einzelnen Landwirte für ihre Flächen blieb zwar bestehen; wichtige Bewirtschaftungsmaßnahmen, wie mechanisiertes Pflügen und Schädlingsbekämpfung, übernahm aber die Genossenschaft. So sollte der Anspruch, die Vorteile einer großräumigen Leitung mit der Aufrechterhaltung von privater Initiative und Gewinnstreben zu verbinden, erfüllt werden (Radwan, 133, S. 61).

Die Realität sah jedoch oft anders aus. Viele Fellachen orientierten sich weniger an der staatlichen Anbauplanung als an ihren eigenen Vorteilen. Wo es ihnen lohnend erschien, zahlten sie die Strafgelder, um auf günstigere Produkte als die von der Genossenschaft vorgeschriebenen umzusteigen. Wie bei den durch die zunehmende Schwarzpacht zur Makulatur gewordenen Pachtvorschriften zeigte sich, daß völlig an den ökonomischen Gegebenheiten vorbei konzipierte Vorschriften von der Landbevölkerung, soweit möglich, umgangen wurden. Die wegen der unbefriedigenden Preise wenig beliebte Baumwolle mußte somit häufig starke Abstriche vom Anbauplan hinnehmen, während Bersim, wie in Tabelle 21 zu sehen ist, deutlich über den vorgegebenen Flächen lag. Der unvorschriftsmäßig hohe Anbau von Bersim, hinter dem sich oft die Schwarzpacht von Kleeflächen durch Landarme und -lose verbarg, dient als Indiz für die steigende Bedeutung der Tierhaltung vor allem auf den kleinen Betrieben. Die Haltung eines Tieres durch mehrere Anteilseigner ist nicht selten und verdeutlicht die zunehmende Orientierung vor allem der landarmen und -losen ländlichen Bevölkerungsgruppen auf die Tierhaltung (Radwan, 132, S. 55 u. S. 273).

Tabelle 21: Staatliche Anbauplanung und tatsächlicher Anbau 1983 (Taja el Bescha)

Anbaupflanze	staatl. Anbauplan (Feddan)	Abweichungen (Feddan)	Differenz in %
Baumwolle	70	60	- 14,29
Soja	153	126	- 17,65
Obst	71,1	71,1	-
Bohnen	109,16	86	- 21,22
Weizen	122,22	86,84	- 28,95
Bersim	123,3	216,12	+ 75,28
Zuckerrohr	4	4	-
Zwiebeln	-	2,12	-
Knoblauch	-	0,6	-
Infrastruktur	12,22	12,22	-
Gesamt	665	665	

Quelle: (Radwan, 132, S. 60)

Das in den Genossenschaften auf Neuland- oder Landreformgebiet durchgesetzte Modell dehnte die Regierung leicht modifiziert bis Mitte der 60er Jahre auf das ganze Land aus, so daß neben den oben beschriebenen Genossenschaftstyp noch zwei weitere traten.

Die 'Allgemeinen Genossenschaften', die in den Dörfern mit 'altem' Landbesitz eingerichtet wurden, erfuhren wegen der freiwilligen Mitgliedschaft der Bewirtschafter eine etwas geringere staatliche Lenkung. Die Freiwilligkeit war jedoch durch die Vereinnahmung des Agrarkreditwesens durch die Genossenschaft und die Bindung der Kreditvergabe an die Mitgliedschaft eingeschränkt. Kaum ein Betrieb war daher langfristig in der Lage, sich den Genossenschaften zu entziehen (Khalil, 87, S. 56). Die 'Allgemeinen Genossenschaften' bewirtschafteten 1969 87 v.H. der landwirtschaftlichen Nutzfläche, repräsentierten 83 v.H. aller Genossenschaftsmitglieder und verfügten über 87 v.H. des gesamten Genossenschaftskapitals (Capmas, 28, S. 9). Wegen der nach Abschluß der Ratenzahlung erfolgenden Übertragung der vollen Eigentumsrechte bei Mitgliedern der Bodenreform- und Neusiedlergenossenschaften wurden die ohnehin nur geringen Unterschiede zu den 'Allgemeinen Genossenschaften' weiter reduziert.

Als dritter Genossenschaftstyp wurden die 'Spezialgenossenschaften' für in besonderen Bereichen wie Viehzucht, Fischfang u.ä. Tätige eingerichtet

(Radwan; Lee, 134, S. 168), die aber auf Grund ihres begrenzten Aufgabengebiets zahlenmäßig recht beschränkt blieben.

Die größte quantitative Ausdehnung erfuhr das Genossenschaftswesen bis zur Mitte der 60er Jahre, da sich der Anfangsbestand von 1727 im Jahre 1952 auf 4839 1965 erhöhte. Die geringe Steigerung in den folgenden Jahren - für 1981 wird eine Gesamtzahl von 5204 Genossenschaften angegeben (Capmas, 29, S. 161) - ist kennzeichnend für die bereits erreichte landesweite Bedeutung.

Tabelle 22: Landwirtschaftliche Betriebe und Flächen nach Größenklassen

Größenklasse (Feddan)	Zahl der Betriebe im jeweiligen Jahr (in 1.000)							
	1952	1957	1961	1965	1973	1975	1979	1981
unter 5	2642	2718	2919	3033	3142	3190	3223	3479
5 - 20	126	131	145	139	137	136	137	130
20 - 50	22	24	26	29	23	23	23	23
über 50	12	12	11	10	8	9	8	8
Summe	2802	2885	3101	3211	3310	3358	3391	3640

Gößenklasse (Feddan)	Umfang der Flächen (1.000 Feddan)							
	1952	1957	1961	1965	1973	1975	1979	1981
unter 5	2122	2274	3171	3693	2749	2691	2835	2916
5 - 20	1164	1209	1164	1141	1225	1202	1178	1128
20 - 50	653	706	819	815	642	681	664	619
über 50	2043	1756	931	813	900	918	855	831
Summe	5982	5945	6085	6462	5516	5482	5532	5494

Quelle: (Statistisches Bundesamt, 160; 161; 162)

Der schon in den vorhergehenden Jahrzehnten zu beobachtende Anstieg der Zahl der landwirtschaftlichen Betriebe setzte sich, wie Tabelle 22 zeigt, auch im nachrevolutionären Ägypten fort. 1979 bestanden 3.391.000 im Vergleich zu 2.802.000 1952. Neben Landreform und Neulandkultivierung, die zumindest teilweise den bereits Land besitzenden Gruppen zugute kamen, war weiterhin die Aufteilung im Zuge der Erbteilung für die Erhöhung der Betriebszahlen verantwortlich. Nur den von der Landreform Begünstigten war diese Form der Erbübertragung untersagt (Radwan, 133, S. 15 u. S. 18).

Wie ebenfalls aus Tabelle 22 ersichtlich ist, wurde die Existenz einer sehr unausgewogenen Agrarstruktur auch durch die Agrarreform nicht beseitigt, die aber dennoch nicht ohne Auswirkungen auf die Landverteilung blieb. Die Veränderungen waren naturgemäß nach dem ersten und zweiten Landreformgesetz, also in den 50er und 60er Jahren, besonders deutlich, während danach eine allmähliche Konsolidierung einsetzte.

Die wichtigste Entwicklung stellte die Erhöhung des Anteils der Kleinbauernfläche (- 5 Feddan) an der Gesamtfläche dar, der von 35,4 v.H. 1952 auf 46,4 v.H. 1965 und 51,2 v.H. 1979 anstieg, während der Anteil der Kleinbauern an der Gesamtzahl der Grundbesitzer nur geringfügig wuchs. Dem standen sowohl absolute als auch relative Verluste bei der höchsten Besitzklasse gegenüber.

Im Vergleich zur vorrevolutionären Situation zeigten die ländlichen Besitz- und Machtverhältnisse merkliche Veränderungen. Sehr große Betriebe gab es nicht mehr, ebensowenig ausländischen Besitz. Die Machtgrundlage der vormals politisch und sozial dominierenden Großgrundbesitzerschicht war geschmälert, auch wenn sie sich im Rahmen der geltenden Obergrenzenregelung noch an der Spitze der ländlichen Besitzhierarchie halten konnte. Die Verschiebung des Großgrundbesitzes nach unten führte zu einem dichteren Zusammenrücken mit der oberen Mittelklasse (20-50 Feddan), die schon früher durch die häufige Besetzung der Position des umda aus ihren Reihen auf lokaler Ebene hohen Einfluß besaß und diesen nun durch die zusätzliche Beherrschung der örtlichen Exekutivorgane, z.B. der 'Arabischen Sozialistischen Union', im Zusammenwirken mit den auf dörflicher Ebene tätigen Staatsbediensteten ausbauen konnte (Mayfield, 105, S. 130).

Durch die allmähliche Verschmelzung der beiden Gruppen entstand auf niedrigerem Niveau als früher eine neue ländliche Oberschicht, die innerhalb des staatlich fixierten Rahmens, den vor allem die Genossenschaften bildeten, mehr und mehr zu kapitalistischen Produktionsweisen überging (Hussein, 75, S. 26 f). Dies fand seinen Ausdruck im hohen Einsatz von Lohnarbeit und kostenträchtigen technischen Geräten, aber auch im Übergang zum Anbau von höherwertigen Spezialprodukten, insbesondere von Obst und Gemüse. Diese Produkte waren wegen ihres hohen Flächenbedarfs und des zur Überbrük-kung der Jahre ohne Ertrag erforderlichen Kapitals vornehmlich für größere Betriebe geeignet.

Auf diese Weise wuchsen die Unterschiede zu den anderen ländlichen Gruppen, auch zur Mittelklasse (5-20 Feddan), die in den Bewirtschaftungsformen eine Mittelstellung zwischen der neuen Oberschicht und der Masse der Fellachen einnahm. Über ihre agrarwirtschaftliche Bedeutung hinaus entwickelten die Angehörigen dieser Schicht auch Aktivitäten als Händler und Geldverleiher (Abdil-Fadil, 2, S. 42), was möglicherweise auf das Verschwinden der ausländischen Konkurrenz zurückzuführen ist. Wie die neue Oberschicht war auch die Mittelklasse in den neuen politischen Organisationen zumindest im ländlichen Bereich engagiert (Pawelka, 126, S. 153), was zusammen mit ihrer ökonomischen Position für eine besondere Stellung innerhalb der ländlichen Machtstrukturen sorgte.

Die weiterhin traditionelle Bewirtschaftungsmethoden praktizierende Kleinbauernschicht (bis 5 Feddan) bildete nach wie vor die Mehrheit der schnell wachsenden Landbevölkerung, wies aber in sich starke Unterschiede auf. Je nach Betriebsgröße waren die Fellachenfamilien gezwungen, Land zuzupachten oder zusätzliche Lohnarbeit anzunehmen, was beides häufig zu schlechteren als den offiziell festgelegten Bedingungen geschah.

Wegen ihrer geringen Kreditwürdigkeit an der Landpacht gehindert, drängte auch die große Zahl Landloser auf den ländlichen Arbeitsmarkt, der breitgefächerte Beschäftigungsmöglichkeiten bot. Diese reichten von der Gelegenheitsarbeit bei der Kanalwartung (Ayrout, 16, S. 55) über Kurzeinsätze zur Abdeckung von Arbeitsspitzen bis hin zur Dauerbeschäftigung auf größeren Betrieben in höherqualifizierten Positionen, wie z.B. als Traktorfahrer (Abdel-Fadil, 2, S. 44). Letztere waren es vor allem, die von der staatlichen Lohnregulierung profitierten, während die anderen, insbesondere Gelegenheitsarbeiter, keine nennenswerten Verbesserungen ihrer nur die Subsistenz ermöglichenden Entlohnung verspürten (Pawelka, 126, S. 153).

Bei der zweiten Möglichkeit zur Erweiterung der ökonomischen Basis, der Pacht, hatten die Fellachen zunehmend mit der Konkurrenz von Großbetrieben zu rechnen, die aus wirtschaftlichen Gründen, etwa für die Produktion von Spezialprodukten, zusätzliche Flächen bestellen wollten (Pawelka, 126, S. 150), so daß nicht nur Kleinbetriebe von den Pachtregulierungen profitierten. Bei den Verpächtern handelte es sich neben großen Anwesen auch um Kleinstbetriebe, die ihre bei weitem nicht zur Subsistenzsicherung ausreichenden Flächen vollständig verpachteten und sich als Lohnarbeiter verdingten (Abdel-Fadil, 2, S. 18). Der Umfang der vorwiegend in monetärer Form erfolgenden Pacht ist wegen der zahlreichen inoffiziellen Kontrakte schwer zu bestimmen, wird aber auf über 50 v.H. geschätzt (El Din Hamman, 44, S. 6).

Die Vermeidung eines der Hauptprobleme früherer Jahrzehnte stellte sich im Rahmen der Agrarreform erneut: die Versorgung auch der unter das 'Five Feddan Law' fallenden Betriebe mit Kapital. Den Kreditbedarf dieser Kategorie deckten vor der Revolution lokale Geldverleiher sowie die Grundherren. Um die Abhängigkeit der Fellachen von derartigen Geldquellen zu lösen, übertrug die Regierung den Genossenschaften diese Aufgabe. Die Tatsache, daß die Zinsen für solche Kredite 1961 abgeschafft und in den späten 60er Jahren auf moderate 4 v.H., in Fällen verzögerter Kreditrückzahlung auf

6 v.H. festgesetzt wurden, erklärt die hohe Attraktivität der im Gegensatz zu früher nicht mehr durch Land, sondern durch Ernteprodukte abgesicherten Kredite bei den Bauern. Hinzu kamen Kurzkredite 'in kind', in Form von Betriebsmitteln, die entsprechend der Betriebsgröße und der angebauten Produkte vergeben wurden (Mostafa, 115, S. 22 ff).

Insgesamt scheinen die Agrarreformen und andere damit im Zusammenhang stehende Maßnahmen bei vordergründiger Betrachtung wesentliche Veränderungen der ländlichen Besitz- und Sozialstruktur bewirkt zu haben. Dem ist jedoch nur bedingt so. Zwar wurden viele einzelne Komponenten des ländlichen Lebens und Wirtschaftens vor allem durch die staatlich kontrollierten Genossenschaften geändert, die in ihrer Gesamtheit aber moderaten Maßnahmen ließen die wesentlichen Grundmuster nahezu unverändert. Die Existenz einer sehr ungleichen Agrarstruktur mit all ihren Folgen blieb nach wie vor im Prinzip unangetastet.

7.2.2. Bewässerung und landwirtschaftliche Flächen

Die vorangegangenen Jahrzehnte hatten große Fortschritte bei der Ausdehnung der Dauerbewässerung gebracht. Eine entsprechende Erhöhung der wegen stark schwankender Wasserstände erforderlichen langfristigen Speicherkapazität blieb jedoch aus. Erst das Militärregime ergriff wegen der damit verbundenen propagandistischen und energiewirtschaftlichen Vorteile die Initiative zum Bau eines Hochdamms bei Assuan, der zwar durch seine Dimensionen einen Sonderplatz einnimmt, an sich aber nur einen weiteren vorläufigen Endpunkt im seit Mohammed Alis Zeiten ständig erweiterten und leistungsgesteigerten ägyptischen Bewässerungssystem darstellt.

Der seitens der Regierung geförderten Einschätzung des Hochdamms als Verkörperung des nationalen Fortschritts folgte allmählich im Zuge der gesellschaftlichen Entideologisierung eine rationalere Beurteilung, die auch der teilweisen Nichterfüllung von zu hochgesetzten Erwartungen entsprang. So konnten mit Hilfe des auf eine Kapazität von 130 Mrd. cbm ausgelegten und sich weit in den Sudan hinein erstreckenden Nasser-Stausees nur 1.000.000 Feddan meist geringwertigen Bodens neu kultiviert werden (Pawelka, 126, S. 160), d.h. ca. 500.000 Feddan weniger als ursprünglich geplant (Sadd el-Aali Dep., 149, S. 10). Hinzu kamen allerdings noch 700.000 Feddan, die durch die erhöhte Wasserverfügbarkeit besser genutzt werden konnten (Pawelka, 126, S. 160). Weiteren Vorteilen des Großprojekts, wie der Erzeugung elektrischer Energie, den neuen Fischpotentialen im Nassersee und den Regulierungsmöglichkeiten des Wasserstandes zur Vermeidung von Erntekatastrophen und zur Förderung einer geregelten Schiffahrt standen gravierende Nachteile gegenüber.

Diese reichten von Schwierigkeiten bei der Umsiedelung betroffener Bevölkerungsgruppen über Bodenversalzung bis hin zur erhöhten Bilharziosegefahr durch die nun auch in Südägypten flächendeckende Ausbreitung der ganzjährigen Bewässerung (Mabro, 99, S. 94 ff). Das Verbleiben des fruchtbaren Nilschlamms im Stausee traf die Ziegelindustrie und minderte den Fischfang im Mittelmeer; die Auswirkungen auf die Landwirtschaft werden hingegen vor allem im Westen vielfach überschätzt, da schon vor dem Bau des Hochdamms durch die weithin verbreitete Dauerbewässerung eine intensive Schlammdüngung der Felder verhindert wurde.

Mit ähnlichem propagandistischen Aufwand wie beim Bau des Hochdamms unternahm das neue Regime auch Anstrengungen zur Neulandgewinnung in Wüstengebieten. Große Flächen sollten durch Zuleitung von Nilwasser (Tahrir-Provinz), durch Nutzung von Süßwasservorräten in der Tiefe (New Valley) sowie durch Trockenlegung von Sümpfen und Urbarmachung von Brachland im Nildelta gewonnen werden (Büttner, 27, S. 28). Trotz des massiven Einsatzes von technischen Hilfsmitteln und Arbeitskräften, der sich schon bald einer rein ökonomischen Beurteilung entzog, wurden die vorgegebenen Ziele deutlich verfehlt (E.D.J., 42, S. 37; Saab, 148, S. 243).

In der Tahrir-Provinz sollten z.B. 1958 über 200.000 Feddan bewirtschaftet werden. Erreicht wurde aber nur ein Bruchteil dessen, die Angaben schwanken zwischen 13.000 (Wheelock, 177, S. 98) und 79.000 (Mabro, 99, S. 98) Feddan. Dennoch können die ersten 15-20 Jahre nach der Revolution als die dynamische Phase der Neulandkultivierung gelten, da vor allem durch den Assuan-Hochdamm deutliche Flächenausdehnungen zu verzeichnen waren. Diese wurden schon in Tabelle 22 deutlich, ebenso die in der Folgezeit eintretende Stagnation oder sogar Reduktion.

Dieser aktuellen Rückentwicklung soll langfristig durch die Erschließung weiter Flächen im 'New Valley' mittels eines 370 km langen Kanals entgegengewirkt werden sowie durch eine Reihe kleinerer Reklamationsmaßnahmen im Sinai, in Ismailia, in Oberägypten, in der Kattarasenke und am Nassersee. Zusätzlich wurden Projekte eingerichtet, um die nach wie vor bestehenden Defizite bei der Entwässerung vor allem durch Tonröhrendrainage zu beseitigen (Statistisches Bundesamt, 160; 161; 162;).

7.2.3. Ökonomische Entwicklung des Agrarsektors

7.2.3.1. Orientierung an sozialistischen Mustern (1952-67)

In der Konsolidierungsphase des neuen Regimes blieb das marktwirtschaftliche System zunächst grundsätzlich bestehen. Auch durch die Agrarreformen kam es zu keiner Umgestaltung im sozialistischen Sinn, sondern nur zu einer vorsichtigen Angleichung der großen sozialen und ökonomischen Unterschiede auf dem Land. All dies erfolgte unter zunächst ungünstigen gesamtwirtschaftlichen Rahmenbedingungen, die zum Teil auf Unsicherheiten nach der Revolution und eine zeitweilige Ausgabenreduzierung der neuen Regierung zurückzuführen waren, vor allem aber aus niedrigen Baumwollpreisen resultierten, die sich erst nach 1955 allmählich erholten (Ministère Des Finances, 113).

Die neue Regierung gebrauchte zunächst weitgehend das agrarpolitische Instrumentarium ihrer Vorgängerin, indem sie Anbauflächenbeschränkungen bei Baumwolle erließ, Exportsubventionen gewährte und staatliche An- und Verkäufe tätigte (Hansen; Marzouk, 61, S. 100). Aber schon 1953 übernahm eine staatliche Kommission weitgehend die Kontrolle über Baumwollpreise und -märkte, was zur Eindämmung der vormals starken Preisschwankungen auf den Märkten führte (Abdel-Fadil, 2, S. 90).

Ab 1956 setzte dann eine zunehmend dirigistische Wirtschaftspolitik ein, die mehr und mehr der industriellen Entwicklung den Vorrang gegenüber der landwirtschaftlichen einräumte. Eine entsprechende Planung, in ihren Anfängen bereits früher vorhanden, erfaßte immer weitere Bereiche der Wirtschaft (Johne, 83, S. 62 ff). Im Agrarsektor bediente sich der Staat zur Durchsetzung seiner Vorstellungen in erster Linie der Genossenschaften, deren Zahl und Befugnisse, wie bereits dargestellt, deutlich ausgeweitet wurden.

Anfang der 60er Jahre erfolgte die völlige Verstaatlichung des Baumwollhandels, wobei die Erzeuger gezwungen wurden, ihre Produkte zu bereits vor Beginn der Saatzeit festgesetzten Preisen zu verkaufen (Hansen; Marzouk,61, S. 105). Ebenso unterlagen die Preise anderer landwirtschaftlicher sowie industrieller und handwerklicher Produkte einer staatlichen Kontrolle, da die Gewinnspannen von Herstellern, Erzeugern und Händlern gesetzlich festgelegt wurden (Khalil, 87, S. 88) und die Landwirte bestimmte Ablieferungsquoten erfüllen mußten.

Allerdings sorgte die Regierung durch ihre Preispolitik auch dafür, daß die Landbevölkerung nicht mehr für ihre Produktionsmittel und ihren Lebensunterhalt aufwenden mußte, als sie durch den Verkauf ihrer Produkte erhielt (Pawelka, 126, S. 159). Die Gewinnabschöpfungen im Agrarsektor wurden somit nicht zu extrem, wobei diese Betrachtung jedoch intrasektorale Verteilungsaspekte vernachlässigt.

Die Erschließung der Ressourcen des Agrarsektors erfolgte im Kontext mit den zugunsten vor allem der städtischen Verbraucher ergriffenen Wohlfahrtsmaßnahmen, die eine Preisstabilisierung bei den wichtigsten Konsumgütern anstrebten. Hierzu zählten insbesondere Nahrungsmittel wie Weizen, Mais, Zucker, Speiseöl u.a., aber auch Dienstleistungen, wie z.B. die

Preise öffentlicher Verkehrsmittel und Massenkonsumgüter, z.B. einfache Textilien. Den größten Subventionsgrad wiesen Weizen und feines Mehl auf (Pawelka, 126, S. 187).

Das zur Durchsetzung dieser Wohlfahrtsmaßnahmen eingerichtete Interventionsinstrumentarium, bereits 1952 eingeführt und seit 1961 verstärkt eingesetzt, sollte die durch Bevölkerungsdruck und zunehmende Inflation angespannte Lage entschärfen. Es bestand vorwiegend aus Subventionen, den schon erwähnten Preiskontrollen sowie ergänzenden Lenkungsmechanismen, wie z.B. Rationierungen, und erreichte zumindest bis zum Ende des ersten Fünfjahresplanes (1960-65) eine Stabilisierung der Verbraucherpreise, zu der die Regierung sogar durch die Umleitung exportfähiger Produkte auf den Binnenmarkt beitrug. Das Aufkommen eines schwarzen Marktes als Reflektion des zunehmenden Inflationsdrucks sowie die teilweise Rücknahme des Wohlfahrtsprogramms 1966 waren jedoch ein deutliches Indiz für die Grenzen dieser Politik, vor allem in finanzieller Hinsicht (Pawelka, 126, S. 188).

Durch die Einbindung in einen Wirtschaftsplan waren ab 1960 staatlich festgesetzte Richtwerte für die weitere Entwicklung der Landwirtschaft maßgebend. Sie wurden in erster Linie unter dem Aspekt eines möglichst großen Beitrags des Agrarsektors zum industriellen Wachstum fixiert. Der demgegenüber nur relativ geringe Anteil von 23.5 v.H. des verfügbaren Investitionsvolumens für Landwirtschaft, Be- und Entwässerung sowie den Assuan-Hochdamm innerhalb des ersten Fünfjahresplanes (Weiss, 176, S. 200) sollte durch horizontale und vertikale Expansion diesen Beitrag erbringen.Die ohnehin schon recht niedrig veranschlagten Investitionen wurden jedoch noch um 9.4 v.H. unterschritten (Sherif; El-Kholy, 157, S. 453).

Während der vom Staat bevorzugte Industriesektor im günstigen wirtschaftlichen Klima der ersten Hälfte der 60er Jahre jährliche Steigerungsraten von 7.3 v.H. aufweisen konnte (El-Menshawi, 47, S. 44 ff), blieben die durchschnittlichen landwirtschaftlichen Produktionssteigerungen mit 2.2 v.H. sogar hinter dem Bevölkerungswachstum zurück (Pawelka, 126, S. 159). Bei ausschließlicher Betrachtung der Schlüsselbereiche Nahrungsmittel- und Baumwollproduktion verbessert sich dieses Bild nur geringfügig. Auch hier stagnierten Mitte der 60er Jahre die Pro-Kopf-Quoten (Pawelka, 126, S. 160).

Ein tiefgreifender Wandel fand statt. Soweit sie es innerhalb der bestehenden Strukturen vermochten, wichen die Landwirte den Anbauplänen und Ablieferungsquoten aus und gingen zur Produktion hochwertiger, frei absetzbarer Produkte , wie z.B. Gemüse, über, während die Bedeutung der traditionellen Pflanzen, vor allem von Baumwolle und Weizen, deutlich sank (Aliboni, 7, S. 94). Als Erklärung hierfür kann folgende Tabelle über die Preise beim Zwangsverkauf an die staatlichen Stellen sowie die entsprechenden Marktpreise gelten.

Tabelle 23: Staatlich festgesetzte Preise im Verhältnis zu Marktpreisen in
£.E. (1967/68)

Produkt	Ø-Preise beim Zwangsverkauf (1)	Ø - Marktpreise (2)	Verhältnis (2)/(1) v.H.
Weizen (pro arab)	4	5.1	127
Reis (pro dariba)	20	40	200
Zwiebeln (pro Tonne)	11	16.5	150

Quelle: (Abdel-Fadil, 2, S. 89)

Spätere Zugeständnisse der Regierung beim Baumwollpreis (Abdil-Fadil, 2, S. 93) waren unzureichend oder kamen zu spät, um die Produzenten zu einer Revision ihrer Entscheidung zu veranlassen.

Während dies vorwiegend die mittleren und großen Grundbesitzer betraf, suchten ärmere Landbewohner ihre Chance mehr und mehr in den schnell wachsenden Städten, wo die landesweit propagierte Industrialisierung Arbeitsplätze zu bieten schien und die staatlichen Wohlfahrtsmaßnahmen wirksam wurden. So stieg der Urbanisierungsgrad von 33 v.H. kurz vor der Revolution auf 40 v.H. 1966, was in absoluten Zahlen ausgedrückt nahezu eine Verdoppelung darstellt (Capmas, 31).

Im gesamten Zeitraum von 1952-63 schuf das industrielle Wachstum aber nur 350.000 neue Arbeitsplätze, was weniger war als das Bevölkerungswachstum der Stadt Kairo innerhalb von drei Jahren (Amin, 8, S. 12). Eine Verelendung großer Teile der urbanen Bevölkerung war die Folge, bewirkte aber keinen Rückgang der Migration.

Im Gegensatz zur unbefriedigenden Steigerung der Agrarproduktion verzeichneten die der Landwirtschaft vor- und nachgelagerten Industrien im Verlauf der staatlich forcierten Industrialisierung deutliche Zuwächse, was besonders auf die Baumwollverarbeitung zutraf, die mit 20 v.H. der Investitionsmasse den am stärksten geförderten wirtschaftlichen Einzelzweig bildete. Neben diesem auch international voll konkurrenzfähigen Konsumgüterzweig existierten noch auf die Belieferung des Agrarsektors ausgerichtete Bereiche der Grundstoffindustrie, die z.B. chemische Produkte wie Dünge- und Pflanzenschutzmittel herstellten und so die bisherige Importabhängigkeit verminderten (Pawelka, 126, S. 231 f).

7.2.3.2. Veränderte wirtschaftspolitische Vorzeichen (1967 -)

Nicht die militärische Niederlage an sich, sondern deren politische, soziale und ökonomische Auswirkungen zwangen das Nasser-Regime bereits 1967, einen Kurswechsel einzuleiten, der im Westen aber erst später registriert und vor allem mit dem Namen von Nassers Nachfolger Sadat verbunden wurde. Unter dem Druck der vor allem in finanzieller Hinsicht knappen Ressourcen wurde 1968 ein Programm verabschiedet, das neben einer Teilentmachtung des Militärs und einer Stärkung der Stellung von Ökonomen und Technokraten politische und wirtschaftspolitische Änderungen nach sich zog. Der bisherige soziale Anspruch der Politik trat hinter die als Mittel zur Effizienzsteigerung propagierte Privatinitiative zurück (Amin, 8, S. 12).

Die dem Reformprogramm folgenden wirtschaftspolitischen Entscheidungen betrafen den Abbau von den Außenhandel behindernden Restriktionen, eine Finanz- und Verwaltungsreform sowie die Förderung von Investitionen im privaten Wirtschaftssektor, die sich als besonders erfolgreich erwies. Im Agrarsektor erfolgte eine tendenzielle Stärkung der bäuerlichen Oberschicht durch günstigere Produktions- und Verkaufsbedingungen für Obst, Gemüse und Baumwolle (Pawelka, 126, S. 273).

Sadat, seit 1970 Präsident, verfolgte den neuen Kurs noch energischer und proklamierte nach dem militärischen Teilerfolg Ägyptens 1974 eine 'open door economic policy', die vor allem den Außenhandel und ausländische Investitionen ankurbeln sollte (Aliboni, 7, S. 7). Da die ODEP vorwiegend als Weg zur Förderung des industriellen Wachstums verstanden wurde, erfuhr der Agrarsektor nicht so starke Veränderungen wie andere Zweige der Volkswirtschaft.

Es erfolgten nur relativ geringfügige Anpassungen zugunsten der ländlichen Mittel- und Oberschicht. So wurde die maximale Geldpacht von der siebenfachen Höhe der Grundsteuer auf die zehnfache angehoben, die Beschränkung der Anteile beim Teilbau beseitigt und die Entlassung von Pächtern durch Grundeigentümer zugelassen, die vom Anbau traditioneller Produkte zur Produktion von Gemüse und Früchten übergingen (Radwan, 133, S. 30).

Die Grundstrukturen der Landwirtschaft als ein durch die Genossenschaften weitgehend staatlich kontrollierter Wirtschaftsbereich, der die wesentlichen Leistungen für das subventionierte Nahrungsmittelbezugssystem zu erbringen hatte, blieb jedoch bestehen. Trotz der bereits vorgenommenen Einschnitte stiegen die Ausgaben allein für die Subventionierung von Nahrungsmitteln von 3.000.000 £.E. 1970/71 auf 1.108.000.000. £.E. 1980/81, obwohl sich die gesamten öffentlichen Ausgaben nur von 1.190.000.000 £.E. auf 8.970.000.000 £.E. erhöhten (Alderman, 4, S. 14).

Dies hing auch mit der weiterhin steigenden Neigung vieler größerer Grundbesitzer zusammen, ihren Anbau von Grundnahrungsmitteln so gering wie möglich zu halten und stattdessen den lukrativen, auf den Export und die Versorgung der städtischen Oberschicht ausgerichteten Markt für höherwertige Nahrungsmittel, wie Früchte, Gemüse und tierische Produkte, zu beliefern. Wie Tabelle 24 zeigt, blieb dies nicht ohne Auswirkungen auf die Anbauflächen der traditionellen Agrarprodukte und zwang den Staat zu immer umfangreicheren und kostspieligeren Nahrungsmittelimporten. Die hierfür erforderlichen Aufwendungen betrugen bis Anfang der 70er Jahre nur die Hälfte der Baumwollexporte, erhöhten sich nach der Energiekrise aber so stark, daß der landwirtschaftliche Export sie nicht mehr ausgleichen konnte (Pawelka, 126, S. 341).

Tabelle 24: Ernteflächenindizes der wichtigsten Agrarprodukte

Period	Cotton	Maize	Rice	Wheat	Fruit	Vegetables	Short Season Clover	Long Season Clover
1950-54	100	100	100	100	100	100	100	100
1955-59	101	105	126	95	121	152	105	110
1960-64	99	98	154	88	156	211	107	118
1965-69	96	86	199	80	211	258	102	143
1970-72	88	87	220	83	264	280	102	143
1973-75	83	100	199	85	289	316	98	169
1976	73	100	212	88	-	-	-	-

Quelle: (Aliboni, 7, S. 95)

Die landwirtschaftliche Produktionssteigerung fiel mit Ø 2 v.H. noch geringer als zur Zeit Nassers aus, was vor allem aus reduzierten Investitionen resultierte, die Mängel bei der Infrastruktur und Flächenverluste durch zunehmende Versalzung zur Folge hatten. Außerdem stagnierte der durch wichtige, ab 1973 erheblich verteuerte Betriebsmittel, wie z.B. Düngemittel, erreichte Produktivitätsanstieg (Pawelka, 126, S. 342).

Tabelle 25: Verbrauch von Handelsdünger (1.000 t Nährstoffgehalt)

Jahr	Stickstoff	Phosphat	Kali
1961	176,6	36	3,2
1965	260,6	43,1	0,9
1970	310,1	36,2	1,5
1975/76	415	83	3,2
1979/80	500	98	7
1981/82	585	110	13
1983/84	722	160	9

Quelle: (Statistisches Bundesamt, 160; 161; 162)

Tabelle 26: Preisindex für die Lebenshaltung (1966/67 = 100)

Verbrauchsgruppe	1979	1980	1981	1982	1983	1984
			in Städten			
Ernährung (einschl. Getränke)	265	336	383	439	520	606
Bekleidung	246	284	308	351	396	483
Wohnung	113	116	115	114	120	119
Möbel und langlebige Gebrauchsgüter	188	188	201	288	301	328
Verkehr und Nachrichtenwesen	186	194	208	311	313	317
Dienstleistungen	238	271	277	331	397	522
Personalkosten	226	273	301	346	401	470
			auf dem Lande			
Ernährung (einschl. Getränke)	285	362	414	466	595	642
Bekleidung	275	339	405	501	587	670
Wohnung	115	134	136	136	139	142
Möbel und langlebige Gebrauchsgüter	273	323	370	433	525	594
Verkehr und Nachrichtenwesen	125	125	125	200	200	200
Dienstleistungen	229	267	305	372	435	545
Personalkosten	130	150	157	166	188	195

Quelle: (Statistisches Bundesamt, 162, S. 76)

Tabelle 27: **Reale Pro-Kopf-Einkommen der gesamten und der ländlichen Bevölkerung (in konstanten Preisen von 1959/60)**

	(1) Per Capita Income of Total Population £.E.	(2) Per Capita Income of Rural Population £.E.	(3) Per Capita Income Differential (2) : (1)
1952/53	45.8	23.3	51
1953/54	44.7	20.9	47
1954/55	44.8	16.5	37
1955/56	45.4	18.3	40
1956/57	45.3	19.6	43
1957/58	46.8	19.8	42
1958/59	48.4	24.8	51
1959/60	50.2	25.6	51
Average annual growth rate %	1.2	1.2	45
1960/61	51.7	24.9	48
1961/62	52.0	22.8	44
1962/63	55.1	25.6	46
1963/64	58.3	26.8	46
1964/65	59.8	27.3	46
1965/66	60.7	27.8	46
1966/67	59.9	25.7	43
1967/68	59.0	25.6	43
1968/69	60.9	25.7	42
1969/70	63.4	27.0	43
Average annual growth rate %	2.1	0.8	45
1970/71	64.9	26.7	41
1971/72	66.1	26.9	41
1972/73	65.9	27.3	41
1973/74	66.1	26.9	41
1974/75	66.8	26.5	40
1975/76	71.8	26.8	37
Average annual growth rate %	1.7	0.0	40

Quelle: (Radwan; Lee, 134, S. 197)

Hier lag ein Ansatzpunkt für die Ende der 70er Jahre propagierte 'Neue Agrarpolitik', die aber keinen völlig neuen Weg darstellt, sondern in vieler Hinsicht die nur nachdrücklicher durchgesetzte Fortführung der alten Politik ist. Neben dem vermehrten Einsatz moderner Inputs, der in Tabelle 25 anhand des Düngemittelverbrauchs deutlich wird, und verstärkten Anstrengungen zur Neulandgewinnung traten aber auch zunehmend Mechanisierungsbestrebungen in den Vordergrund, die neben ihren produktionssteigernden Auswirkungen durch ein völlig neues Phänomen erforderlich wurden: den auf Grund ständiger Abwanderung in die Städte sowie in die Ölstaaten entstandenen Mangel an landwirtschaftlichen Arbeitskräften (Pawelka, 126, S. 342).

Allein dieser Gastarbeiterstrom absorbierte nach Schätzungen von 1982 ca. 40-50 v.H. des jährlichen Zuwachses an Arbeitskräften (Vermeulen, 172, S. 3). Diese relative Verknappung schlug sich in einem Anstieg der landwirtschaftlichen Reallöhne nieder. Der Index (1960 = 100) zeigt bis 1974 (=110) nur einen relativ geringen Anstieg, erreicht dann aber Werte von 236 in 1979 und 208 in 1980 (Hansen; Radwan, 62, S. 110).

Dennoch war und ist der Rückstand der landwirtschaftlichen Löhne, wie Tabelle 27 zeigt, immer noch beträchtlich. Zusätzlich erhöht wird er noch durch die in Tabelle 26 aufgeführten Preisindices der Lebenshaltung, die für das Land teilweise deutlich höhere Werte und Steigerungsraten ausweisen.

Das Hauptmerkmal der ägyptischen Landwirtschaft in der zweiten Hälfte der 80er Jahre ist die seit Anfang der 70er Jahre immer deutlicher gewordene Lücke bei der Nahrungsmittelproduktion. Der einstige Getreideexporteur Ägypten hatte 1970 bei Weizen einen Selbstversorgungsgrad von 37 v.H., der bis 1985 auf nur 22 v.H. schrumpfte. Der Index der Nahrungsmittelversorgung je Einwohner sinkt seit Jahren ständig (1974/76 = 100, 1980 = 93, 1984 = 90) (Stat. Bundesamt, 162, S. 36 f), so daß die von der Regierung offiziell angestrebte Selbstversorgung immer unwahrscheinlicher wird und eine langfristige Stabilisierung auf dem momentanen Stand schon als Erfolg gewertet werden müßte.

In der Zusammenfassung zeigt sich, daß die agrarwirtschaftliche Entwicklung weniger deutlichen Kurswechseln unterworfen war als andere Wirtschaftszweige. Die in der 'sozialistischen' Phase durchgesetzte staatliche Kontrolle blieb im Grundsatz bestehen. Das weitgehende staatliche Unverständnis für marktwirtschaftliche Mechanismen verleitete die aus innenpolitischen Gründen bevorzugte ländliche Mittel- und Oberschicht dazu, sich neue Produktions- und Absatzmöglichkeiten zu eröffnen. So wurde die Dominanz der Baumwollproduktion allmählich verdrängt, ohne daß eine Entlastung der angespannten Nahrungsmittelversorgung erreicht werden konnte.

Schaubild 7: Entwicklung der Durchschnittserträge/Feddan bei Baumwolle

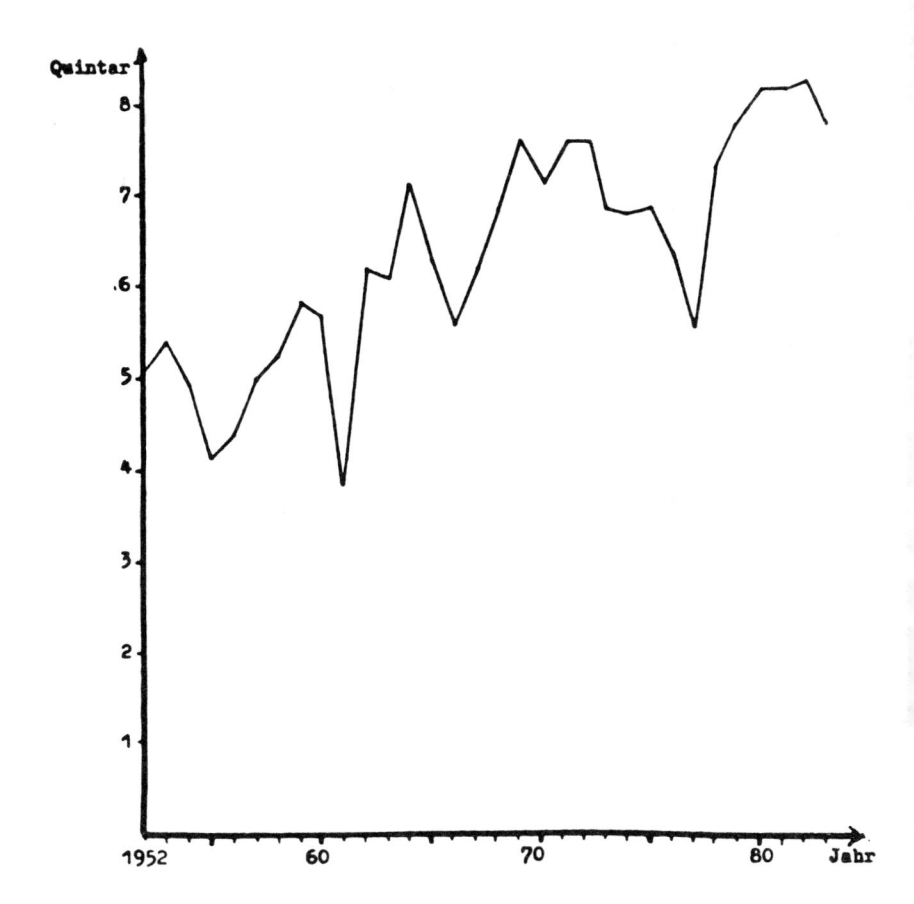

Quelle: Eigene Berechnung und Darstellung, n. (Ministère Des Finances, 113;Statistisches Bundesamt, 160; 161; 162)

Schaubild 8: Die ägyptische Baumwollproduktion 1952-83

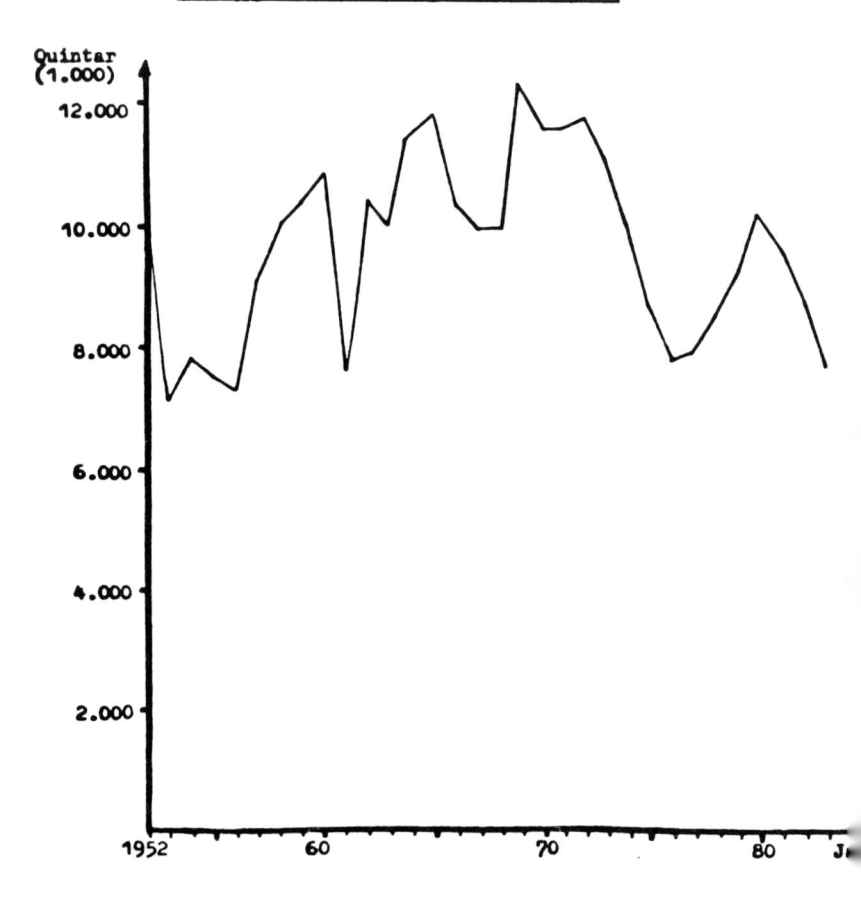

Quelle: Eigene Berechnung und Darstellung, n. (Ministère Des Finances, 113; Stat. Bundesamt, 160; 161; 162). Wegen des Bedeutungsverlustes der Baumwolle als Exportprodukt wurde nicht mehr die Höhe der Ausfuhren, sondern der Produktion dargestellt.

7.2.4. Die wichtigsten Agrarprodukte

Baumwolle, seit vielen Jahrzehnten das Agrarprodukt mit der größten Bedeutung, konnte diese Stellung zwar weiterhin halten, verlor jedoch gesamtwirtschaftlich entscheidend an Gewicht. Entfielen zunächst noch ca. die Hälfte der Gesamtausfuhren auf Baumwolle als Rohprodukt, so änderte die Rückgabe der Sinai-Ölfelder völlig die Situation. 1982 trug Rohbaumwolle nur noch mit 13 v.H. zu den Gesamtausfuhren bei (Stat. Bundesamt, 162, S. 26 f). Auch das starke Wachstum des Industrie- und Dienstleistungssektors sowie die zeitweise sehr hohen Überweisungen der Gastarbeiter beendeten die jahrzehntelange Dominanz der Baumwolle.

Die Entwicklung der Erträge war, wie aus Schaubild 7 zu entnehmen ist, bis zum Beginn der 70er Jahre positiv, wenn auch die sehr hochgesteckten Erwartungen in die Auswirkungen des Hochdammbaus nicht voll erfüllt wurden. Neue, vom Cotton Research Board entwickelte Sorten, wie Menufi und verschiedene Giza-Arten, waren neben der erhöhten Zufuhr von Inputs und den bereits geschilderten Maßnahmen zur Überwachung des Anbaus und zum Schutz der Böden für die Ertragssteigerungen verantwortlich. Negative Folgeerscheinungen des Dammbaus, wie z.B. die Versalzung weiter Flächen, verhinderten in der Folgezeit eine weitere positive Entwicklung (Statistisches Bundesamt, 160; 161; 162).

Die bereits dargestellten Reaktionen der Produzenten auf staatlich vorgegebene Absatz- und Erlösmöglichkeiten betrafen neben der Baumwolle u.a. auch die Hauptprodukte Weizen und Zuckerrohr, während das Exportprodukt Reis Zuwächse zu verzeichnen hatte. Die hohen Zunahmen bei Spezialprodukten wie Obst und Gemüse[1] und die so bewirkte Veränderung der Gewichte dient einigen Autoren als Ansatzpunkt, um eine noch weitergehende Konzentration auf den Anbau solcher Produkte als künftigen Weg der ägyptischen Landwirtschaft vorzuschlagen (Aliboni, 7, S. 94 f).

Wie im vorhergehenden Bewertungszeitraum verzeichnete der Tierbestand auch in der Republik einen merklichen Anstieg, wobei jedoch die Hauptfuttergrundlage Bersim als begrenzender Faktor wirkte. Besonders hervorzuheben ist die bei sinkendem Rinderbestand erhöhte Zahl von Büffeln, die zwar auch für Zugaufgaben, aber vor allen Dingen in der Milchproduktion eingesetzt werden. Dies mag einerseits die Entlastung der Betriebe durch die Genossenschaften bei zugkraftintensiven Arbeiten widerspiegeln, kann aber auch als Indiz für eine stärkere Orientierung auf den noch schwach entwickelten Milchmarkt gewertet werden.

---

[1] So stieg der Anteil von Gemüse an der gesamten Agrarproduktion von 7 v.H. 1960 auf 14,3 v.H. 1974 (Statistisches Bundesamt, 160, S. 39).

Tabelle 28: Entwicklung des Viehbestandes (in 1.000)

Jahr	Rinder	Büffel	Schafe	Ziegen	Esel
1952	1.356	1.212	1.254	703	816
1958	1.390	1.395	1.259	723	950
1965	1.608	1.617	1.855	787	1.138
1970	2.115	2.009	2.066	1.155	1.362
1974	2.119	2.170	1.965	1.293	1.499
1980	1.852	2.370	1.498	1.451	1.706
1984	1.825	2.410	1.450	1.500	1.780

Quelle: (Ministère Des Finances, 113; Stat. Bundesamt, 160; 161; 162)

7.2.5. Technik der Landbewirtschaftung

Die Agrartechnik, bisher im internationalen Vergleich noch sehr an traditionellen Mustern orientiert, zeigte unter dem Einfluß der neuen Organisationsformen der Landbewirtschaftung deutliche Veränderungen. Die großen und zusammenhängenden Schläge, für deren Bewirtschaftung die Genossenschaften zuständig waren, verbesserten die Einsatzmöglichkeiten landwirtschaftlicher Maschinen, deren Zahl dementsprechend deutlich stieg.

Vor allem der Bestand an Schleppern, die auch für die umfangreichen Neulandkultivierungen benötigt wurden, erhöhte sich von ca. 10.000 vor der Revolution auf über 21.000 1975 und 41.000 1983 (Ministry of Agriculture, 114; Stat. Bundesamt, 160; 161; 162). Ähnlich verlief die Entwicklung bei Dünge- und Pflanzenschutzmitteln sowie bei den für ihre Ausbringung erforderlichen Geräten (Marei, 101, S. 190 f), während die den einzelnen Landwirten belassenen Aufgaben noch häufig mit den traditionellen Methoden angegangen wurden.

Die Rückkehr zur Drei-Jahres-Rotation sowie die Einsparung von Be- und Entwässerungskanälen bei der Bestellung großer Flächen mit nur einem Produkt sind weitere deutliche Folgen des Wirkens der großräumig wirtschaftenden, an überbetrieblichen Interessen orientierten Genossenschaften. Erst durch diesen überbetrieblichen Ansatz wurde es möglich, mit der Abschaffung der zweijährigen Fruchtfolge ein ganzes Bündel von Problemen zu beseitigen, das bisher die ägyptische Landwirtschaft belastet hatte. Zuvor standen die kurzfristigen Einkommenserwartungen der kleinen Betriebe, vor allem der Pächter, einer gesamtwirtschaftlich wünschenswerten Bekämpfung der durch die Bodenverschlechterung bedingten Ertragseinbußen entgegen.

7.3. Wesentliche außerlandwirtschaftliche Bereiche

7.3.1. Verkehr und Infrastruktur

Während der Ausbau der Infrastruktur und des Verkehrsnetzes in manchen früheren Herrschaftsabschnitten im Mittelpunkt der Entwicklungsanstrengungen stand, zeigte die Republik auf diesem Gebiet wenig Initiative. Insbesondere in die landwirtschaftliche Infrastruktur flossen zu geringe Investitionen (Radwan; Lee, 135, S. 11).

Die Verstaatlichung fast aller Verkehrssysteme während der Nasserzeit nahm Privatunternehmen die Möglichkeit, flexibel auf z.B. durch die wachsende Urbanisierung gewandelte Bedürfnisstrukturen zu reagieren. Die im Zuge der veränderten Wirtschaftspolitik erfolgte Wiederzulassung privater Transportunternehmen führte zusammen mit der starken Zunahme des privaten KFZ-Bestandes zwar zu einer Erhöhung der Transportkapazität, die wegen des vor allem im ländlichen Bereich oft schlechten Zustands und des zu langsamen Ausbaus des Straßen- und Schienennetzes aber nicht voll wirksam werden konnte.

Die lange Zeit vorherrschende Binnenorientierung der Republik zeigte sich in einer temporären Bedeutungsminderung der Außenverbindungen, die neben Schiffen zunehmend auch durch Flugzeuge aufrechterhalten wurden. Letzteres traf vor allem für das neue Phänomen des Tourismus zu, den die Regierung nach dem politischen Kurswechsel zu fördern suchte.

7.3.2. Die nichtlandwirtschaftlichen Wirtschaftszweige

Die erste Zeit des neuen Regimes war vor allem durch Maßnahmen im Agrarsektor, namentlich die Agrarreformen und Neulandgewinnungen gekennzeichnet. Das langfristige Interesse lag jedoch eindeutig im industriellen Bereich, der als "the only path to economic progress and continued development" (Issawi, 80, S. 169) angesehen wurde.

Nach anfänglicher Zurückhaltung griff die Regierung zu immer dirigistischeren Maßnahmen. Bis 1967 wurden alle Industriebetriebe mit mehr als 10 Beschäftigten, die großen Handelshäuser, Banken, Versicherungen sowie der größte Teil der Dienstleistungsunternehmen verstaatlicht und so die Eingliederung der wichtigsten Bestandteile der ägyptischen Wirtschaft in den öffentlichen Sektor vollzogen (Pawelka, 126, S. 223). Für den äußeren Schutz wurden bei mit ägyptischen Produkten konkurrierenden ausländischen Erzeugnissen sehr hohe Zölle erhoben, während diese bei Importprodukten ohne direkte inländische Konkurrenz gesenkt wurden; ergänzend wurde die bürokratische Kontrolle aller grenzüberschreitenden Wirtschaftsprozesse ausgebaut (Hansen; Marzouk 61, S. 151). Die einzelnen Betriebe waren voll in die staatliche Planungs- und Entscheidungshierarchie eingebunden und ihr unternehmerischer Handlungsspielraum entsprechend gering (Pawelka, 126, S. 125). Dies nutzte die Regierung auch, um potentiell unruhige Akademiker durch eine Einstellungsgarantie in den öffentlichen Sektor zu befrieden. Betriebe und Behörden waren gezwungen, über ihren Bedarf hinaus Personal zu engagieren, das oft für die Aufgabenstellung falsch ausgebildet war. Da die verfügbaren Mittel zudem nicht mit dem Zuwachs der Beschäftigten Schritt halten konnten, ließen sich deutliche Lohneinbußen nicht vermeiden. Arbeit im öffentlichen Sektor war kein anspruchsvoller Beruf mehr, sondern nur ein Job, dessen geringe Bezahlung möglichst durch Nebenbeschäftigungen aufgebessert werden mußte.

Die Industriepolitik der Regierung profitierte seit Mitte der 50er Jahre von einer Phase der Hochkonjunktur, die bis zur zweiten Hälfte der 60er Jahre anhielt und dem Industriesektor jährliche Steigerungsraten von bis zu 7,3 v.H. ermöglichte. Neue Produktionszweige entstanden, insbesondere eine Grundstoff- und Zwischenproduktindustrie sowie Fertigungsstätten für dauerhafte Konsumgüter. Die Entwicklung einer Produktionsmittelindustrie blieb hingegen in den Ansätzen stecken, so daß derartige Produkte vorwiegend aus dem Ausland bezogen werden mußten (Pawelka, 126, S. 231 ff).

Der 1966/67 einsetzenden und durch die militärische Niederlage verstärkten Wirtschaftskrise versuchte die Regierung vor allem nach dem Amtsantritt Sadats durch eine Dezentralisierung der Entscheidungsfindung und eine Öffnung des Landes für ausländische Wettbewerber und Investoren zu begegnen (Aliboni, 7, S. 7). Eine privatwirtschaftliche Umgestaltung des öffentlichen Sektors kam jedoch nicht in Betracht, da er wichtige beschäftigungspolitische Funktionen wahrnahm.

Die neue Politik erfüllte vordergründig betrachtet die in sie gesetzten Erwartungen, da zwischen 1974 und 1984 hohe gesamtwirtschaftliche Wachstumsraten erzielt wurden; dies war jedoch in erster Linie auf Steigerungen bei der Rohstoffgewinnung (Erdöl) und verstärkte, oft ausländische Aktivitäten in den Bereichen Handel und Finanzen zurückzuführen, während der Anteil des Industriesektors am BIP sogar von 20,5 v.H. 1965/66 auf 17,4 v.H. 1980 (Pawelka, 126, S. 231 ff) sank. Die staatlichen Investitionen gingen zurück, ein Ersatz durch ägyptisches oder ausländisches Kapital fand im Industriesektor nicht statt.

7.3.3. Ausländische Einflüsse in Wirtschaft und Politik

Die Anfangsjahre der Republik waren von einem signifikanten Rückgang der noch verbliebenen Reste ausländischen, d.h. insbesondere westlichen Einflusses geprägt, die vor allem in den während der Agrarreformen durchgeführten Enteignungen deutlich werden. Die Frontstellung des Westens gegen Ägypten während der Suezkrise und die Rücknahme von Kreditzusagen für den Hochdammbau bewegten das Land dazu, engere Kontakte mit den COMECON-Staaten zu suchen, die in der Folgezeit, bis in die erste Hälfte der 70er Jahre, Ägypten besonders stark unterstützten.

So entfielen zeitweilig ca. 21 v.H. der weltweit geleisteten Kapitalhilfe dieser Staatengruppe auf Ägypten (Tüttenberg, 170, S. 176). Hinzu kamen noch andere Hilfsleistungen, etwa im militärischen Bereich. Der Westen befand sich zwar zeitweise auf Konfrontationskurs mit Nassers Regime, wollte diese zentrale Position in Nahost aber dennoch nicht völlig aufgeben. So wurden die westlichen Zuwendungen auch in der 'sozialistischen' Phase der ägyptischen Politik weitgehend aufrechterhalten.

Weit über die Hälfte der ausländischen Entwicklungsförderung kam aus westlichen Staaten, erst Mitte der 60er Jahre erfolgte eine deutliche Einschränkung, die dann von den arabischen Ölstaaten ausgeglichen wurde. Große Unterschiede bestanden bei der Art der Hilfsleistungen. Während die U.S.A. als größtes westliches Geberland vorwiegend Nahrungsmittel lieferten, konzentrierten sich die COMECON-Staaten vor allem auf die Entwicklung der Industrie (Pawelka, 126, S. 229; Aliboni, 7, S. 24).

Die bereits von Nasser vorsichtig eingeleitete und dann von Sadat in den 70er Jahren nachdrücklich verfolgte 'Politik der offenen Tür' sollte vor allem ausländisches Kapital für Investitionen in Ägypten mobilisieren. Zu diesem Zweck erfolgte eine wesentliche Verbesserung der Rahmenbedingungen, indem langfristige Steuerbefreiungen gewährt, die Übertragung von Gewinnen ins Ausland erlaubt sowie joint ventures zugelassen wurden, was auch für Staatsbetriebe galt. Die neuen Möglichkeiten führten zwar bis 1981 zu Gesamtinvestitionen in Höhe von ca. 8 Mrd. Dollar, von denen 37 v.H. aus dem Ausland kamen (Pawelka, 126, S. 332). Ein deutlicher Schwerpunkt der privaten und ausländischen Investitionen lag jedoch im Dienstleistungssektor, wo z.B. Investmentgesellschaften, Tourismus und Bauindustrie gute Gewinne versprachen. Die produktiven Sektoren (Industrie, Landwirtschaft, Bergbau) profitierten in weit geringerem Maß (Abdel-Khalek, 1, S. 259 ff), dem ägyptischen Staat blieben oft nur die weniger lukrativen Unternehmungen.

Die privaten ausländischen Anlagen wurden insbesondere nach dem Wegfall der Ostblock-Hilfeleistungen durch umfangreiche Kapitaltransfers westlicher und arabischer Staaten ergänzt, die aber weniger für Investitionen als zur Deckung der zunehmend defizitären Zahlungsbilanz verwendet wurden und werden (Aliboni, 7, S. 79).

7.3.4. Handel mit dem Ausland

Der jahrzehntelang vom Baumwollexport beherrschte Außenhandel änderte seine Struktur grundlegend, da dieses Produkt auf Grund der über den Steigerungsraten der Produktion liegenden Erhöhung der inländischen Nachfrage immer weniger zur Verbesserung der Außenhandelsbilanz beitragen konnte. Hatte der Baumwollanteil an den Ausfuhren zum Zeitpunkt des Regierungswechsels noch bei 83 v.H. gelegen, so sank er bis 1970 auf 45 v.H. (Pawelka, 126, S. 236) und dann, bedingt durch die wachsende Ausfuhr vor allem von Erdöl, aber auch von anderen Agrarprodukten, Halbfertigwaren und Industrieprodukten, auf nur noch 13 v.H. im Jahr 1982 (Stat. Bundesamt, 162, S. 55).

Allgemein war in der Nasserzeit eine relative Minderung der vormals großen gesamtwirtschaftlichen Bedeutung des Exportsektors zu verzeichnen, was u.a. in der Verminderung des ägyptischen Anteils am Weltexport von 0,9 v.H. 1950 auf 0,16 v.H. 1975 zum Ausdruck kommt (Schmidt, 153, S. 124). Eine starke Orientierung der Militärs auf den Binnenmarkt bei Vernachlässigung der Branchen mit potentiellen komparativen Kostenvorteilen war hierfür die Hauptursache.

Auch die 'Politik der offenen Tür', die eine Rückkehr zur Exportökonomie anstrebte, gab kaum neue Impulse, sondern profitierte hauptsächlich vom Erdölexport, während bei Agrar- und Industriebetrieben Stagnation vorherrschte. Exportähnliche, d.h. devisenerwirtschaftende Wirkung hatten in den 70er Jahren hingegen der Tourismus, die Überweisungen ägyptischer Gastarbeiter, der seit 1975 wieder passierbare Suez-Kanal sowie Einnahmen aus der Entwicklungszusammenarbeit (Pawelka, 126, S. 235).

Auf der Einfuhrseite standen in der Nasserzeit bei stagnierenden Konsumgüterimporten zunächst Rohstoffe und Zwischenprodukte sowie Nahrungsmittel und Kapitalgüter im Vordergrund, was die hohe Abhängigkeit der Industrialisierung von ausländischen Inputs aufzeigt. Nach dem wirtschaftspolitischen Kurswechsel dominierten immer stärker Nahrungsmittel- und Konsumgüterimporte (Pawelka, 26, S. 350).

Dies beeinflußte auch die Handelsbilanz, die zwar schon unter Nasser leicht defizitär war, deren wirklich krisenhafte Entwicklung aber erst nach 1973, also nach dem Wirksamwerden der neuen Politik, einsetzte. So standen 1984 Einfuhren in Höhe von 14.596 Mill. Dollar nur Ausfuhren von 4.731 Mill. Dollar gegenüber (Stat. Bundesamt, 62, S. 54).

Die Orientierung des ägyptischen Außenhandels stand weitgehend unter dem Primat der Außenpolitik, so daß sich Nassers Bindungen an die sozialistischen Länder auch in einer entsprechenden Verlagerung der Handelsströme niederschlugen. Hierbei bestand jedoch ein deutliches Ungleichgewicht, da Ägypten auf der Basis bilateraler Handelsabkommen hauptsächlich in die COMECON-Staaten exportierte, während die Importe vorwiegend aus dem Westen bezogen wurden und in 'harter' Währung zu begleichen waren (Aliboni, 7, S. 24). Die von Sadat betriebene Westorientierung minderte die Bedeutung der sozialistischen Länder als Handelspartner, während die U.S.A., Japan und die EG-Länder verlorenes Terrain wiedergewinnen konnten (Schmidt, 153, S. 151).

Die terms of trade, nun immer weniger durch den Baumwollpreis bestimmt, verliefen bis 1970 positiv (Mabro, 99, S. 170). Danach ist von einer eher negativen Tendenz auszugehen, wobei die Entwicklung der Erdölpreise in den letzten Jahren eine immer größere Rolle spielt.

7.3.5. Die öffentlichen Finanzen

Das neue Regime hatte 1952 einen schuldenfreien Staat übernommen und verfügte somit zunächst über einen ausreichenden Handlungsspielraum, den es sofort zu einer deutlichen Ausweitung der Staatsausgaben nutzte. Neben den rapide anwachsenden Aufwendungen für militärische Zwecke und Verwaltung wurden große Mittel zur Förderung der Wirtschaft und der sozialen Einrichtungen, insbesondere des noch immer sehr beschränkt leistungsfähigen Bildungssystems, eingesetzt (Issawi, 80, S. 277). Später, vor allem seit Sadat, erforderten die Subventions- und Wohlfahrtszahlungen immer höhere Summen.

Die schon bald deutlich unter den Ausgaben liegenden Einnahmen waren zu über 2/3 indirekter Herkunft, wobei die indirekte Besteuerung der Landwirtschaft mittels des festgesetzten Preisgefüges besonders wichtig war. So behielt der Staat z.B. Mitte der 70er Jahre bei Zwiebeln, Baumwolle, Reis und Erdnüssen zwischen 57 v.H. und 86 v.H. der Gewinne ein. Dieser Netto-Kapitaltransfer aus der Landwirtschaft sank allerdings in der Folgezeit deutlich (Pawelka, 126, S. 326), während die bis dahin relativ geringe Bedeutung direkter Steuern, so z.B. auf Gewinne der Industrie, dementsprechend anstieg (Aliboni, 7, S. 40).

Die zunehmend unterschiedliche Entwicklung der Höhe von Einnahmen und Ausgaben - 1985 waren ca. 30 v.H. der Ausgaben nicht von Einnahmen abgedeckt - stellt eines der Hauptprobleme Ägyptens dar, zumal die gesamte Auslandsverschuldung 1985 bereits 31 Mrd. Dollar betrug. Seit 1979 stieg sie somit um 174 v.H.. Die aus dem Ölpreisverfall sowie sinkenden Gastarbeiterüberweisungen und Suezkanalgebühren resultierenden Einnahmeausfälle zwingen den Staat zusammen mit Forderungen des internationalen Währungsfonds, deutliche Ausgabenkürzungen zu beschließen (Stat. Bundesamt, 162, S. 72 f).

7.4. Erklärung und Wertung der dargestellten Vorgänge

7.4.1. Ökonomische Interpretation

Unter der republikanischen Regierung fand eine Entwicklung statt, die sich schon in der Monarchie angedeutet hatte. Die jahrzehntelange, auch gesamtwirtschaftlich absolut dominierende Stellung der Baumwolle ging verloren. Es kam jedoch bei nur begrenzten Steigerungen der Produktion nicht zur Herausbildung einer neuen *Hauptproduktionsrichtung*, sondern zu einer zunehmenden Diversifizierung der Produktionsstruktur, die sich als Antwort der im Rahmen des staatlichen Kontrollsystems nur bedingt unternehmerisch handlungsfähigen Landbewirtschafter auf verzerrte Preisstrukturen darstellt.

Nicht die Existenz eines den Marktkräften weitgehend entzogenen Preisgefüges war jedoch das eigentlich Neue in diesem Zeitraum; dies bestand eher in der wachsenden Konkurrenz des bislang in einer Sonderstellung befindlichen Agrarsektors mit den zunehmend wichtiger werdenden außerlandwirtschaftlichen Bereichen um knappe Ressourcen.

Hierbei handelt es sich in erster Linie um *Kapital*. Die Regierung setzte es zwar in höherem Maß als ihre Vorgängerin im Agrarbereich ein; als *Kapitalquelle* diente dem Staat jedoch die Landwirtschaft selbst, die darüber hinaus noch durch Kapitaltransfer andere Wirtschaftszweige zu fördern hatte. Auch die forcierte Ausbildung von *Humankapital* war weniger auf praktische landwirtschaftliche Belange zugeschnitten, sondern förderte durch ihre ungleichgewichtige Struktur vor allem die Fehlallokation hochqualifizierter Arbeitskräfte im aufgeblähten öffentlichen Sektor. Eine verhängnisvolle Rolle spielte in diesem Zusammenhang das lange Zeit gültige Gesetz, wonach Akademikern eine Einstellungsgarantie für den öffentlichen Dienst gegeben wurde. Wegen der geringen Bezahlung hatte es weniger die angestrebte Wirkung einer Befriedigung dieser potentiell aktionsfähigen Gruppe, noch trug die Überfrachtung des Beamtenapparates mit hoch-, aber nicht unbedingt richtig qualifizierten Personen zur dringend erforderlichen Effizienzsteigerung bei.

Bedeutende ausländische Kapitalzuflüsse, teils in monetärer Form, teils in Form von *Human-* und *Sachkapital*, kamen sowohl durch Kredite als auch durch die Entwicklungszusammenarbeit in den Agrarsektor, während die früher häufigen Direktinvestitionen wegen der eingeschränkten unternehmerischen Verfügungserlaubnis über Produktionsfaktoren und staatlich reglementierter Bezugs- und Absatzwege den Ausländern als relativ unattraktiv erschienen.

Die weitgehende Übernahme von früher marktwirtschaftlich geregelten Funktionen durch den Staat hatte zur Folge, daß neben ökonomischen zunehmend auch politische und propagandistische Aspekte handlungsbestimmend wurden. So ist die mit sehr hohem Aufwand vor allem an Kapital, aber auch an Arbeit betriebene, jedoch nur wenig erfolgreiche Neulandkultivierung in Wüstengebieten wohl weniger in Hinblick auf eine spätere, lukrative landwirtschaftliche Nutzung zu verstehen, sondern eher als Prestigeobjekt und als Mittel zur Erweiterung der immer enger werdenden man-land-ratio im Niltal.

Der hohe Einsatz von *Kapital* zur Minderung dieses Mißverhältnisses setzte nicht nur bei der horizontalen *Ausdehnung des Bestandes des knappen Faktors Boden* an, sondern bewirkte auch eine gleichzeitige vertikale Erweiterung, d.h. eine *Produktivitätssteigerung*, durch die erhöhte Zufuhr bisher begrenzender Inputs, beispielsweise Wasser und Düngemittel.

Trotz zumindest anfangs erfolgreicher Ausdehnung des Bestandes bei gleichzeitiger Erhöhung der *Produktivität* konnten die Zuwächse des Faktors *Boden* nicht das Bevölkerungswachstum und somit den *steigenden Bestand des Faktors Arbeit* kompensieren. Die in einem marktwirtschaftlichen System unvermeidbare Folge, ein Anstieg der *Entlohnung des knappen Faktors*, fand jedoch nur begrenzt statt. Die faktische Teilübernahme von Besitzrechten durch das staatliche Instrument 'Genossenschaft' sowie diverse Reglementierungen sorgten dafür, daß nur durch Umgehung der Anbauplanung und anderer Vorschriften, etwa durch Schwarzpacht, eine die realen Knappheitsverhältnisse annähernd widerspiegelnde *Entlohnung* gefunden werden konnte.

Ähnliches galt für Landverkäufe. Aus ökonomischen und sozialen Gründen bei der Bevölkerung unbeliebt, fehlte hierfür zunehmend der Grund, der in früheren Jahrzehnten entscheidend gewesen war. Eine überhöhte Kapitalaufnahme war nicht mehr möglich, da die Funktion als *Kapitalquelle* der Landbevölkerung von privaten, an zusätzlichem Landerwerb interessierten Financiers auf die Genossenschaften, also den Staat, übergegangen war, der auf Grund seiner vielfältigen anderen Kontroll- und Eingriffsmöglichkeiten nicht auf Bodenerwerb durch Zwangsenteignung angewiesen war. Hinzu kam die völlig andere Art der Absicherung der Kapitalvergabe durch die vom Betrieb erwirtschafteten Agrarprodukte im Gegensatz zur früher praktizierten Deckung durch den jeweiligen Bodenbestand.

Die Neuregelung der Zugangsrechte zum knappen Faktor *Boden* beseitigte nicht die Existenz einer sehr unausgewogenen Agrarstruktur, was bei der ständig wachsenden Arbeitskräfteverfügbarkeit je Flächeneinheit auch zu unwirtschaftlich kleinen, möglicherweise mehr auf die Subsistenzsicherung als auf die erwünschte Erwirtschaftung von Überschüssen orientierten Einheiten geführt hätte.

Der Staat machte sich im Gegenteil selbst die Kostenvorteile größerer Einheiten zunutze, um eine zunächst der Arbeitsmarktlage nicht entsprechende *Teilmechanisierung*, also eine Leistungssteigerung des reichlich vorhandenen Faktors *Arbeit*, durchzusetzen. In erster Linie diente diese teilweise *Substitution von Arbeit* durch Kapital der Produktionssteigerung, da der Grenzertrag der Arbeit wegen des bereits sehr hohen Faktoreinsatzes unbedeutend war und weitere Intensivierungsmaßnahmen, wie z.B. verbesserte Entwässerungsanstrengungen, zwar dringlich blieben, ihre Reserven jedoch nicht als so groß eingeschätzt wurden.

Wie beim Boden war auch die *Entlohnung des Faktors Arbeit* den Marktkräften durch staatliche Vorgaben teilweise entzogen. Noch entscheidender für die Höhe der *Faktorentlohnung* waren jedoch die durch Teilmechanisierung und großflächige Bewirtschaftung veränderten Qualifikationsunterschiede. Ungelernte Arbeitskräfte konnten kaum auf eine den staatlichen Verordnungen entsprechende *Entlohnung* hoffen, da diese Regelungen nicht den Knappheitsverhältnissen auf dem landwirtschaftlichen Arbeitsmarkt entsprachen. Qualifikationsbedingte Entlohnungsunterschiede wurden auch innerhalb der dörflichen Genossenschaften deutlich. Den mit sicherem Gehalt versehenen Funktionären, die wesentliche Planungs- und Leitungsaufgaben von den Bauern übernommen hatten, standen die durch die staatlichen Maßnahmen um einen Teil ihrer *Entlohnung* gebrachten Fellachen gegenüber. Zwar soll nicht verschwiegen werden, daß einige Initiativen der Republik, z.B. bei der *Kapitalversorgung*, auch für kleinere Landbewirtschafter positive Folgen hatten. Die dennoch weitgehend die Kleinbetriebe benachteiligende Form des Überschußtransfers und die ebenfalls für diese Gruppe finanziell negativen Folgen der Abschaffung der Zwei-Jahres-Rotation veranlaßte aber viele Fellachen, sich durch Umgehung der staatlichen Vorgaben schadlos zu halten.

Die vor allem in den Städten wirksamen sozialen Leistungen sowie die Hoffnungen auf Beschäftigungsmöglichkeiten veranlaßten viele zur Umsiedelung in die Ballungsgebiete und zeitweise ins Ausland, was zu einer Entspannung des landwirtschaftlichen Arbeitsmarktes beitrug und den Mechanisierungsbestrebungen eine neue Grundlage bot. Gleichzeitig sind diese Abwanderungsbewegungen symptomatisch für den auf Grund der Industrialisierungsbestrebungen und der Ausweitung des Dienstleistungsbereichs *gesunkenen Anteil des Agrarsektors an der Gesamtwirtschaft*. Ägypten ist im engeren Sinn kein Agrarland mehr, ohne daß jedoch, wie z.B. in den Schwellenländern, andere Wirtschaftsbereiche befähigt wären, die weitere Entwicklung langfristig zu tragen. Zu lange lebte das Land nur von der agrarischen Substanz, ohne gleichzeitig eine den wachsenden Beschäftigungsproblemen entsprechende zweite Grundlage zu schaffen.

7.4.2. Soziologische Interpretation

Analog zur komplexeren Gestaltung der Gesamtgesellschaft prägten sich auch im ländlichen, dörflichen Leben mehrere unterschiedlich geartete *soziale Prozesse* aus. So erhielt die in Ansätzen schon in der vorhergehenden Herrschaftsperiode erkennbare Tendenz zu stärker organisierten und teilweise auch kooperativen Formen des Zusammenlebens und -arbeitens wesentliche Impulse vor allem durch den Ausbau des Genossenschaftswesens. Zugleich war ein zunehmender Differenzierungsprozeß bestimmend, der sich z.B. aus den innerhalb der *Institution* 'Genossenschaft' für die verschiedenen Grundbesitzklassen bestehenden, unterschiedlichen ökonomischen Möglichkeiten begründete.

Bei diesen Unterschieden setzte die neue Regierung an, um Stützen im ländlichen Raum zu gewinnen. So wurde einerseits die *Macht*basis der alten Elite, der Großgrundbesitz, beseitigt, andererseits innerhalb des übriggebliebenen, unter den gegebenen Umständen immer noch recht großen Spektrums der Einfluß der Wohlhabenden, also der früheren Mittelklasse, gestärkt. Dieses Vorgehen entsprach sowohl der Herkunft der Mehrheit des nun gesellschaftlich bestimmenden Offizierskorps als auch den gewachsenen *Herrschaftsmustern*, da die Mittelklasse durch die frühe Besetzung der Position des shaykhs oder umdas bereits Führungserfahrung besaß und durch ihren Besitz und ihre Bildung am ehesten Macht ausüben konnte. Gerade die Garantie dieser einflußreichen Position durch den neuen Staat aber war es, die ein starkes *Abhängigkeitsverhältnis* der ländlichen Mittelklasse zum republikanischen Regime begründete.

Die Bedeutung der Unterstützung durch diese Subelite darf jedoch auch nicht überschätzt werden. Die weithin durchgesetzte Zentralisierung, vor allem unter Nasser der *prägnanteste Prozeß dieses Herrschaftsabschnitts*, stellte die *Beziehung der Landwirtschaft* zum Staat und zur Gesamtgesellschaft auf eine neue Ebene. Sie ermöglichte es der Zentralmacht mit Hilfe ihrer lokalen Funktionäre, auch den Interessen ihrer Stützen entgegengesetzte *institutionelle Änderungen* vorzunehmen, wie z.B. die Neuregelung der Produktvermarktung mittels Produktionsquoten und Zwangsaufkauf, von der auch die wohlhabenden Landbesitzer betroffen waren.

Die Zentralisierung brachte aber in Ägypten im Gegensatz etwa zur Sowjetunion keine völlige Umgestaltung der *ländlichen Institutionen* mit sich. Wo diese ansatzweise geändert wurden, etwa bei den Bewirtschaftungsaufgaben der Genossenschaften, stand vor allem das Ziel dahinter, die Kontrollmöglichkeiten der Zentralmacht über den gesamtgesellschaftlich erwirtschafteten Überschuß wiederherzustellen. Ein radikaleres Vorgehen, beispielsweise eine Agrarrevolution mit entsprechender Massenmobilisierung und Aufteilung des Landes in kleine Einheiten, hätte wegen des kleinen Familienbetrieben eigenen Produktionsverhaltens die Erwirtschaftung eben dieses Überschusses gefährdet.

In diesem Zusammenhang ist das Aufkommen kooperativer *Institutionen* und Organisationen zu sehen, neben der schon erwähnten Genossenschaften auch der zur ideologischen Absicherung landesweit verbreiteten 'Arabischen Sozialistischen Union' und ihrer Nachfolgeparteien sowie des außer zur Erfüllung der normalen Aufgaben auch zur Verbreitung staatlicher Vorstellungen geeigneten, wesentlich ausgebauten Bildungssystems. Gerade dieses litt jedoch unter dieser Überfrachtung, zumal es nach internationalen Maßstäben qualitativ immer noch schlecht abschnitt.

Das mehrheitlich im ländlichen Raum wurzelnde Militärregime suchte zwar, wie oben erwähnt, auch dort nach Stützen seiner Macht. Die im *gesamtgesellschaftlichen Rahmen* eigentlich wichtige Grundlage des neuen Staates bildeten aber die Städte, vor allem die Hauptstadt Kairo, die auf Grund der Zentralisierungsbestrebungen immer stärker an Bedeutung gewann.

Hier bestand ein wachsendes und durch seine Nähe zu den Machtzentren gefährliches Unruhepotential in Form der unterbeschäftigten bzw. beschäftigungslosen Massen, zu deren Befriedung immer größere Teile der dem Agrarsektor entzogenen Überschüsse erforderlich wurden. Neben diesem schnell wachsenden städtischen Proletariat entwickelte sich außerdem eine zwar zahlenmäßig bei weitem nicht so bedeutende, aber durch den wachsenden Bedarf an Spezialkenntnissen immer wichtigere Gruppe, die technische Intelligenz. Gerade letztere gewann allmählich größeren Einfluß, da spätestens ab 1967 durch wirtschaftliche und außenpolitische Fehlschläge die durch frühere Erfolge geförderte Zustimmung und Unterstützung breiter Volksmassen schwand.

Industrialisierung und Außenhandel dienten seit dieser Zeit zumindest teilweise dazu, die an westlichen Konsummustern orientierten Wünsche einer solchen urbanen Schicht zu befriedigen, was die Stadt-Land-Differenzierung weiter erhöhte. Darüber hinaus erfolgte seit dem wirtschaftspolitischen Reformkurs eine Einbindung dieser durch ihre Kenntnisse unverzichtbaren Gruppe in die staatlichen Entscheidungsmechanismen und somit eine Wandlung des bisher vorwiegend militärischen Charakters der Staatselite.

Die nur modifizierten, aber nicht grundsätzlich geänderten *ländlichen Besitz- und Machtverhältnisse* bei im Rahmen der Zentralisierung weitgehend gelungener Wiederherstellung der staatlichen Kontroll- und Zugriffsmöglichkeiten übten einen konservierenden Einfluß auf die *Einstellungen und Verhaltensweisen der ländlichen Bevölkerung* aus. Die präkoloniale, von Mohammed Ali begründete Situation des von einer kleinen Schicht dominierten Staates, dem nahezu alle Verteilungs-, Kontroll- und Konsummöglichkeiten offenstehen, lebte wieder auf. Dies reduzierte den Handlungsspielraum der großen Zahl Landarmer und -loser ebenso, wie es die vormals bestehenden, direkten *Abhängigkeiten* bewirkt hatten. Größere, vor allem ökonomische Selbständigkeit erreichten nur wenige. Hingegen ist von einer deutlich erhöhten Politisierung der Landbevölkerung durch die Agrarreformen und die vom Staat betriebene Propaganda auszugehen. Da dem erstarkten politischen Bewußtsein aber keine direkt spürbaren Verbesserungen folgten, blieb insbesondere den unteren Besitz- und Einkommensgruppen nur eine Option: die Abwanderung in die scheinbar ökonomische Vorteile bietenden Städte.

7.4.3. Agrarpolitische Interpretation

Die Führungsschichten des neuen Staates, zunächst vor allem das Militär, später zunehmend auch Technokraten, bildeten die *Trägerschaft der Agrarpolitik*. Ihre Herkunft aus der Mittelschicht führte zwar auch in der Landwirtschaft zur Privilegierung dieser Gruppe; eine der Zeit der Monarchie vergleichbare Durchsetzung von Gruppeninteressen stand jedoch zumindest anfangs nicht im Vordergrund. Bestimmend war die Unterordnung der Agrarpolitik unter die von der neuen staatstragenden Schicht vorgegebene Gesamtpolitik, die wiederum bei einem zumindest in den ersten zwanzig Jahren starken außenpolitischen Engagement nicht von der internationalen Politik zu trennen ist.

Die *Grundzüge der Politik und Agrarpolitik* sind ein Beleg hierfür. Unter Beibehaltung bestimmter eigener Grundsätze, wie der Erhaltung des Privateigentums am Boden, waren zunächst, während der Phase der Kooperation mit den osteuropäischen Staaten, sozialistische Einflüsse maßgebend, die nach der außenpolitischen Umorientierung mit kapitalistischen Elementen vermischt wurden.

Auch wenn die politisch bestimmenden Kreise Ägyptens die marxistische und leninistische Lehre nicht als Richtlinie für das eigene Land ansahen, so wurde doch ein Teilbereich der Entwicklung der osteuropäischen Länder, nämlich der Ausbau der staatlichen Kontrolle in allen wichtigen Bereichen der Wirtschaft sowie die ideologische und propagandistische Absicherung der Staatsmacht, als probates Mittel zur Durchführung einer selbst gesteuerten Entwicklung bereitwillig aufgegriffen. Nach dem außenpolitischen Kurswechsel und zusammen mit der wachsenden finanziellen Abhängigkeit vom Westen kam es zu einer deutlichen Abschwächung der zuvor ergriffenen dirigistischen und protektionistischen Maßnahmen. Marktwirtschaftliche Grundsätze wurden jedoch nicht voll umgesetzt, so daß sich die Wirtschafts- und Agrarpolitik als ein eigenartiges, aus sozialistischen, kapitalistischen und eigenen ägyptischen Elementen zusammengesetztes Gemisch darstellt.

Bei diesen Elementen scheint es sich nicht um die jeweils positivsten zu handeln. Als besonders folgenschwer erwies sich die Abkehr vom seit Jahrzehnten in Ägypten praktizierten Budgetausgleich, der zuletzt eine der Situation vor hundert Jahren vergleichbare, prekäre Finanzlage entstehen ließ.

Das *wirtschaftspolitische Hauptziel* bestand in der Förderung des ökonomischen Wachstums mit besonderem Schwerpunkt im industriellen Sektor. Das wesentliche *agrarpolitische Ziel*, die Unterstützung dieses Wachstumsprozesses durch einen möglichst hohen Ressourcentransfer aus dem Agrarsektor, hatte in diesem Zusammenhang instrumentalen Charakter und ist kennzeichnend für den weiteren Rückgang der einstmals dominierenden Stellung der Landwirtschaft. Zudem sollte dieser Ressourcentransfer zur Erfüllung eines für das anfangs auf Massenloyalität beruhende Regime unverzichtbaren *Unterziels* dienen, nämlich der Beruhigung der wegen starker Zuwanderung angespannten Lage in den Städten durch die Bereitstellung günstiger Grundnahrungsmittel.

Voraussetzung für die Verfügbarkeit über den Agrarsektor und somit Grundlage aller späterer agrarpolitischen Handlungen war der *Bereich* der Agrarreformen, der zugleich Möglichkeiten zur Schwächung der alten Elite bot. Eine Neubestimmung der Rahmenbedingungen des ländlichen Lebens erfolgte zunächst mittels eines Bündels *ordnungspolitischer Instrumente*. Sowohl die rechtliche Ordnung erfuhr durch Flächenobergrenzen Änderungen, als auch die institutionelle Ordnung durch die landesweite Verbreitung der Genossenschaften und Untergruppen der Staatspartei. Die Feinsteuerung übernahmen *ablaufpolitische Instrumente*, wie die weitgehende Anbauflächenfestlegung und -bewirtschaftung durch die auch in anderen agrarpolitischen Bereichen eine zentrale Rolle einnehmenden Genossenschaften.

Dies alles war die Basis für den zweiten zentralen *agrarpolitischen Bereich*, die schrittweise Defunktionalisierung der Märkte und ihr Ersatz durch die Einbindung der Landwirtschaft in einen Wirtschaftsplan, der ihr vor allem die Aufgabe zuwies, durch Abgabe von Produkten unter derem Marktpreis die außerlandwirtschaftliche Entwicklung zu fördern und das zur Absicherung des Regimes eingerichtete Wohlfahrtsprogramm mitzutragen.

Die schon in der Monarchie teilweise aufgegebene Lenkungsfunktion der Marktkräfte wurde nach der Festigung der landesweiten Kontrolle über die Landwirtschaft durch *ablaufpolitische Instrumente*, wie Festpreise und Ablieferungspflichten, verdrängt. Zum einen ermöglichten diese niedrigen Preise dem Staat hohe Gewinne durch den bei manchen Produkten möglichen Verkauf zu weit höheren Preisen auf den internationalen Märkten. Zum anderen ließ sich mit diesen niedrigen Aufkaufpreisen die politisch erwünschte Stabilisierung der Preise vieler Verbrauchsgüter erzielen. Die durch das gute weltwirtschaftliche Klima nur verdeckten Strukturschwächen vor allem im auf devisenaufwendige Importe angewiesenen industriellen Bereich offenbarten sich in der durch den Sechstagekrieg verschärften konjunkturellen Abschwungphase.

Der durch die Niederlage hervorgerufene Prestigeverlust sowie die aus finanziellen Gründen dringend gebotenen Einschränkungen der Wohlfahrtsausgaben verminderten den Rückhalt des Regimes bei den Massen und zwangen es zur Suche nach Alternativen. Hier bot sich die Rückbesinnung auf die eigene, meist mittelständische Herkunft an. Dieser Gruppe bot man, wiederum im Zusammenhang mit der vorwiegend aus außenpolitischen Gründen erfolgten Rückorientierung nach Westen durchaus passend, als *ordnungspolitisches Instrument* ökonomische Nischen in Form von nicht dem Ablieferungszwang und den Fixpreisen unterworfenen Spezialprodukten, also den Zugang zu lukrativen Märkten.

Diese Ausweichmöglichkeiten für mittlere und große Landbesitzer und ihre Auswirkungen kollidierten schon bald mit einem *agrarpolitischen Bereich*, der traditionell in Ägypten große Bedeutung einnimmt: den Anstrengungen zur Erhöhung der agrarischen Leistungsfähigkeit, ebenfalls ein zentrales Terrain genossenschaftlicher Betätigung. Sowohl horizontal, durch Wiederaufnahme des allerdings immer kostspieligeren Instruments der Neulandgewinnung, als auch vertikal, durch erhöhte Inputversorgung, wurden große Bemühungen deutlich. U.a. auf Grund weiterbestehender Mißverhältnisse in Ausbildung und Infrastruktur standen die Aufwendungen aber langfristig in einem gewissen Mißverhältnis zum Erfolg.

Damit sind schon die *Auswirkungen* der republikanischen Politik und Agrarpolitik angesprochen. Die durch die neue Regierung wieder erfolgte Übernahme kollektiver Aufgaben, wie etwa der Leistungssteigerung des Bewässerungssystems, wurde durch breitgestreute Belastungen vor allem der ländlichen Bevölkerung finanziert. Die so erzielten Leistungssteigerungen kamen aber auf Grund beschränkter Einkommen einerseits und geringer Ausweichmöglichkeiten bei der Produktion andererseits weder auf Verbraucher- noch auf Erzeugerseite breiten Gruppen zugute. Ein großer Teil der staatlichen Anstrengungen und Aufwendungen unterstützte vielmehr die regimetreue, durch die mangelnde Konsequenz der Agrarreformen nur wenig geschwächte ländliche Mittel- und Oberschicht bei ihren Bestrebungen, die kaufkräftigen städtischen Stützen der Regierung sowie den Export zu beliefern.

Während diese Politik unter anderen Bedingungen als an komparativen Kostenvorteilen ausgerichtet durchaus positiv zu beurteilen wäre, gefährdete sie im finanzschwachen und unter hohen Bevölkerungszuwachsraten bei künftig eher rückläufigen Abwanderungsmöglichkeiten leidenden Ägypten den außenpolitischen Spielraum und ist deshalb unter innen- und teilweise auch interessenpolitischen Gesichtspunkten zu verstehen. Während devisenreiche und nicht mit so hohen Verbrauchszuwächsen bei Grundnahrungsmitteln konfrontierte Staaten sich auf den gut bestückten internationalen Märkten durchaus ohne Gefährdung ihrer Unabhängigkeit versorgen können, setzt Ägypten mit seiner nicht auf Marktkäufen, sondern auf Hilfszuwendungen beruhenden Politik die eigene Handlungsfreiheit aufs Spiel.

Fazit:

Auch die Republik konnte in ihren Entscheidungen nicht mit der wesentlichen Bestimmungsgröße, dem Bevölkerungswachstum, mithalten. Die revolutionäre Anfangsdynamik wurde nur unzureichend zur Anpassung der ländlichen Rahmenbedingungen genutzt. Als verhängnisvoll erwies sich die Vielzahl von sich z.T. widersprechenden Zielen, die seitens der Regierung verfolgt wurden. So gelangen zwar teilweise propagandistische Erfolge, jedoch kaum eine Verbreiterung der gesellschaftlichen Entwicklungsbasis. Die Leistungsfähigkeit des bis dahin einzigen produktiven Sektors, der Landwirtschaft, wurde nur unzureichend eingesetzt, während die durch die Urbanisierung erforderliche Schaffung zusätzlicher nichtagrarischer Wirtschaftsbereiche nur unbefriedigend gelang. Kaschiert wurde dies durch einen großen öffentlichen Sektor, dessen eher konsumptive Ausrichtung das überwunden geglaubte Budgetproblem neu hervorrief und im Zusammenhang mit dem Nahrungsmitteldefizit den äußeren Spielraum des Landes deutlich eingrenzt.

8. Erklärung und Wertung der dargestellten Vorgänge im Gesamtzusammenhang

Wie eingangs erläutert, sollen in dieser Gesamtwertung die Vorgänge des ganzen Zeitraums von 1805 bis zur Gegenwart untersucht werden, da die wesentlichen Komponenten der ägyptischen Agrarentwicklung eine über einzelne Herrschaftsabschnitte hinausgehende Bedeutung haben. Die als Vorbereitung und Grundlage der integrierten Abschlußanalyse fungierende Gesamtwertung ist zwecks Einheitlichkeit und Übertragbarkeit der Erkenntnisse in derselben Form disziplinär untergliedert wie die Einzelwertungen der Herrschaftsabschnitte. Wie diese orientiert sie sich an den zu Anfang hergeleiteten Bewertungsaspekten, die zusätzlich in den Tabellen 30, 31 und 32 am Ende jedes Unterkapitels zusammenfassend dargestellt werden.

8.1. Ökonomische Interpretation - konstante Hauptproduktionsrichtung, aber unrationelle Faktorverwendung

Eineinhalb Jahrhunderte lang hing das Wohl der ägyptischen Landwirtschaft, ja sogar der Gesamtwirtschaft im wesentlichen von einem *Hauptprodukt* ab: der unter Mohammed Ali eingeführten langfaserigen Baumwolle. Dies kam jedoch nicht in einer Monokultur zum Ausdruck, die bei Baumwolle produktionstechnisch kaum durchführbar ist. Vielmehr entwickelten sich außerlandwirtschaftliche Wirtschaftszweige, die zeitweise fast ausschließlich auf das *Hauptprodukt* fixiert waren, sowie eine Landwirtschaft, die als fruchtfolgebedingte Residualgrößen auch noch bedeutende Mengen anderer Agrarprodukte erzeugte.

Innerhalb dieser durch tatsächlich vorhandene große komparative Vorteile bedingten Ausrichtung auf ein *Hauptprodukt* zeigten jedoch nicht Politiker und Unternehmer, sondern vor allem die Fellachen ein geradezu erstaunliches Maß an ökonomischer Flexibilität. Während die in den außerlandwirtschaftlichen Bereichen Verantwortlichen auch in kritischen Situationen wenig Initiative entwickelten und mögliche Alternativen zum einmal eingeschlagenen Weg vernachlässigten oder sogar unterbanden, waren die an der *Produktionshöhe* und der Produktpalette ablesbaren Reaktionen der Bauern weit sensibler.

Hiervon nicht zu trennen ist das *Maß der unternehmerischen Handlungsfähigkeit*, das den einzelnen Produzenten überhaupt eingeräumt wurde. Als im wesentlichen 'ungefiltert' sind daher nur die zwischen Saids Regierungsantritt und dem Ersten Weltkrieg zu beobachtenden Reaktionen anzusehen, während sonst der *unternehmerische Freiraum* mehr oder weniger stark eingeschränkt war und ist.

Dies reichte von Anbauflächenregulierungen während des Ersten Weltkriegs und der Monarchie über die unter Sadat und Mubarak praktizierte lockere Lenkung der Agrarproduktion mittels der Genossenschaften bis hin zur nahezu völligen Bevormundung der Erzeuger unter Mohammed Ali und Nasser, die weite Bereiche des Produktions- und Absatzprozesses einschloß.

Insgesamt läßt sich jedoch auch für diese langen Zeitabschnitte eine Grundtendenz festhalten: der ägyptische Agrarproduzent ist durchaus ein 'homo oeconomicus', selbst unter Mohammed Ali und Nasser zeigten sich in Anbetracht der getroffenen Kontrollmaßnahmen deutliche marktwirtschaftliche Reaktionen. Dies wurde von vielen politisch Verantwortlichen unterschätzt oder vernachlässigt, die an marktrelevanten Punkten, insbesondere den Preisen ansetzten, somit künstliche 'Nachfrageänderungen' hervorriefen und folglich ein entsprechendes, aber so nicht erwartetes bäuerliches Angebotsverhalten provozierten.

Im Gegensatz zur relativen *Konstanz der Hauptproduktionsrichtung* sind bei den *Produktionsfaktoren* deutliche, teilweise sogar dramatische Umschichtungen festzustellen. Das eigentlich Interessante ist jedoch nicht diese Tatsache an sich, sondern das Ausmaß der Abweichung von der nach den realen Knappheitsverhältnissen zu erwartenden Entwicklung.

Während beim *Kapital* nur die Angabe der groben Tendenzen möglich ist, lassen sich für *Arbeit* und *Boden* zumindest einige den gesamten Zeitraum abdeckende Daten finden, die als Grundlage einer ungefähren Einschätzung dieser Knappheitsrelationen dienen können. Die Daten bestehen aus den zwar nicht als exakt einzuschätzenden, aber dennoch die ungefähre Größenordnung widerspiegelnden Angaben über die Bevölkerungs-, Kulturflächen- und Anbauflächenentwicklung, wie sie in Tabelle 29 zu finden sind.

Auf Grund der vorliegenden Zahlen ist somit festzustellen, daß sich im zu Beginn des 19. Jahrhunderts ohnehin schon sehr dünn besiedelten Agrarland Ägypten zunächst durch Mohammed Alis bodenerhaltende und -rückgewinnende Maßnahmen die Schere zwischen *Landangebot* und *Arbeitsbesatz* weiter öffnete. In der zweiten Jahrhunderthälfte kam jedoch das als Folge der weitgehend gesicherten materiellen Basis erheblich gestiegene Bevölkerungswachstum voll zum Tragen, während sich die Flächenzuwächse demgegenüber vergleichsweise bescheiden ausnahmen.

Zumindest in der britischen Herrschaftsperiode gelang es noch, dieser Entwicklung durch den Einsatz moderner Bewässerungstechnik zu begegnen. Als aber auch diese Option in der Monarchie an ihre Grenzen stieß, war das 'Umkippen' der man-land-ratio nicht mehr aufzuhalten. Ägypten entwickelte sich immer schneller zu einem *landarmen*, mit hohen Bevölkerungszuwachsraten konfrontierten Staat, in dem unter sehr hohen Kosten unzureichende Flächen von immer geringerer Güte erschlossen wurden, während die besseren *Böden* von Zersiedelung und Bebauung bedroht waren und werden.

Tabelle 29: <u>Entwicklung der landwirtschaftlichen Nutz- und Anbaufläche sowie der Bevölkerung (1813-1980)</u>

Jahr	Bevölkerung 1.000	Anteil Landbevölkerung %	Kulturfläche 1000 Feddan	Feddan pro Kopf	Anbaufläche 1000 Feddan	Feddan pro Kopf
1813[1]			3.055			
1821[2]	2.536	80-90	2.032	0.80		
1836/36[3]	3.000	80-90	3.500	1.17		
1869[4]	5.215	80-90	4.500	0.86		
1877[5]			4.742		4.762	
1897	9.669	80	5.000	0.51	6.800	0.70
1907	11.190	81	5.400	0.48	7.700	0.68
1917	12.718	79	5.300	0.41	7.700	0.60
1927	14.178	74	5.500	0.38	8.700	0.61
1937	15.921	72	5.300	0.33	8.400	0.52
1947	18.967	67	5.800	0.30	9.200	0.48
1957	24.089	67	5.800	0.24	10.300	0.42
1966	30.076	60	6.618	0.22	10.589	0.35
1974	36.345	57	6.796	0.18	11.021	0.30
1980	42.289	50	6.796	0.16	11.126	0.26

[1] (Artin, 13, S. 209)
[2] (Mengin, 109, S. 342 ff)
[3] (Clot, 33, S. 13)
[4] (Régny, 139, S. 13 f, und S. 67)
[5] (Ministère De L'Interieur, 112, S. 152)

Von 1897 an wurden Daten aus verschiedenen Jahrgängen von (Ministère Des Finances, 113; Capmas, 29) verwendet.

Trotz der schon erwähnten Unabwägbarkeiten bei der Beurteilung der Verfügbarkeit des dritten Faktors, *Kapital*, läßt sich feststellen, daß auf Makroebene nur in den ersten Herrscherjahren Mohammed Alis sowie in der aktuellen Situation wirkliche Engpässe vorlagen.

Dem Pascha gelang durch Zwangsmaßnahmen die Mobilisierung *interner Kapitalquellen*, während ansonsten bis auf die jüngste Vergangenheit in ausreichendem Maß *externes Kapital* zur Verfügung stand.

Selbst zu Zeiten des durch *Kapital*verschwendung verursachten finanziellen Zusammenbruchs Mitte der siebziger Jahre des 19. Jahrhunderts erlitt die *Kapitalverfügbarkeit* nur eine relativ kurzfristige Störung, blieb neben der sehr langfristig angelegten Entschuldung des Staates noch Raum für *kapitalintensive* öffentliche Vorhaben, wenn auch insgesamt nie eine den arabischen Ölländern vergleichbare Überversorgung mit *Kapital* bestand.

Auf der landwirtschaftlichen Mikroebene ist sicherlich eine Unterscheidung zwischen Groß- und Kleinbetrieben zu treffen. Während der ersten Gruppe häufig eine hohe Bonität zugestanden wurde und *reguläre Kapitalquellen* meist offenstanden, war die zweite oft auf irreguläre Kanäle, vorwiegend lokale Geldverleiher, angewiesen und hatte höhere Zinssätze zu entrichten. Die nach 1952 durch die Genossenschaften angebotene Kreditvergabe hat gerade für Kleinbetriebe, allerdings nicht für Landlose, eine der verschlechterten staatlichen *Kapitalverfügbarkeit* entgegengesetzte, bessere Zugangsmöglichkeit eröffnet.

Unter der Annahme einer ungehinderten Entwicklung der *Faktorkosten* hätte sich bei der oben dargestellten *Faktorverfügbarkeit* ein relativ genau bestimmbarer Ablauf des volkswirtschaftlichen Differenzierungsprozesses ergeben müssen. Das zum jeweiligen Zeitpunkt optimale Mengenverhältnis würde sich genau dann einstellen, wenn die mit ihren Preisen gewichteten Grenzerträge bei allen Produktionsfaktoren einander gleich sind, d.h. das Preisverhältnis der Faktoren, die *Faktorentlohnung*, ist die entscheidende Determinante.

Exkurs:

Um die Änderung der Struktur des Faktoreinsatzes im Zeitablauf zu erfassen und graphisch zu verdeutlichen, soll im folgenden das von Herlemann verwendete Faktorendreieck benutzt werden. Es handelt sich um ein gleichseitiges Dreieck, in dem die Summe der senkrechten Abstände jedes beliebigen Punktes von den drei Seiten stets konstant ist. Wird diese Summe gleich hundert gesetzt, so ergeben die Seitenabstände Prozentsätze hiervon. Das Mengenverhältnis der drei Produktionsfaktoren soll dementsprechend durch die Abstände des Kombinationspunktes K von den Seiten wiedergegeben werden, wobei die Entfernung zur Seite a den Arbeitsaufwand, zur Seite b den Bodeneinsatz und zur Seite c den Kapitalaufwand darstellt.

Schaubild 9: *Das Faktorendreieck*

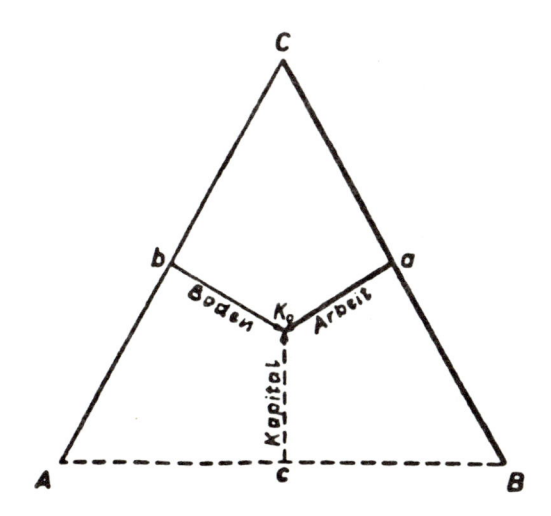

Wird die Größenordnung für die Mengeneinheit der Produktionsfaktoren so gewählt, daß ihre Grenzerträge gleich groß sind, so müssen auch die aufgewendeten Mengen sowie die Preise der Produktionsfaktoren gleich sein. Einen solchen Fall stellt Schaubild 9 dar, d.h. dieser Kombinationspunkt kennzeichnet zugleich die Preisrelationen zwischen den Faktoren. Da Preis- und Mengenänderungen einander reziprok sind, kann K_0 auch als Relationspunkt R_0 beschrieben werden, dessen Seitenabstände den umgekehrten Wert der Faktorpreise wiedergeben.

Nunmehr ist es also möglich, Wandlungen der Kostenstruktur durch Verlagerung des Relationspunktes R graphisch darzustellen.

Schaubild 10: *Wirkung von Kostenverschiebungen auf die Lage des Relationspunktes R*

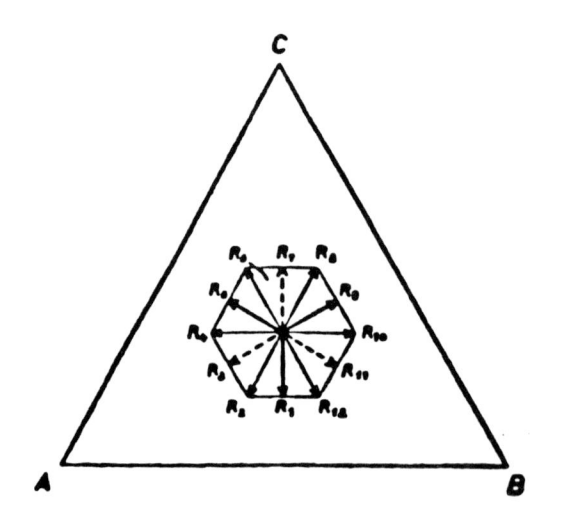

Jede Verschiebung von R infolge langfristiger Veränderungen der bestehenden Faktorkostenstruktur, also der Knappheitsrelationen, macht entsprechende Anpassungen der Faktorkombination notwendig, d.h. beispielsweise, daß Verknappung und dementsprechende Preiserhöhung des Faktors Kapital c.p. eine Verlagerung nach R_1 zur Folge haben würde.

R_1 soll auch als Ausgangspunkt der den *Faktorknappheitsverhältnissen* Ägyptens entsprechenden idealtypischen Darstellung des Entwicklungsverlaufs dienen. Er kennzeichnet einen Zustand weitgehender Selbstversorgung der landwirtschaftlichen Bevölkerung bei insgesamt geringer *Kapitalverwendung*. Im Falle eines dünnbesiedelten Landes, wie es Ägypten zunächst war, wäre eine Verschiebung von R_1 nach R_{12} erfolgt, d.h. hohe Realeinkommen der *knappen Arbeitskräfte* hätten bei sinkenden Grundrenten zu einem Mehreinsatz des reichlich vorhandenen Faktors *Boden* geführt.

Im nächsten Schritt hätte das bei hohen Lohnsteigerungen erfolgte Bevölkerungswachstum sowie der Agrarexport für eine starke Nachfrage gesorgt und somit die Agrarpreise und Grundrenten stabilisiert. Die wachsende *Kapital-*

bildung erleichtert gleichzeitig die Verwendung dieses Faktors. Unter der sehr wichtigen Voraussetzung, daß im außerlandwirtschaftlichen Bereich neue Erwerbsmöglichkeiten entstehen und somit eine relative Verknappung des landwirtschaftlichen *Arbeitskräfteangebots* mit entsprechenden Lohn- und Kaufkraftzuwächsen eintritt, käme es zu einer Verschiebung von R_{12} nach R_{10}.

Zunehmende Grenzkosten der Neulanderschließung oder sogar Erschöpfung der Bodenreserven haben im nächsten Schritt einen entsprechenden "Preisanstieg" des Faktors *Boden*, also eine Grundrentenerhöhung zur Folge, die auch mit der Bevölkerungsverdichtung und evtl. Exportmöglichkeiten zusammenhängt. Solange das rasche Bevölkerungswachstum mit der landwirtschaftlichen und zunehmend auch der industriellen *Arbeitskräftenachfrage* Schritt hält und somit dämpfend auf das Lohnniveau wirkt, führen die erzielbaren *Produktivitätsfortschritte* zur Verbilligung der neuen, außerlandwirtschaftlichen Erzeugnisse und vor allem zu einer verbesserten *Kapitalbildung* und *-verfügbarkeit*. Der Relationspunkt verschiebt sich von R_{10} weiter nach oben und erreicht R_8 bis R_7, d.h. eine Situation, die bei relativ niedrigen Kosten der Kapitalnutzung durch hohe Löhne und ebenfalls recht hohe Grundrenten gekennzeichnet ist.

So oder zumindest so ähnlich würde sich also der unter c.p. Bedingungen konzipierte, den ägyptischen Knappheitsverhältnissen entsprechende Verlauf idealtypisch darstellen.

Die reale Entwicklung nahm jedoch einen anderen Weg, auf den im folgenden eingegangen werden soll. Wegen seiner häufig externen Herkunft, also der Ausdehnung des heimischen Faktormarktes, und der großen Beweglichkeit nahmen Einsatz und Entlohnung des Faktors *Kapital* hierbei eine Entwicklung, die am ehesten den gesamten Knappheitsverhältnissen entsprach.

Dennoch wurden selbst bei diesem Faktor bedeutende Manipulationsmöglichkeiten wahrgenommen. Dies galt, wie auch in vieler anderer Hinsicht, besonders für Mohammed Ali, der den bis dahin geringen *Kapitaleinsatz* durch die zum Teil zwangsweise Erschließung neuer *Kapitalquellen* deutlich steigerte. Gestiegene ausländische Zuflüsse, hohe öffentliche Einnahmen sowie die extreme Ausnutzung des Faktors *Arbeit* schufen *Kapital* in Form der großen öffentlichen Projekte, insbesondere in den Bereichen Bewässerung und Infrastruktur.

Unter seinen Nachfolgern steigerte sich der *Kapitaleinsatz* sowohl seitens der öffentlichen Hand sowie nun auch von Privatleuten noch weiter. Neben weiteren Investitionen in den schon erwähnten Bereichen sowie im Transportwesen trat aber auf staatlicher Ebene ein Luxuskonsum, der die Tatsache verschlimmerte, daß auf Grund des nun fehlenden Abschöpfungssystems eine entsprechende *Kapitalentlohnung* fehlte. Die Konsequenz war, daß als öffentliche *Kapitalquellen* neben Steuereinnahmen und der immer noch bestehenden zwangsweisen Ausnutzung des Faktors Arbeit zunehmend Kredite traten. Neben der Arbeit spielten diese zwar auch auf privater Ebene eine Rolle, der Unterschied war aber, daß die Entlohnung eines bedeutenden Teils des öffentlichen Kapitaleinsatzes seit den vierziger Jahren in private Hände floß.

Die große Leistung der britischen Verwaltung bestand darin, mittels neuer Abschöpfungsmechanismen der weiterhin zwangsläufig durch *hohe Kapitaleinsätze* belasteten öffentlichen Hand einen angemessenen Teil der *Faktorentlohnung* zufließen zu lassen. Auf der öffentlichen Seite dienten somit immer weniger Kredite und immer höhere Staatseinnahmen als *Kapitalquellen*, während die privaten nach dieser Umleitung der *Faktorentlohnung* neben Arbeit und Verkaufserlösen stärker auf Fremdkapital zurückgreifen mußten. Der *Faktoraufwand* bewegte sich nach wie vor in hohen Dimensionen und konzentrierte sich im öffentlichen Bereich weiterhin auf Bewässerung und Flächenerschließung, was im Rahmen ihrer Möglichkeiten auch für private Investoren galt, die zudem viele Landkäufe tätigten.

Die Zeit der Monarchie bedeutete bei der Höhe des *Faktoreinsatzes* zwar keinen Einbruch, aber doch eine Periode des Stillstandes. Auf Grund weltwirtschaftlicher sowie innenpolitischer und sozialer Instabilität wurde sowohl der öffentliche als auch der private *Kapitaleinsatz* möglichst eingeschränkt, was aber unter den bestehenden, vor allem bewässerungstechnischen Rahmenbedingungen nur begrenzt möglich war. Der Eindruck der Zurückhaltung und Stagnation wird durch das Versiegen der ausländischen *Kapitalquellen* unterstrichen, die auf diese Weise auf innere Unsicherheiten Ägyptens sowie die schlechte Konjunktur der *Hauptproduktionsrichtung* reagierten, welche keine günstigen Renditeaussichten bzw. *Faktorentlohnungsperspektiven* boten. Das Land blieb somit weitgehend auf seinen internen Kapitalvorrat angewiesen, wobei die Faktorverfügbarkeit der öffentlichen Hand auf Grund der vorhergehenden Konsolidierungspolitik befriedigend, die der privaten Wirtschaftssubjekte aber wegen der schlechten Absatzlage sowie oft informaler Schuldverhältnisse unzureichend war.

Dem auch für kleine Privatbetriebe wirksam abzuhelfen und diese Kontrakte durch formale zu ersetzen, war ein wesentlicher Erfolg der Republik, die den *Kapitalaufwand* weitgehend unter staatliche Kontrolle brachte und deutlich ausdehnte. Als *Kapitalquellen* dienten neben ausländischen Hilfeleistungen vor allem der Agrarsektor selbst, der zudem erstmals seit Mohammed Ali Kapital für die Entwicklung anderer Wirtschaftszweige aufzubringen hatte. Für die Erhöhung des *Faktoraufwands* sowie der -verwendung, die in erster Linie den traditionellen Bereichen Bewässerung und Flächenerschließung zugute kam, war vielfach weniger die Erzielung einer guten *Faktorentlohnung*, sondern außerökonomische Gründe ausschlaggebend. Dies verursachte im Zusammenwirken mit anderen Komponenten bereits mittelfristig Einschränkungen der staatlichen *Kapitalverfügbarkeit*, da die Bereitstellung von Privatkapital im Agrarsektor weder aus ausländischen noch aus eigenen Quellen ausreichend gelang. Die direkte Vereinnahmung großer Teile der *Faktorentlohnung* durch den Staat, schon früher als öffentliche *Kapitalquelle* benutzt, verhinderte in wichtigen Bereichen den unentbehrlichen Anstieg des privaten *Kapitalaufwands*.

Die vor allem in der Anfangsphase *kapitalbildende* Rolle des Faktors *Arbeit* wurde schon erwähnt; Mohammed Ali und auch noch seine Nachfolger erreichten dies durch die erzwungene Absenkung der *Faktorentlohnung*, die sich sonst dem knappen Angebot entsprechend in weit höheren Dimensionen bewegt hätte. Einer negativen Reaktion des *Faktorangebots* wurde durch die organisatorische Einbindung in einen Arbeitsdienst weitgehend vorgebeugt, so daß der *Faktoreinsatz* nicht mehr von ökonomischen, sondern von administrativ vorgegebenen Determinanten abhängig war und folglich dem Bevölkerungswachstum entsprechend ausgedehnt werden konnte.

Trotz der erzwungenen Beseitigung des Zusammenhangs zwischen *Faktorangebot* und *-entlohnung* erschienen dennoch, vor allem im Baumwollboom, Maßnahmen zur Steigerung der *Arbeitsproduktivität* als sinnvoll, da die zu erzielenden Erlöse eine möglichst große Steigerung des *Faktoreinsatzes* verlangten. Diese natürliche Reaktion auf ein knappes Faktorangebot setzte sich somit auch in Ägypten verspätet und abgeschwächt durch, blieb jedoch, da in der Folgezeit das starke Bevölkerungswachstum voll zum Tragen kam und die wirtschaftliche Dynamik nachließ, nur eine Episode. Letzteres galt auch für den leichten Anstieg der *Faktorentlohnung* vor allem während des Booms, der, da der Zwangsarbeitsdienst weiterhin bestand, die Knappheit des Faktors *Arbeit* verdeutlicht.

Schon die Briten konnten es sich leisten, auf die künstliche Absenkung der *Faktorentlohnung* zu verzichten und die Entstehung eines Arbeitsmarktes zu tolerieren. Die demographische Entwicklung sowie die praktizierte Unterdrückung außerlandwirtschaftlicher Wirtschaftszweige vernichteten jeglichen Spielraum für Erhöhungen der *Faktorentlohnung*, was bei den nun bestehenden freien Faktormärkten auch bedeutete, daß Steigerungen der Arbeitsproduktivität immer weniger erforderlich erschienen. Die nächsten Jahrzehnte waren somit bei ständig steigendem Faktorangebot von einem *hohen Faktoreinsatz* gekennzeichnet, während die *Entlohnung* breiter Bevölkerungsgruppen sich in der Nähe des Subsistenzminimums bewegte. Erst gegen Ende des Herrschaftsabschnitts der Monarchie eröffneten die in Massenproduktion erstellten importierten Geräte eine völlig neue Dimension, da sie für große Bewirtschaftungseinheiten selbst beim extrem niedrigen ägyptischen Lohnniveau Mechanisierungsbestrebungen lukrativ erscheinen ließen. So wurde die *Produktivität* des Faktors gesteigert, der am reichlichsten vorhanden war.

Die Idee der Bewirtschaftung großer Einheiten mit modernen Methoden griff auch die Republik mit ihrer landesweiten Einrichtung von Genossenschaften auf. Die hiermit verbundene, nicht mit der Faktorverfügbarkeit konforme *Mechanisierung* erfolgte ganz im Hinblick auf die Produktionshöhe. Negativen Auswirkungen auf die Entlohnung des *Faktors Arbeit* versuchte die Regierung durch eine gemäßigte Neuregelung der Verteilung des Faktors *Boden* sowie die administrative Regelung der minimalen *Faktorentlohnung* zu begegnen. Eine stabile Entlohnung der ländlichen Arbeitskraft bewirkte jedoch erst die marktwirtschaftliche Reaktion auf ein durch Stadtflucht und Arbeitskräfteexport verknapptes Faktorangebot, da sich der *Faktoreinsatz* nach wie vor auf sehr hohem Niveau bewegte.

Während die Mechanisierung, wie zu sehen war, nur in eng begrenzten Zeiträumen und dann meist durch Heranziehung von unter außerägyptischen Kostenverhältnissen entstandenen Verfahren betrieben wurde, stand die *Intensivierung* schon früh und danach ununterbrochen als agrarökonomische Herausforderung an. Unter Mohammed Ali wurde sie sogar noch vor Flächenausdehnungen in Angriff genommen, da die neue Produktionsrichtung langfaserige Baumwolle als Sommerwasserkonsument zwangsläufig nach Dauerbewässerung verlangte. Die Entscheidung für dieses einzige Agrarprodukt, das unter kommerziellen Bedingungen in Ägypten eine vielversprechende Zukunft hatte, war also der rein technische Auslöser für die *Intensivierung*, nicht etwa ein geringes Faktorangebot.

Mohammed Alis begleitende Maßnahmen stellten durch Zwang sicher, daß nicht nur *Angebot und Entlohnung* des in starkem Maß zusätzlich benötigten Faktors *Arbeit* innerhalb der natürlichen Grenzen festgelegt werden konnten, sondern auch die entsprechenden Größen des Faktors *Boden*. Selbst die Verteilung dieses Faktors war den staatlichen Direktiven unterworfen. Dies hatte zur Folge, daß für die zunächst relativ egalitäre, dann aber schnell ungleiche Agrarstruktur nur zum Teil ökonomische Determinanten den Ausschlag gaben.

Die wichtigste war, daß sich der Faktor *Boden* gegen Ende der Mohammed-Ali-Zeit und dann vollständig unter den Nachfolgern zu einer frei handelbaren Ware entwickelte, d.h. wesentlich früher als der Faktor *Arbeit* seinen Knappheitsverhältnissen entsprechend bewertet wurde. Fehlende *Kapitaleinsatzmöglichkeiten* in außerlandwirtschaftlichen Bereichen sowie die Benachteiligung vieler bei der Verteilung des Faktors *Boden*, die im wesentlichen nur Arbeit offerieren konnten, verschärfte diese Knappheitsverhältnisse noch. Der gesamte Zeitraum bis zur Revolution war somit bis auf die Krisenjahre während der Monarchie von einer Situation beherrscht, in der bei extrem *hohen Entlohnungen des Faktors Boden,* die auf Grund der Bodenmonopolisierung in erster Linie den großen Grundeigentümern zugute kamen, Maßnahmen zur Erweiterung des Faktorbestandes und vor allem der *Produktivität* im Mittelpunkt standen.

Erst Nasser verfolgte mit einer wenn auch moderaten Faktorneuverteilung, einer verordneten Faktorhöchstentlohnung sowie der staatlichen Aneignung wichtiger Verfügungsrechte am Boden wirkliche Änderungsansätze, die durch eine außerlandwirtschaftliche Nachfragebelebung nach *Arbeit* unterstützt wurden. Leider wurden die Dimensionen dieser Vorgänge der Explosion des *Faktorangebots an Arbeit* nicht gerecht und wären bestenfalls unter den zwanzig oder dreißig Jahre vorher bestehenden Relationen voll wirksam geworden. So führte erst die unter Sadat einsetzende Migration in die Städte und ins Ausland zu einer spürbaren Entspannung im ländlichen Raum. Die ländlichen Faktorrelationen normalisierten sich m.a.W. erst dann, als es zu einer Verlagerung des *Faktorangebots* in die Ballungsgebiete kam und als der inländische Markt, beim Faktor *Kapital* in umgekehrter Richtung schon weit früher praktiziert, durch ausländische Faktornachfrage erweitert wurde. Da die *Produktivitätssteigerung* des Faktors *Boden* schon deutlich an ihre Grenzen stieß, war die relative Angebotsverknappung des Faktors *Arbeit* die willkommene Möglichkeit, produktionssteigernde Mechanisierungsmaßnahmen zu forcieren.

Zusammenfassend läßt sich aus den obigen Ausführungen entnehmen, daß die Entwicklung in Ägypten nicht den zuvor dargelegten, rein an der Relation der Faktorverfügbarkeit und -kosten orientierten Verlauf nahm. So ging schon der erste Schritt nicht vom Ausgangspunkt R_1 nach $R_{1,2}$, sondern bewegte sich auf R_2 zu. Über R_3 war dann ca. während der britischen Herrschaft R_4 erreicht, d.h. ein von Landknappheit und *hohem Arbeitseinsatz* bei *zunehmendem Kapitalaufwand* gekennzeichnete Situation, an der sich auch während der Monarchie nichts änderte. Erst die Vorgänge unter den republikanischen Regierungen hatten eine Verlagerung nach R_6 zur Folge.

Die Behandlung des letzten Bewertungsaspekts, nämlich des *Anteils der Landwirtschaft an der Gesamtwirtschaft,* hängt wesentlich mit diesem Verlauf und somit auch mit der Gesamtbeurteilung der ökonomischen Vorgänge zusammen. Eine nennenswerte Entwicklung außeragrarischer Wirtschaftszweige zur Erschließung neuer Einkommensquellen und zur Produktion von Inputs gelang unter Mohammed Ali und in der Republik, d.h. das eine Mal bei Betrachtung der *Faktorrelationen* zu früh, das andere Mal unzureichend und zu spät. Neben diesem zentralen Punkt, dessen soziale und politische Komponenten ein erneutes Aufgreifen in der integrierten Abschlußbewertung erforderlich machen, ist eindeutig die in den ersten beiden Herrschaftsabschnitten praktizierte administrative Festlegung der *Faktorentlohnung* für die Abweichungen vom idealtypischen Verlauf verantwortlich zu machen. Insbe-

Tabelle 30: Die ökonomischen Bewertungsaspekte im Gesamtzeitraum

Bewertungsaspekte	Herrschaftsabschnitte				
	Mohammed Ali	M. A.'s Nachfolger	Briten	Monarchie	Republik
Produktionsausrichtung und -höhe	Einführung und Steigerung der B.W.-Produktion	weitere Steigerung der B.W.-Produktion	Dominanz der B.W.-Produktion	Leichte zwischenzeitliche Diversifizierung	weitere Diversifizierung, mehr Spezialprodukte
Maß der unternehmerischen Handlungsfreiheit	nicht vorhanden	frei	frei bis zum ersten Weltkrieg	zunehmende Einschränkung	zunächst weiter abnehmend, dann leicht steigend
Faktoreneinsatz	A = mittel, unter Ausnutzung aller Reserven B = reichlich K = nur zunächst knapp	A = leicht steigend B = deutlich steigend K = reichlich, nur zuletzt knapp	A = deutlich steigend B = deutlich steigend K = hoch	A = steigend B = hoch, aber stagnierend K = leichte Abschwächung	A = hoch B = sinkend K = zunächst hoch, dann Verknappung
Faktorenlohnung	A = zwangsweise gering B = systembedingt nicht vorhanden K = hoch	A = zwangsweise gering B = steigend K = steigend	A = gering B = stark steigend K = sehr hoch	A = gering B = stark steigend K = sinkend	A = Stabilisierung B = hoch K = unterschiedlich, teilw. sehr gering
Produktivität	A = gering B = deutlich steigend	A = deutlich steigend B = deutlich steigend	A = stagnierend B = trotz Ertragsrückgang steigend	A = zuletzt leichte Steigerung B = deutlich steigend	A = deutlich steigend B = steigend
Anteil des Agrarsektors an der Gesamtwirtschaft	hoch, aber nicht dominierend	steigend	dominierend	leicht sinkend	deutlich sinkend

A = Arbeit, B = Boden, K = Kapital, B.W. = Baumwolle

Quelle: Eigene Darstellung

sondere Mohammed Alis erzwungene Absenkung der *Entlohnung des Faktors Arbeit* führte zusammen mit dem gegen Ende seiner Herrschaft getroffenen Entscheidungen über die Verteilung des Faktors *Boden* und somit auch über die Aufteilung der *Faktorentlohnung* dazu, daß die im idealtypischen Fall vorausgesetzten landwirtschaftlichen Lohn- und Kaufkraftzuwächse nicht zustande kamen. Die Absenkung der *Entlohnung des Faktors Arbeit* gelang, die später viel wichtigere Regelung der *Entlohnungs- und Verteilungsverhältnisse des Faktors Boden* wurde erst nach 1952 und auch dann nur halbherzig angegangen. Indem schon früh völlig abwegige Faktorkosten vorgespiegelt wurden, nahm Ägyptens Wirtschaft einen Weg, der zuerst dem eines ursprünglich dichtbesiedelten Landes glich, dann aber völlig außer Kontrolle geriet.

8.2. Soziologische Interpretation - starke Beharrungskräfte in den gesellschaftlichen Grundmustern

Eine scheinbare Konstante der sozialen Entwicklung des ländlichen Raumes zeigt sich sowohl zu Beginn als auch gegen Ende des Bewertungszeitraums: die große Bedeutung der Institutionen Dorf und Dorfgemeinschaft als Handlungsort der *wesentlichen sozialen Prozesse des ländlichen Lebens*. Bei genauerer Betrachtung sind aber zwei wichtige Einschränkungen erforderlich.

Zunächst brachten es die Urbanisierung und die damit zusammenhängenden Veränderungen in der Bevölkerungsverteilung mit sich, daß das Dorf in der Zeit der Monarchie und Republik zwar seine Bedeutung für das ländliche Leben behielt, dieses aber nicht mehr mit dem Leben der weit überwiegenden Mehrheit der Einwohner gleichzusetzen war, so daß sich eine verringerte gesamtgesellschaftliche Wichtigkeit nicht verkennen ließ. Neben die ländlichen Lebensformen drängten immer stärker die urbanen, zumal nach 1952 die republikanische Regierung durch ihre vorwiegend im städtischen Bereich wirksamen Industrialisierungs- und Wohlfahrtsmaßnahmen Attraktivität und Eigenständigkeit des Stadtlebens erhöhte.

Außer dieser demographisch bedingten besteht die zweite Einschränkung darin, daß zwischenzeitlich, also nach der Herrschaft Mohammed Alis, eine organisatorische Schwächung und Bedeutungsminderung der Dorfgemeinschaft eintrat, die erst in der Republik durch eine unter anderen Vorzeichen zustandegekommene Renaissance abgelöst wurde. Waren unter den Mameluken bzw. unter der auf lokaler und dörflicher Ebene wirksamen *Herrschaft* der multazims noch die kooperativen Qualitäten der Dorfgemeinschaft gefragt, die auch Mohammed Alis zentral lenkende Agrarverwaltung in geeignete *Institutionen* wie den Zwangsarbeitsdienst einfließen ließ, so entfielen in der Folgezeit die hierfür erforderliche politische Absicherung sowie die wirtschaftlichen Gründe.

Die durch äußere Einflüsse geschwächte sowie auch in ihrer Grundeinstellung gewandelte Obrigkeit hatte nun deutlich weniger Zugriffsmöglichkeiten auf den einzigen in Ägypten erwirtschafteten Überschuß von Bedeutung, den landwirtschaftlichen. Das von der Zentralmacht weitgehend ungehinderte Ringen um dessen Aufteilung sowie der Ersatz der bis dahin staatlicherseits wahrgenommenen Verteilungs- und Handelsfunktionen durch private Kräfte führten im Zusammenhang mit der schon in ihren Anfängen ungleichen Privatisierung des Bodens zwangsläufig zu einer völlig neuen Situation. Die zuvor weitgehend von der lokalen und dann der Zentralmacht bestimmten Lebensumstände wichen formal der eigenständigen Wahrnehmung von Chancen und Risiken, die zwangsweise durchgesetzte Surplusbestimmung und -ablieferung der freien Verfügung der Handelspartner. Differenzierung und Kommerzialisierung wurden die *wesentlichen sozialen Prozesse* des folgenden Jahrhunderts.

Beide Phänomene sind zwar für einen Entwicklungsprozeß in diesem Stadium nicht untypisch, aber auch nicht zwangsläufig. Mohammed Alis verordnete Einführung von marktfähigen Produkten ohne Gewinnbeteiligung der Produzenten hatte jedoch, was Vorleistungen, Weltmarktverflechtungen und Anbauverfahren betraf, einen zu endgültigen Charakter, als daß eine Rückkehr zu den zuvor praktizierten, weitgehend subsistenzorientierten Lebens- und Produktionsformen ohne weiteres möglich gewesen wäre. Die nun vom staatlichen Zugriff freien Überschüsse boten vor allem denjenigen gute Möglichkeiten, die bei der Bodenprivatisierung begünstigt worden waren, oder, wie die shaykhs, über besondere Befugnisse verfügten, so daß diese sich herauskristallisierende ländliche Führungsschicht kein Interesse an einer Umorientierung haben konnte.

Die Zweitfunktion der Herrscher als größte Grundeigentümer brachte es vielmehr mit sich, daß die nach der Bodenprivatisierung an sich schon großen Unterschiede im ländlichen Raum durch die staatlich verordnete Begünstigung der Großbetriebe bei der Steuerlast erhöht wurde. Die Kommerzialisierung, also die handels- und geschäftsorientierte Erschließung immer weiterer Lebens- und Wirtschaftsbereiche, wurde politisch gestützt und von keiner maßgeblichen Gruppe in Frage gestellt. Möglichkeiten zur Beteiligung der größten ländlichen Gruppe, der Fellachen, bestanden aber nur beschränkt, da neben den schon angeführten Benachteiligungen auch produktionstechnische Hemmnisse auftraten sowie die juristisch durchgesetzte Individualisierung das Risiko für die nicht mehr kooperativ abgesicherten Einzelbewirtschafter erhöhte.

Letzteres kam besonders zum Tragen, da eine traditionelle islamische *Institution*, das Erbrecht, nun in einer Situation voll zur Geltung gebracht wurde, für die es weder konzipiert noch passend war: in einem flächenarmen Land, das plötzlich mit hohen Steigerungsraten der Bevölkerung zu kämpfen hatte.

Während die Großgrundbesitzer die Regelungen teilweise unterlaufen konnten, wurde das anfangs gerade noch ausreichende Produktionspotential vieler Fellachen zunehmend geschmälert, was ihre anfangs noch vorhandenen Möglichkeiten zur Wahrnehmung der durch die Kommerzialisierung gebotenen Chancen einseitig minderte.

Differenzierung, Individualisierung und Kommerzialisierung stellen in der ägyptischen Entwicklung langfristige *Prozesse* dar. Erst ansatzweise in der Monarchie und dann nachdrücklicher in der Republik zeigten sich entgegengesetzte Tendenzen. *Institutionen*, die einen höheren Organisationsgrad aufwiesen und z.T. kooperativen Charakter hatten, entstanden, insbesondere die auf dörflicher Ebene organisierten und mit weitreichenden Befugnissen ausgestatteten Genossenschaften. Sie sorgten in Verbindung mit den moderaten Agrarreformen dafür, daß Dorf und Dorfgemeinschaft, in ihrer gesamtgesellschaftlichen Rolle geschmälert, einen Teil ihrer früheren Bedeutung für das ländliche Leben wiedererlangten. Dies beendete zwar die oben genannten Prozesse oder ihre Auswirkungen nicht völlig, bedeutete aber dennoch eine neue Qualität des dörflichen Zusammenlebens und der Dorfgemeinschaft an sich. Diese neue Qualität wurde auch dadurch beeinflußt, daß einem Teil der dörflichen Nichtlandwirte zeitweise neue Einkommensmöglichkeiten z.B. in den Olländern offenstand, so daß der Status diese Schicht nicht mehr durchgehend so schlecht war wie früher.

Die im ländlichen Raum bestehenden *Macht- und Abhängigkeitsstrukturen* standen in enger Wechselbeziehung zu den *wesentlichen sozialen Prozessen* sowie zu den gesamtgesellschaftlichen *Macht*verhältnissen. Ausgehend von der tributär-feudalistischen Form, in der die dörfliche Gemeinschaft an den jeweiligen Steuerpächter gebunden war, hatten Mohammed Alis radikale Maßnahmen zunächst eine möglichst weitgehende Zentralisierung zum Ziel, die in ihrem Wesen anonymer, durch ihren allgegenwärtigen Verwaltungsapparat aber kaum weniger repressiv war. Beide Formen der *Machtausübung* weisen eine Eigenheit auf, die den späteren fehlt: die faktisch uneingeschränkten Möglichkeiten zur Abschöpfung des von den Mitgliedern der Dorfgemeinschaft erwirtschafteten Mehrprodukts, das zunächst auf der Grundlage naturalwirtschaftlicher Selbstversorgung, dann einer erzwungenen, kommerziell ausgerichteten Produktionsausweitung entstand.

Diese Abschöpfung konfrontierte den Zentralstaat Mohammed Alis aber auch mit einem grundsätzlichen Problem. Um sich einen möglichst großen Teil der Produktion zu sichern, war die Staatsmacht auf eine starke lokale Vertretung ihrer Exekutivorgane mit entsprechend weitreichenden Befugnissen angewiesen. Waren diese Organe bei einer handlungsfähigen Zentralmacht durch ihre Einbindung in die administrativen Befehlsstränge weitgehend unter Kontrolle, so mußte diese schwinden, sobald innere oder äußere Einflüsse eine Schwächung der Zentralmacht, in diesem Fall der Person des

Paschas, hervorriefen. Als Folge kam es wiederum zur Herausbildung relativ unabhängiger *ländlicher Machtstrukturen*, auch wenn die Träger dieser Feudalisierung, der von der Bodenprivatisierung begünstigte turko-ägyptische Großgrundbesitz und die shaykhs, im Gegensatz zu den multazims der Mamelukenzeit einer Anlehnung an die zwar geschwächte, aber dennoch funktionsfähige Staatsmacht suchten.

Die durch die Kommerzialisierung bei gleichzeitiger Monopolisierung des Bodens abgesicherte ökonomische und soziale Basis dieser Feudalherren induzierte aber schnell ein Engagement ägyptischer und ausländischer Investoren, vor allem aus dem Handelsbereich. Dies hatte zur Folge, daß sich die neuen feudalen Strukturen zwar festigten, es aber gleichzeitig durch die Perpetuierung der gesamtwirtschaftlichen und -politischen *Machtverhältnisse* in den ländlichen Bereich zu einem Identitätsverlust der turko-ägyptischen Führungsschicht kam.

Der Beginn dieser Vermischung des städtischen Handelskapitals mit dem Großgrundbesitz ist auf die 70er Jahre zu datieren, wobei die Geschwindigkeit dieses Prozesses bewirkte, daß sich schon in den 90er Jahren die vorläufig gültigen Strukturen herausgebildet hatten. Einer kleinen, voll kommerziell orientierten Feudalschicht stand die Masse der Kleinbauern gegenüber, deren Möglichkeiten weder die Aufrechterhaltung einer auf den Eigenbedarf ausgerichteten Produktion noch die Erwirtschaftung ausreichender Erlöse auf den Märkten zuließen, so daß die Fellachen folglich mit kapitalkräftigen Investoren aus dem städtischen Bereich um die knappen landwirtschaftlichen Böden konkurrieren mußten. Da außerdem mit dem Landerwerb ein Gewinn an Sozialprestige verbunden war, stiegen die Bodenpreise in nicht mehr nur mit ökonomischen Maßstäben meßbare Höhen.

Dies fand unmittelbar seinen Niederschlag in der Ausprägung der *ländlichen Macht- und Abhängigkeitsverhältnisse*. Für die nun ökonomisch und sozial führende Gruppe war nicht mehr die Erzwingung eines möglichst hohen Arbeitseinsatzes oder die Abschöpfung eines hohen Produktionsüberschusses am lukrativsten; sie konnte vielmehr aus der zeitweisen Vergabe des begehrten Bodens die meisten ökonomischen Vorteile ziehen, was dazu führte, daß sich die *ländlichen Macht- und Abhängigkeitsverhältnisse* vorwiegend in sehr einseitigen Formen der Pacht manifestierten.

Gerade diese suchten die Agrarreformer nach 1952 zu brechen. Da ihre Hauptzielrichtung aber in erster Linie die Wiederherstellung der Kontrollmöglichkeiten des neuen Zentralstaates über das agrarische Mehrprodukt war, ließ die Dynamik der Reformbewegung schnell nach, zumal die Besitzstände der ländlichen Mittelklasse, aus der die meisten Angehörigen der staatstragenden Schicht stammten, unangetastet bleiben sollten. Eine Umwälzung der ländlichen Eigentums- und Produktionsbedingungen unterblieb somit, das alte System blieb in wesentlichen Resten bestehen.

Wo deutliche Eingriffe vorgenommen worden waren, z.b. bei den Kontroll- und Bewirtschaftungsrechten der staatlich dominierten Genossenschaften, vollzog sich ein ähnlicher Trend wie während der Schwächung der Zentralmacht Mohammed Alis. Funktionen, auf die der Staat zur Durchsetzung seiner Ziele im ländlichen Raum angewiesen war, vor allem in den Genossenschaften und politischen Organisationen, wurden von Personen oder Gruppen mit lokalem Einfluß besetzt und in ihrem Sinn aus- und umgestaltet. Die Formen der *ländlichen Machtausübung* wurden somit indirekter, die bevorzugten und vor allem die benachteiligten Gruppen blieben hingegen im wesentlichen die gleichen, was durch eine unausgewogene Agrarpolitik sogar noch verstärkt wurde. Am vorläufigen Ende der Entwicklung der *ländlichen Macht- und Abhängigkeitsverhältnisse* finden sich somit die bekannten Strukturen: eine kleine Mittel- und Oberschicht, deren enge Verflechtung oder sogar Identität mit dem Staat es ermöglicht, den wesentlichen Einfluß im ländlichen Bereich auszuüben, während der Masse der Fellachen und Landlosen als einzige Reaktionsmöglichkeit nur die Abwanderung bleibt.

In enger Abhängigkeit von den im ländlichen Raum vorherrschenden *sozialen Prozessen* sowie den *Macht- und Abhängigkeitsverhältnissen* ist die Entwicklung der *ländlichen Institutionen* zu sehen, was z.t. schon bei den obigen Ausführungen deutlich wurde. Da sie im Rahmen der jeweils vorherrschenden sozialen, machtpolitischen und produktionstechnischen Strukturen eine vorwiegend funktionale Rolle einnahmen, riefen Veränderungen dieses Überbaus zwangsläufig entsprechende *institutionelle Anpassungen* hervor. Dies war die Ursache dafür, daß die in der Anfangszeit bestehenden *Institutionen* entweder, wie der Zwangsarbeitsdienst, abgeschafft wurden oder ohne direkte Eingriffe in ihrer Bedeutung gemindert wurden, wie die Dorfgemeinschaft.

Die *wesentlichen sozialen Prozesse des ländlichen Lebens* brachten entsprechende *neue Institutionen* hervor. Individualisierung und Differenzierung schlugen sich in der Garantie des privaten Grundbesitzes und der Neubelebung des moslemischen Erbrechts nieder, Weltmarktintegration und außenpolitische Abhängigkeit führten zur strikten Anwendung der Kapitulationen, die durch Mohammed Alis Monopolsystem zwangsweise eingeleitete Kommerzialisierung hatte rasch die Beseitigung eben dieses Systems und die Durchsetzung der Rechte des Individuums an seiner Produktion zur Folge. Diese Liste zeigt schon, daß die Erneuerung der *ländlichen Institutionen* etwa Ende der 80er Jahre vorläufig abgeschlossen war. Da die *sozialen Prozesse* in der Folgezeit die gleichen blieben, hielten sich auch die durch sie ins Leben gerufenen *Institutionen*, zumal diese komplexen Formen menschlicher Verhaltensmuster ohnehin verhältnismäßig beständig sind.

Ein stärkerer Änderungsdruck setzte erst wieder in den 30er Jahren ein. Dies lag zum einen daran, daß die staatlichen *Institutionen* in der Monarchie vorwiegend zu interessenpolitischen Erfüllungsinstrumenten der Oberschicht verkamen. Noch wichtiger war aber, daß die große Konstante des ländlichen Raumes, die durch Differenzierung und Individualisierung in ihrer Bedeutung noch gestärkte *Institution* der bäuerlichen Familie, auf Grund ihrer nun durch Maßnahmen der neuen *Institutionen* des Gesundheitswesens voll zum Tragen kommenden Reproduktionsrate in einen immer stärkeren Konflikt mit dem juristischen Rahmen geriet. 'Five Feddan Law' und islamisches Erbrecht hatten im Zusammenwirken eine Verkleinerung der ökonomischen Basis der Familien zur Folge, was diese zur schon geschilderten Rückbesinnung auf kooperative Lebens- und Wirtschaftsformen veranlaßte.

Ihre wichtigste Ausprägung erfuhr diese Haltung in den nach der Revolution neugeformten Genossenschaften und den Parteien, deren baldige Vereinnahmung durch die Staatsmacht bzw. durch die neue ländliche Führungsschicht jedoch die engen Grenzen der bäuerlichen Aktionsmöglichkeiten aufzeigt, was ebenso für die *institutionelle* Neuordnung des Absatz- und Vermarktungswesens gilt.

Diese Eingriffe sind symptomatisch für den Spielraum, der zur Entfaltung der *bäuerlichen Werte, Einstellungen und Verhaltensweisen* zur Verfügung stand. Von Anfang an wiesen die Bewohner der ländlichen Regionen Ägyptens eine erstaunliche wirtschaftliche Flexibilität auf, der im politischen Bereich eine relativ zurückhaltende Einstellung gegenüberstand. Als Beispiele seien hier im ökonomischen Bereich nur die frühe und schnelle Zunahme der Baumwollproduktion bei einer über den ganzen Zeitraum hohen Sensibilität auf Preisveränderungen angeführt. Als Stütze der These von der politischen Zurückhaltung möge exemplarisch die relative Ruhe während der offensichtlichen Interessenpolitik in der Monarchie dienen, deren Ablösung ebenso wie die Unruhen 1882 und 1919 vorwiegend auf Initiativen von Stadtbewohnern beruhten. Diese hatten zwar, wie z.B. die 'Jungen Offiziere', verwandtschaftliche Bindungen zu Teilen der Landbevölkerung, nicht jedoch zur Bauernschaft, und waren zudem schon stark urbanisiert.

Aus der Konstellation von bäuerlichem Unternehmergeist bei gleichzeitiger politischer Zurückhaltung ergab sich für jede Regierung die Chance, durch Vernachlässigung der ländlichen Bildungs- und Ausbildungsmöglichkeiten der Entstehung eines *bäuerlichen Bewußtseins* und somit auch revolutionärer Ansätze vorzubeugen. Diese Vorgehensweise bot sich insbesondere für die ersten Herrschaftsabschnitte an, in denen im ländlichen Raum nur wenige alternative Medien existierten und geringe technische Anforderungen eine fehlende oder mangelhafte Wissensvermittlung nicht als so folgenschwer erscheinen ließen.

Wie in vielen anderen Bereichen waren es auch hier die Briten, die diesen Gedankengängen am entschiedensten folgten. Für sie ergab sich zudem noch die positive Nebenwirkung, daß sich so finanzielle Einsparungen erzielen und das Entstehen von höhere Qualifikationen erfordernden Produktionszweigen unterbinden ließ. Die oben beschriebene Grundtendenz gilt jedoch auch für die anderen Herrschaftsabschnitte, wo entweder, wie vor den Briten, quantitativ und qualitativ fast ebensowenig unternommen wurde, oder wie danach, wo sich die Regierungen der Monarchie und Republik nicht mehr ganz der Notwendigkeit eines breit angelegten Bildungs- und Ausbildungswesens verschließen konnten, durch schwerwiegende Mängel bei der Qualität aber nur ein unvollkommener und unzeitgemäßer Bildungsstand erreicht wurde. Zudem versuchte die Republik wenigstens zeitweise, das Ausbildungswesen als Multiplikator für politische Programme zu benutzen, was unter den ägyptischen Bedingungen die Inkaufnahme weiterer Qualitätsverluste beinhaltete.

Viele der bisher behandelten soziologischen Aspekte haben schon gezeigt, wie sich das Verhältnis *Landwirtschaft und gesamtgesellschaftlicher Rahmen* entwickelte. Dem Agrarsektor und den in ihm arbeitenden Menschen wurde und wird in vieler Hinsicht auch heute noch vor allem die Rolle des Beschaffers der materiellen Grundlagen für die *Gesamtgesellschaft* zugewiesen, ohne daß dieser einseitigen Belastung ein entsprechendes Maß an Partizipation z.B. bei der Verwendung dieser Überschüsse oder bei politischen Grundentscheidungen gegenübergestanden hätte.

In diesem Zusammenhang ist es wichtig zu erwähnen, daß die eingangs dargestellte Infragestellung des überkommenen Stadt-Land-Gegensatzes durch Kötter in Ägypten keine Bestätigung findet. Hier war und ist es eindeutig die Stadt, die für die *gesamtgesellschaftlichen Belange* maßgebend ist. 'Stadt' bedeutet in der ägyptischen Entwicklung jedoch nicht ein durch bloße Urbanisierung zustandegekommenes Konglomerat der autochthonen Bevölkerung, wenn auch die Migrationsbewegungen der letzten Jahrzehnte hierfür zu sprechen scheinen. Entscheidender sind die zum Teil heute noch sichtbaren Differenzen in der ethnischen Zusammensetzung zwischen Stadt- und Landbevölkerung, die im letzten Jahrhundert naturgemäß noch stärker ausgeprägt waren.

Schon vor Mohammed Ali hatte sich die äußere Abhängigkeit der ägyptischen *Gesamtgesellschaft* in den inneren Strukturen des Landes perpetuiert. Fremdbestimmung der wesentlichen sozialen Entscheidungsprozesse sowie der nationalen Ressourcen war ein fast den gesamten Bewertungszeitraum kennzeichnendes Phänomen. Die in der ägyptischen Geschichte schon mehrmals und meist recht problemlos erfolgte allmähliche Assimilierung einer dünnen fremden Oberschicht schien aber zunächst bei der Eingliederung des türkischen Elements wieder zu funktionieren, als mit westlichen, vorwiegend englischen Einflüssen eine neue Herausforderung auftrat. Eine zuvor zu

Tabelle 31: **Die soziologischen Bewertungsaspekte im Gesamtzeitraum**

Bewertungsaspekte	Herrschaftsabschnitte					
	Mohammed Ali	M. A.'s Nachfolger	Briten	Monarchie	Republik
Grundlegende Prozesse des ländlichen Lebens	straffe organisatorische Einbindung	Differenzierung, Kommerzialisierung	Differenzierung, Kommerzialisierung	Ansätze einer stärkeren Organisierung	stärkere Organisierung, teilweise kooperative Elemente
Macht- und Abhängigkeitsverhältnisse	Zentralisierung, gegen Ende Feudalisierung	Feudalisierung	kommerziell geprägte Feudalisierung	Absentismus, kommerziell geprägtes Feudalsystem	Zentralisierung, am Ende Abschwächung
Ländliche Institutionen	funktional untergeordnet, z.B. Zwangsarbeitsdienst, Zentralverwaltung, Wehrdienst	Begründung indiv. Rechte, privates Grundeigentum, teilweise moslem. Erbrecht, Sonderrechte für Ausländer	Abrundung und Konstanz, z.B. endgültige Abschaffung des Zwangsarbeiterdienstes	weitgehende Konstanz, gegen Ende Genossenschaften, Parteien und Schulwesen, Abschaffung der Sonderrechte von Ausländern	staatl. Genossenschaften, Parteienund Ausbildungseinrichtungen, Neuordnung des Abbau-, Absatz- und Vermarktungswesens
Werte, Einstellungen und Verhaltensweisen der Landbevölkerung	zunehmende Mobilität, politische Passivität, ökonomische Flexibilität	bei abnehmender Mobilität weitgehende Konstanz	Konstanz, starke Vernachlässigung der Bildung	leichte Zunahme der der Bildung, des politischen Bewußtseins und der Mobilität	wachsende Mobilität, Politisierung und Bildung, Aufweichung der lokalen Orientierung
Landwirtschaft und gesamtgesellschaftlicher Rahmen	L. W. = Beschaffer der materiellen Grundlagen, Bereitstellung von Menschen für Industrie und Militär, urbane Fremdbestimmung	L. W. = materielle Grundlage des Staates, Aufstieg von Teilen der Landbevölkerung in der Armee, weiterhin urbane Fremdbestimmung	L. W. = materielle Grundlage des Staates, Beibehaltung der militärischen Aufstiegsmöglichkeiten, urbane sowie ausländische Fremdbestimmung	Wegfallen der ausländischen Fremdbestimmung, ansonsten Konstanz	L. W. = nicht mehr alleinige materielle Grundlage, Bestimmung durch ursprünglich ländliche, aber dann urbanisierte Aufsteiger, offiziell propagierte, aber kaum umgesetzte Partizipation der Landbevölkerung

Quelle: Eigene Darstellung

beobachtende Arabisierung geriet durch die großen kulturellen, ethnischen, ökonomischen und vor allem religiösen Unterschiede ins Stocken, die durch die schon erwähnten Versäumnisse in den Bereichen Bildung und Industrialisierung noch verstärkt wurden. Die alle Bereiche der Bevölkerung, selbst die eher passive ländliche erfassenden Aufstände von 1882 und 1919 stehen stellvertretend für die Furcht vor einer irreversiblen, nicht mehr assimilierbaren Fremdherrschaft.

Dem unter sehr günstigen außenpolitischen Umständen durchgeführten zweiten Aufstand folgte zunächst eine Wiederbelebung der zwar arabisierten, aber im Kern immer noch türkischen Mohammed-Ali-Dynastie. Deren Herrschaft konnte aber nicht von Dauer sein, da die Arabisierung in einem Bereich besonders erfolgreich gewesen war: die Armee war bereits seit den 1860-er Jahren das wesentliche Aufstiegsmedium für oft aus der ländlichen Mittelklasse kommende Ägypter gewesen. Der weltweit einsetzende Entkolonialisierungsprozeß und die offensichtlichen Unzulänglichkeiten des alten Regimes führten beinahe zwangsläufig zu einer Situation, in der sich der am meisten ägyptisierte innenpolitische Machtfaktor zum Handeln gezwungen sah und eine noch heute sichtbare soziale Dominanz des Militärs eintrat.

Der Versuchung des in der soziologischen Gesamtbewertung wichtigsten Phänomens, einer eher konsumptiven als investiven Verwendung der agrarischen Ressourcen zugunsten von Eigeninteressen bei gleichzeitiger zweckentsprechender Ausrichtung der oben behandelten agrarsoziologischen Aspekte, erlag aber selbst diese teilweise im ländlichen Raum wurzelnde Gruppe, die traditionellen *gesamtgesellschaftlichen Grundmuster* blieben somit weitgehend unangetastet.

8.3. Agrarpolitische Interpretation - Übereinstimmung der Ziele, Differenzen bei der Umsetzung

Ausgehend von einer Situation, in der keine funktionsfähige Zentralregierung als potentieller *Träger der Agrarpolitik* existierte, etablierten sich in dieser Funktion nacheinander verschiedene Mitglieder der Mohammed-Ali-Dynastie, britische Verwalter und ägyptische Militärs. Zeugt diese Aufzählung schon von einer gewissen Verschiedenheit, so verstärkt sich dieser Eindruck bei genauer Betrachtung.

Auffallend ist zunächst, daß die *Träger der jeweiligen Agrarpolitiken* keineswegs immer mit der Staatsführung identisch waren. Während unter Mohammed Ali, Abbas und Said die gesamtstaatliche und agrarpolitische Verantwortung noch in einer Hand lag, war die von Ismail verursachte Schuldenkrise der entscheidende Anlaß zur Trennung von nomineller Staatsführung und praktischer politischer Macht während des vierzigjährigen kolonieähnlichen Status des Landes. Ohne kommenden Ereignissen vorgreifen zu wollen, läßt sich doch feststellen, daß die neue, aktuelle Schuldenkrise die ägyptische Regierung in eine Situation bringen könnte, in der äußere Kräfte auf die Durchführung der Politik Einfluß nehmen und somit eine erneute Trennung von Staatsmacht und *agrarpolitischer Trägerschaft* eintreten könnte.

Das zweite, darüber hinausgehende Unterscheidungsmerkmal ist die Herkunft der *agrarpolitischen Träger*. Waren Mohammed Ali und seine Nachkommen Turko-Araber, die oft kaum der arabischen Sprache mächtig waren, so fand diese Art von Fremdherrschaft ihre Fortsetzung während der Zeit des britischen Protektorats. In der folgenden monarchischen Periode war zwar eine deutliche Ägyptisierung der herrschenden Familie und Schicht festzustellen, was aber nichts an der Tatsache ändert, daß Nasser seit Jahrhunderten der erste Ägypter war, der in Ägypten die politische und *agrarpolitische Trägerschaft* erlangte.

Für die *Grundzüge der Agrarpolitik* bezeichnend ist der time lag, mit dem die *Träger* im Ausland entwickelte Wirtschaftstheorien für eigene Problemstellungen akzeptierten. Sowohl bei der Übernahme merkantilistischer bzw. napoleonischer Vorstellungen durch Mohammed Ali, der Hinwendung zur Theorie des klassischen Liberalismus unter den Khediven als auch bei der Umsetzung sozialistischer bzw. in der Folgezeit in Teilbereichen wieder liberaler Ideen durch die republikanische Regierung waren all diese Lehren nicht mehr neu, d.h. Ägypten gebrauchte wirtschaftspolitische Ansätze, die in den Ursprungsländern schon zumindest teilweise als überholt galten. Auf dem "aktuellen" wirtschaftspolitischen Stand befand sich Ägypten nur in den ersten 15-20 Jahren der Monarchie, als alle anderen Länder ebenfalls mit Hilfe des herkömmlichen Instrumentariums nicht den Folgen der Weltwirtschaftskrise begegnen konnten und Keynes' Werk über die Bedeutung der staatlichen Ausgabentätigkeit (1936) noch nicht wirksam werden konnte.

Wurde die Zeit des kolonieähnlichen Status Ägyptens bei den bisherigen Ausführungen über die *Grundzüge der Agrarpolitik* wegen ihres speziellen, direkt von den Interessen einer ausländischen Großmacht diktierten Charakters ausgespart, so kommt ihr bei der Kennzeichnung des zweiten wesentlichen Merkmals dieser *Grundzüge* eine führende Rolle zu. Sie stellt nämlich den Höhepunkt einer Entwicklung dar, in der die eigene Politik und Agrarpolitik sich an der des jeweils außenpolitisch dominierenden oder als überlegen eingeschätzten Partners ausrichtet. Während Mohammed Ali sich an den seit Napoleons Feldzug als Verkörperung des Fortschritts angesehenen Franzosen orientierte, diente während der nahezu hundertjährigen 'pax britannica' Großbritannien als Richtpunkt. Nassers Querelen mit dem Westen und seine Unterstützung durch die neue Weltmacht Sowjetunion ließen Elemente aus deren System nachahmenswert erscheinen, während die Dominanz der Vereinigten Staaten nach dem Jom-Kippur-Krieg neben innenpolitischen

Sachzwängen zu deutlichen Korrekturen im Sinne des westlichen Wirtschaftssystems führte.

Bei der heterogenen Zusammensetzung der *Trägerschaft* und den oft wechselnden *Grundzügen* mag die Konstanz der *wirtschafts- und agrarpolitischen Ziele* überraschen. Fast durchgehend, bis auf die Ausnahme der Zeit der konstitutionellen Monarchie, waren die *agrarpolitischen Träger* bestrebt, den Agrarsektor möglichst effektiv als Haupteinnahmequelle der Zentralmacht zu nutzen. So unterschiedlich die Schwerpunkte bei den staatlichen Aktivitäten waren, die von Mohammed Alis Aufrüstungs- und Industrialisierungspolitik über massiven Konsum der Khediven und folgende langfristige Budgetkonsolidierung unter den Briten und zum Teil auch noch in der Monarchie bis hin zur Wirtschafts- und Industriepolitik Nassers und den folgenden erneuten Haushaltsproblemen waren, so deutlich zeigt sich ein Faktum: bei den bestehenden außen- und innenpolitischen Gegebenheiten gab es zur Landwirtschaft als nationaler Ressourcenquelle keine Alternative.

Von dieser Erkenntnis ist der Weg nicht weit zu der Einsicht, daß zur langfristigen Erhaltung dieser Quelle ebenfalls Anstrengungen erforderlich sind, womit schon der potentiell *wichtigste Bereich* agrarpolitischer Aktivitäten angesprochen wäre. Seine Bedeutung wurde jedoch von den jeweiligen *agrarpolitischen Trägern* in unterschiedlichem Maß erkannt bzw. in entsprechende Initiativen umgesetzt. Im Mittelpunkt stand der *Bereich* der Leistungssteigerung des Agrarsektors vornehmlich in den ersten drei Herrschaftsabschnitten, während die ebenfalls nicht unbedeutenden Maßnahmen der Monarchie und der Republik in diesem *Bereich* nicht so erfolgreich waren. Zumindest in der Republik ist hierfür eine evtl. aus der marxistischen Lehre übernommene Fehleinschätzung der Landwirtschaft als wenig zukunftsträchtig verantwortlich, die mit einer gleichzeitig betriebenen starken propagandistischen Vereinnahmung einherging, was insgesamt zu einer Umlenkung der geringen, dem Agrarsektor bewilligten Investitionssummen in zwar kurzfristig publikumswirksame, aber nicht nachhaltig produktionssichernde und -steigernde Verwendungszwecke führte.

Um dem Staat bzw. den *Trägern der Agrarpolitik* eine möglichst effektive Nutzung der durch die Leistungssteigerungen hervorgerufenen Produktionsüberschüsse zu gewährleisten und um komplementäre politische Maßnahmen, etwa die Absicherung des Regimes bei bestimmten Gruppen, zu erreichen, trat ergänzend ein zweiter *Bereich der Agrarpolitik* hinzu. Er bestand in einer Art agrarischem 'New Deal', einer wenn auch begrenzten Neuverteilung der Chancen im ländlichen Raum, die neben den damit verbundenen neuen Kontrollmöglichkeiten der Zentralmacht eine Anpassung der verkrusteten Agrarstruktur an neue Anforderungen bewirken sollte.

Während Mohammed Alis von seinen Nachfolgern abgerundeten Initiativen in diesem Bereich von grundsätzlichem Charakter waren und eine Weichenstellung für über ein Jahrhundert bedeuteten, geht Nassers Maßnahmen eine derartige Konsequenz ab. Ging es dem Pascha neben der Durchsetzung der staatlichen Kontrolle auch um eine seinen übergeordneten politischen *Zielen* entsprechende Agrarstruktur, so war den "jungen Offizieren" vor allem der Kontrollaspekt ein Anliegen, während die immer noch auf MohammedAlis Wirken beruhenden agrarischen Macht- und Besitzstrukturen zwar Reformen, aber keine völlige Neuausrichtung erfuhren.

Die beiden erstgenannten *Bereiche*, also Leistungssteigerung und Ausbau der staatlichen Kontrolle nebst Bodenordnung, finden im *Bereich* der landwirtschaftlichen Märkte ihre Ergänzung. Naturgemäß war die freie Entfaltung der Märkte besonders in Herrschaftsabschnitten gewährleistet, in denen die *Träger der Agrarpolitik* nicht in der Lage waren, eine direkte Kontrolle der agrarischen Produktions- und Handelsprozesse auszuüben, oder zu Zeiten, in denen diese *Träger* Eingriffe aus ihrer wirtschaftspolitischen Grundüberzeugung heraus ablehnten. Eine ungehinderte Entfaltung der Agrarmärkte ist somit vor allem ein Merkmal des Herrschaftsabschnitts der Nachfolger Mohammed Alis, denen das durch äußere Einwirkung beseitigte Monopolsystem nicht mehr zur Verfügung stand, sowie der britischen Zeit bis zum Ausbruch des Ersten Weltkriegs, der dann die Protektoratsverwalter bewegte, von ihrer bis dahin gepflegten Idee der optimalen Bedürfnisbefriedigung durch freie Entfaltung der Märkte und des Handels zugunsten der zwangsweise Erfüllung von als kriegswichtig angesehenen Funktionen abzurücken.

Eingerahmt war diese von der Mitte des 19. Jahrhunderts bis zum Weltkrieg währende Ära der freien Entfaltung von Wirtschaft und Handel durch Zeiten mehr oder weniger starker Einflußnahme und Eingriffe der *agrarpolitischen Träger*, unter denen sich noch viel deutlicher als bei der Behandlung des zweiten wesentlichen *agrarpolitischen Bereiches* eine Parallele herauskristallisiert. Ihre Höhepunkte erreichten diese Interventionen nämlich unter Mohammed Ali und Nasser, beides Soldaten, die, aufbauend auf jeweils zu Beginn ihrer Herrschaft durchgesetzte weitgehende Kontrollmöglichkeiten, möglichst viele Warenströme, d.h. sowohl den input als auch den agrarischen output, durch das Medium staatlicher Monopole bzw. Monopsome in ihrem Sinn steuerten. Die Tatsache, daß unter Nasser eine stärker an sozialen Kriterien orientierte Verwertung erfolgte, ist unter den veränderten gesellschaftlichen und vor allem demographischen Rahmenbedingungen zu sehen und ändert nichts an der grundsätzlichen Ähnlichkeit der Verfahren zur Ressourcenmobilisierung.

Die *drei durchgehend wichtigen Bereiche* agrarpolitischer Aktivitäten im ägyptischen Entwicklungsprozeß sind somit charakterisiert. Nur einmal, während der Monarchie, bildete die Sicherung der ökonomischen und sozialen Stellung der Großgrundbesitzer einen zusätzlichen *Bereich*, was die damals betriebene, offensichtliche Interessenpolitik zur Genüge kennzeichnet. Zusätzliche Erkenntnisse soll nun die Analyse der *agrarpolitischen Instrumente* erbringen.

Wie zu erwarten, schlagen sich die unterschiedlichen wirtschafts- und agrarpolitischen Grundüberzeugungen bei der Wahl dieser *Instrumente* nieder. Im Gegensatz zur relativ großen Konstanz der *agrarpolitischen Bereiche* stand somit eine weit geringere bei der genauen Ausgestaltung. So bevorzugten die freihandelsorientierten Träger der Agrarpolitik eindeutig *ordnungspolitische* Maßnahmen, d.h. sie steckten einen Rahmen ab, innerhalb dessen der Staat sich weitgehend mit Eingriffen zurückhielt. Dies galt allerdings nicht für den *Bereich* der agrarischen Leistungssteigerung und hier insbesondere für das Bewässerungswesen, wo unter den ägyptischen Rahmenbedingungen vor allem der Staat gefordert war, da Art und Umfang der zu ergreifenden Maßnahmen, z.B. beim Staudammbau, sich einer freien, d.h. privatwirtschaftlichen Regelung entzogen. Nichtsdestoweniger zeigen z.B. die Aktivitäten der Landkultivierungsgesellschaften, daß zu dieser Zeit selbst in solch einer klassischen staatlichen Domäne private Initiativen möglich und lukrativ waren.

Bei all diesen Überlegungen bleibt jedoch fraglich, ob eine solche, sich vorwiegend auf die Festlegung von Rahmenbedingungen beschränkende Politik schon vorher möglich gewesen wäre oder ob Mohammed Ali durch sein sowohl *ordnungs-* als auch *ablaufpolitisches Instrumentarium* erst die Basis für die spätere liberale Politik gelegt hat. Im Gegensatz zu seinen Nachfolgern und zunächst auch zu den Briten regierte er ein Land, dessen finanzielle und demographische Voraussetzungen anfangs als völlig unzureichend für eine nachhaltige Entwicklung erschienen und das als einziges Kapital günstige klimatische und geographische Bedingungen für den Anbau einiger Produkte aufwies. Es bedurfte m.a.W. einiger direkter, ablaufpolitischer Instrumente, deren Ausgestaltung jedoch oft fragwürdig blieb.

Das der britischen Intervention vorangehende fiskalische Scheitern der Nachfolger Mohammed Alis auf Grund des Verbots bzw. der Ablehnung geeigneter direkter Maßnahmen sowie die nicht mit rein marktwirtschaftlichen Mitteln zu lösenden Probleme während des Ersten Weltkriegs ließen das Pendel in die andere Richtung schlagen. In immer stärkerem Maß setzten sowohl die Monarchie als auch die Republik auf eine direkte Beeinflußung des Wirtschaftsablaufs, weil zunehmend, wenn auch mit umgekehrtem Vorzeichen, die schon unter Mohammed Ali wichtige demographische Situation sowie teilweise die ideologische Grundrichtung dies bedingte. Sie betrieben diese Wirtschafts- und Agrarpolitik jedoch in einer Weise, die fundamentale marktwirtschaftliche Gesetzmäßigkeiten außer Acht ließ, womit bereits die *Auswirkungen der Agrarpolitik* angesprochen sind.

Die nachhaltigsten Folgen hatte zweifellos das Wirken Mohammed Alis. Seine Anstrengungen zur Förderung des neuen Exportprodukts Baumwolle und der Einbindung in die Weltmärkte waren derart umfassend, daß nach ihm eine völlige Umorientierung kaum oder gar nicht möglich war. Zugleich bildeten diese engen ökonomischen und vor allem auch finanziellen Bindungen an Europa eine Gefahr für kommende, nicht so starke Herrscherpersönlichkeiten, da das einzige nahöstliche Gegengewicht der Europäer, die Türkei, gerade durch Mohammed Alis militärische Unternehmungen nachhaltig unterminiert wurde.

Eben dieser Schwachpunkt der Herrschaft Mohammed Alis, der Zuschnitt des gesamten Staates auf einen 'starken' Herrscher, wurde unter seinen Nachfolgern immer deutlicher. Weder waren diese in der Lage, die ausländische Durchdringung des Landes auf ein bestimmtes Maß zu beschränken, noch flexibel genug, von der 'reinen Lehre' des klassischen Liberalismus zugunsten einer auf die landestypischen Belange modifizierten Lösung abzugehen. Das flächenarme, auf künstliche Bewässerung angewiesene Baumwollexportland Ägypten konnte sich für seine kollektiven Aufgaben kein 'Nachtwächterstaat' leisten, sondern hatte hierfür besonders hohe Aufwendungen zu erbringen, so daß die öffentliche Hand entsprechende fiskalische Initiativen ergreifen mußte. Diese den Khediven abgehende Flexibilität zeigten ausgerechnet die Briten, die sich nicht scheuten, das vor allem für Großbritannien entwickelte liberale *Instrumentarium* unter ägyptischen Rahmenbedingungen neu zu definieren. Sie erreichten den von den Nachfolgern Mohammed Alis vernachlässigten Budgetausgleich, da sie das staatliche Abschöpfungsinstrumentarium wesentlich erweiterten.

Diese positive Feststellung wird jedoch durch ein wesentliches Versäumnis getrübt. Die Briten unterließen es, die in diesen Jahrzehnten besonders starke Dynamik der Agrarexportwirtschaft auf außerlandwirtschaftliche, d.h. vor allem industrielle Bereiche zu übertragen. Zwar spielte hierbei auch das übertriebene finanzielle Engagement kapitalkräftiger Ägypter im Agrarbereich eine Rolle, das jedoch zumindest teilweise als Reaktion auf die wegen eigener britischer Wirtschaftsinteressen erfolgte Diskriminierung der industriellen Entwicklung zu verstehen ist.

Der nachfolgenden Monarchie fehlte vor allem auf Grund ihrer Rücksichtnahme auf den Großgrundbesitz die Kraft, eine derartig fundamentale Fehlentwicklung noch zu korrigieren. Ihre im negativen Sinn konservative, nur auf die Erhaltung des gesellschaftlichen 'Status Quo' ausgerichtete Politik war gerade zu einer Zeit schädlich, in der äußere Einflüsse, wie die Weltwirtschaftskrise, die Gefahren einer vor allem auf den Export eines einzigen Produkts zugeschnittenen Wirtschaft aufzeigten.

Auch Nassers und vor allem Sadats Politik litt im ländlichen Bereich unter ihrer übertriebenen Beachtung von zwar größere Bevölkerungsgruppen betreffenden, aber dennoch eng begrenzten Sonderinteressen, die einer den außerlandwirtschaftlichen Bereichen vergleichbaren 'radikalen Lösung' im Wege stand. Obwohl angesichts der massiven Ungleichgewichte im ländlichen Raum eine revolutionäre Ausrichtung der Agrarpolitik weit eher als z.B. im industriellen oder kommerziellen Bereich zu rechtfertigen gewesen wäre, kam es nur zu relativ moderaten agrarpolitischen Maßnahmen.

Wären diese dreißig Jahre früher evtl. durchaus wirkungsvoll gewesen, so führten sie nun zu einer Situation, in der ein zwar staatlich kontrollierter, aber prinzipiell immer noch auf Mohammed Alis Wirken beruhender Agrarsektor und ländlicher Raum den von starken staatlichen Eingriffen 'geförderten' urbanen Zentren gegenüberstand. So gelang es weder, der durch diese 'Verlockungen' entstehenden Landflucht mittels einer nachhaltigen Agrarreform zu begegnen, noch wurden auf Grund der Berücksichtigung von Sonderinteressen und unpassender Abschöpfungsmechanismen ausreichende landwirtschaftliche Produktionssteigerungen erreicht.

Nach der analytischen Aufbereitung der Bewertungsaspekte erscheint eine *agrarpolitische Erfolgsbeurteilung* angebracht, wobei sich 'Erfolg' vorwiegend an zwei Relationen ausrichtet. Zum einen, individuell auf die jeweiligen *Träger der Agrarpolitik* bezogen, gibt das Verhältnis Ziele/Auswirkungen Aufschluß über den Zielerreichungsgrad. Dieser sagt aber noch nichts über die *mittel- und langfristigen Folgen* für die Gesamtgesellschaft aus, die, obgleich sie mangels allgemein verbindlicher Kriterien nur sehr zurückhaltend als positiv oder negativ zu bezeichnen sind, den zweiten Ansatzpunkt bilden.

Nach der ersten Definition ist zweifellos Mohammed Ali und den Briten eine erfolgreiche Politik zu bescheinigen, da sie ihre vorwiegend finanzpolitischen Zielsetzungen weitgehend verwirklichten. Gerade dies gelang Mohammed Alis Nachfolgern nicht, und auch bei den monarchischen und republikanischen Trägern der Agrarpolitik ist eine deutliche Diskrepanz zwischen Anspruch und Verwirklichung festzustellen. Was die zweite Relation betrifft, so stellt trotz aller mit der Einführung von cash-crops verbundenen Nachteile Mohammed Alis diesbezügliches Handeln unter den ägyptischen Rahmenbedingungen ein an sich probates Mittel zur Erweiterung der materiellen Basis des Landes und somit einen Erfolg dar. Dieser wird allerdings relativiert durch die unter seiner Regierung entstandene ländliche Ressourcenverteilung, die einen großen Teil der Mehrerträge an der Masse der Landbewirtschafter vorbeifließen ließ.

Ein gewisses Maß an Erfolg, das aber durch die mangelhafte Übertragung der landwirtschaftlichen Dynamik auf die industrielle Entwicklung stark beeinträchtigt wird, muß auch den Briten zugebilligt werden. Ihr modifizierter

Tabelle 32: Die agrarpolitischen Bewertungsaspekte im Gesamtzeitraum

Bewertungsaspekte	Herrschaftsabschnitte				
	Mohammed Ali	M.A.'s Nachfolger	Briten	Monarchie	Republik
Träger der Agrarpolitik	Turko-albanischer Militär	Turko-albanische Dynastie	Formale Konstanz, faktisch ausländische Großmacht	Formale Konstanz, faktisch der Großgrundbesitz	einheimische Militärs
Grundzüge der Agrarpolitik	merkantilistische u. napoleonische Vorstellungen	klassischer Liberalismus	'Gelenkter' Liberalismus	Eingeschränkte Marktwirtschaft, Interessenpolitik	Gemisch aus sozialistischen, marktwirtschaftlichen und islamischen Elementen
Ziele der Agrarpolitik	L.W. als Hauptressourcenquelle der Zentralmacht	Konstanz	Konstanz	L.W. als Hauptressourcenquelle der Oberschicht	L.W. als Hauptressourcenquelle der Zentralmacht
Bereiche der Agrarpolitik	Leistungssteigerung, Ausbau der staatlichen Kontrolle sowie Bodenneuordnung	Leistungssteigerung, Freiheit der Märkte	Leistungssteigerung, Freiheit der Märkte bis zum ersten Weltkrieg	Vernachlässigung der Leistungssteigerung, der ökonomischen und sozialen Stellung des Großgrundbesitzes	geringere Leistungssteigerung, Ausbau Sicherung der staatlichen Kontrolle sowie Bodenneuordnung
Instrumente der Agrarpolitik	sowohl ordnungs- als auch ablaufpolitische I.	überwiegend ordnungspolitische, nur im Bereich Leistungssteigerung ablaufpolitische I.	zunächst relative Konstanz, dann vermehrt ablaufpolitische I.	vermehrt ablaufpolitische I.	viel mehr ablaufpolitische, aber wieder ordnungspolitische I.
Auswirkungen der Agrarpolitik	langfristige Festlegung auf ein Hauptprodukt, dauerhafte Weltmarkteinbindung, Zuschnitt auf 'starken' Herrscher	Verschuldung, äußere Schwächung und Abhängigkeit, ausländische Durchdringung	finanzielle Konsolidierung, fundamentale Vernachlässigung der industriellen Entwicklung	Vernachlässigung dringend erforderlicher Korrekturen	Verlagerung der Probleme vom Land in die Stadt, unerwünschte Entwicklung der Produktionsrichtungen, zu geringe Produktionssteigerung

Quelle: Eigene Darstellung

Liberalismus hatte zur Folge, das die Erzeuger weitgehend von den Mehrerträgen profitierten und der Staat gleichzeitig finanziell wieder handlungsfähig wurde. Mit Ausnahme der Monarchie, deren ausgeprägte Interessenpolitik sich von vornherein einer positiven Beurteilung entzieht, scheiterten die übrigen *agrarpolitischen Träger* gerade an diesem Punkt. Weder den Nachfolgern Mohammed Alis noch den republikanischen Staatsführern gelang eine zwischen den Bedürfnissen breiter Bevölkerungsgruppen und den staatlichen Erfordernissen einigermaßen ausgewogene Politik, teilweise, wie z.B. in der aktuellen Situation, wird nicht einmal den Anforderungen einer Seite Genüge getan.

9. Integrierte Abschlußbewertung - Bilanz und Perspektiven

Was waren nun die entscheidenden *Weichenstellungen* in der ägyptischen Entwicklung, was die wesentlichen Fehlentscheidungen und Versäumnisse? Welche der eingangs erläuterten *Theorien* sind im Fall Ägypten aussagekräftiger? Ist die bereits eingetretene *Fehlentwicklung* noch korrigierbar und, wenn ja, auf welche Weise?

Dies sind die fundamentalen Fragen, zu deren Beantwortung diese Abschlußbewertung einen Beitrag leisten will. Schon bei der *ersten* zeigt sich die Bedeutung eines multidisziplinären Ansatzes, denn nur die anfangs getroffene *Grundentscheidung für den kommerziellen Baumwollanbau* ist überwiegend einem Bereich, nämlich dem ökonomischen, zuzuordnen. Ist diese Initiative bei den eindeutigen komparativen Vorteilen Ägyptens und der Reversibilität der Baumwollproduktion noch als im Grundsatz richtig einzustufen, da sie die zuvor mangelhafte materielle Basis wesentlich erweiterte, so schlossen sich in den folgenden Jahrzehnten eine Reihe von Fehlentscheidungen und Versäumnissen an. Die vielleicht verhängnisvollste war, daß auf der an sich tragfähigen Grundlage der Baumwollproduktion eine *extrem ungleiche Verteilung des wichtigsten Anbaumediums* entstand, eine Agrarstruktur, die hohe, gesamtgesellschaftlich erwirtschaftete Einnahmen nur in die Hände Weniger fließen ließ. Die institutionelle Anpassung der Eigentumsrechte, ein u.a. auch von Hayamai / Ruttan hervorgehobener Vorgang, verzögerte sich hier viel zu lang und erfolgte dann in einer nicht bedarfsgerechten Form.

Eine *industrielle Entwicklung*, für die die Voraussetzungen durchaus vorhanden waren und die zumindest langfristig eine Beteiligung größerer Bevölkerungsgruppen am nationalen Wohlstand gebracht hätte, wurde durch die Interessengemeinschaft zwischen Großgrundbesitz und Briten hintertrieben. Die einen profitierten von der künstlichen Landknappheit in einem Maß, daß ihnen andere, etwa außerlandwirtschaftliche Einkommensquellen als unattraktiv erschienen, die anderen waren nicht an der Stärkung eines potentiellen wirtschaftlichen und politischen Konkurrenten interessiert. Die *Kombination von Großgrundbesitz bei* gleichzeitiger *Vernachlässigung der außerlandwirtschaftlichen Bereiche* war somit in einem flächenarmen, aber auch künftig mit hohen Wachstumsraten der Bevölkerung konfrontierten Land das *entscheidende Versäumnis*, zumal diese Zeit in der Gesamtentwicklung auf Grund der wirtschaftlichen und sozialen Daten für Initiativen im industriellen Bereich am günstigsten war.

Mit jedem Jahr der nun eintretenden, jahrzehntelangen Stabilisierung auf der Basis dieser unpassenden sozialen, ökonomischen und politischen Rahmenbedingungen stieg die Notwendigkeit einer grundlegenden Richtungsänderung, aber auch die mit ihr verbundenen Schwierigkeiten; die in den Jahren nach 1880 versäumte Vergrößerung des gesamtgesellschaftlichen Ressourcenpotentials blieb die große *Hypothek* des Landes. Erst die unverbrauchte neue Führungsschicht nach 1952 hätte, wenn auch mit für manche schmerzlichen Eingriffen, die Möglichkeit zu einer wirklichen Neuorientierung gehabt. *Durch zu große Rücksichtnahme* auf Sonderinteressen, *Überfrachtung* vieler Reformmaßnahmen mit nicht im Sachzusammenhang stehenden Zusatzaufgaben sowie nur vordergründig soziale, aber bereits mittelfristig die innergesellschaftlichen Strukturen weiter verschlechternde und zudem die finanzielle Leistungsfähigkeit überfordernde Wohlfahrtsmaßnahmen wurde die Wirksamkeit jedoch geschmälert, aus der in der Propaganda beschworenen Revolution wurde allzu schnell eine sehr moderate Reform.

Die in der imperialen Vereinnahmung gipfelnde *Abhängigkeit vom Ausland* ist zweifellos ebenfalls eine wichtige Komponente in einem Bündel von Fehlentwicklungen, da die fremden Mächte ihre Ägypten betreffende Vorgehensweise überwiegend an eigenen Vorteilen und Bedürfnissen ausrichteten und dies auch heute noch tun. Dem ist aber entgegenzuhalten, daß Ägyptens in vieler Hinsicht günstige Lage zwar ausländische Aktivitäten in besonderem Maß anzog, diese aber nicht durchweg negativ waren und zudem die Entwicklung der meisten anderen Länder auch nicht völlig frei von Einflußnahmen aus dem Ausland verlief. Das Argument der Auslandsabhängigkeit ist somit zum großen Teil stichhaltig, hat aber nicht die alles überragende Bedeutung, die ihm zur Zeit in Ägypten zugemessen wird.

Zudem stellte und stellt eine hohe Auslandsabhängigkeit oftmals nur ein Indiz für *unpassende interne Strukturen* und Mechanismen dar. Dies trifft auch für Ägypten zu, wo die hohe öffentliche Verschuldung als Hauptursache der äußeren Schwächung u.a. auf den übermäßigen Ressourcenverbrauch einer kleinen, aber gesellschaftlich dominierenden Schicht zurückzuführen ist. Der Verweis auf die alles beherrschende Auslandsabhängigkeit hat deshalb auch Alibicharakter und dient dazu, Forderungen nach schmerzhaften internen Veränderungen als von vornherein wirkungslos abzublocken.

Als letzte der wesentlichen Fehlentwicklungen ist die *Vernachlässigung*, ja zeitweise Verhinderung *einer* breit angelegten *Humankapitalbildung* anzuführen. Hatte diese u.a. zur 'Befriedung' des Landes beitragende Entwicklung anfangs, als die eine qualifizierte Ausbildung erfordernden Arbeitsmöglichkeiten aus anderen Gründen noch gering waren, keine derart große Bedeutung, so muß Ägypten in jüngerer Zeit zunehmend mit Ländern konkurrieren, die ihrer Bevölkerung mehr und vor allem bessere Ausbildungsmöglichkeiten anbieten. In Ägypten reagierte man spät und nur in quantitativer Hinsicht, ließ jedoch das Problem der Qualität weitgehend außer Acht.

Bei einer Beantwortung der *zweiten* eingangs gestellten Frage, die auf die Relevanz der am Anfang behandelten Theorien abzielt, fällt zunächst Herlemanns Warnung vor einem *'Verschlafen' der volkswirtschaftlichen Differenzierung* auf. Hier wird für ein dichtbesiedeltes Land mit hohem Bevölkerungsanstieg eine Situation erwartet, die bei landwirtschaftlicher Überbevölkerung von geringer Arbeitsproduktivität und niedrigem Lebensstandard gekennnzeichnet ist. Dies beschreibt zwar nicht völlig die Lage im schon stärker urbanisierten Ägypten, die aber einen sehr ähnlichen, an eine gesamtgesellschaftliche Sackgasse erinnernden Eindruck vermittelt.

Weniger klar stellt sich das Bild bei den beiden grundsätzlichen, am Beispiel der Autoren Priebe und Rostow eingeführten Pro- und Kontrapositionen zur Bedeutung der Landwirtschaft im Entwicklungsprozeß dar, zu deren Bewertung die Entwicklung in Ägypten nur teilweise beitragen kann, da manche wichtige Einflußgrößen mit wissenschaftlichen Theorien nicht zu erfassen sind. Deutlich ist, daß die von Priebe angenommenen *agrarischen Produktivitätsreserven* sowie die *flexiblen Reaktionen der Produzenten* eindeutig von der ägyptischen Entwicklung bestätigt werden und sein Plädoyer für eine *Erzeugerpreispolitik* gerade in neuerer Zeit besonders aktuell ist. Andererseits verführt eine starke Betonung der Landwirtschaft dazu, das *Überspringen der agrarischen Dynamik* zu lange aufzuschieben, was sich gerade in Ägypten als verhängnisvoll erwiesen hat.

Bei Rostow erscheinen schon die Grundannahmen für das Beispiel Ägypten als unpassend, da hier die auf großflächigen Baumwollanbau umgestellte Landwirtschaft zweifellos viele Merkmale eines *'führenden Sektors'* aufwies. Wichtig ist die Heraushebung seines III. idealtypischen Wachstumsstadiums, des 'großen Umsturzes im Leben der modernen Gesellschaften', da hier eines der wesentlichen Versäumnisse in Ägypten lag. Das Land verfügte lange Zeit über einen führenden, aber eben auch *nur einen Sektor*. Während so wichtige Teile von Rostows III. Stadium nicht vorhanden waren, leistete sich Ägypten bereits Elemente aus dem V., dem Stadium des Massenkonsums.

Von Rostow Stadientheorie und der dieser inhärenten zeitlichen Dynamik ist der Weg nur kurz zur *Frage nach den künftigen Perspektiven und Möglichkeiten*. Hier bieten sich sofort eine Anzahl wissenschaftlich fundierter Verbesserungsvorschläge an, die jedoch alle, um nicht ohne Bezug zu den wirklichen Problemen des Landes zu argumentieren, an ihrer *Durchsetzbarkeit* und vor allem auch der *Erträglichkeit* ihrer Auswirkungen zu messen sind. So gibt es zwar gute Gründe, die für eine Aufhebung des Nahrungsmittelbezugssystems sprechen; auf Grund der zu erwartenden Unruhen mit all ihren sozialen Kosten sowie der Auswirkungen auf die Ernährungslage armer Bevölkerungsschichten wird aber jede ägyptische Regierung in der immer instabiler erscheinenden Lage einen solchen Schritt verweigern. Auch einer in Anbetracht der verfahrenen Situation zunächst nur zu empfehlenden totalen Reform 'an Haupt und Gliedern', einer wirklichen Revolution, soll hier nicht das Wort geredet werden, da eine solche nach Lage der Dinge einen der iranischen nicht unähnlichen Verlauf nehmen würde. Was bleibt ist die Entwicklung realitätsorientierter, pragmatischer und dennoch konstruktiver Ansätze, die zwar ebenfalls schmerzliche Einschnitte darstellen, aber keine derart großen Opfer bedingen würden.

Wichtige Ansatzpunkte bieten sich zunächst in der *Landwirtschaft*, wo bei der hohen ökonomischen Flexibilität der Produzenten eine u.a. von Priebe befürwortete *Erzeugerpreispolitik* sicherlich bessere Ergebnisse als die bisher erreichten zeigen würde und somit durch eine erhöhte eigene Agrarproduktion die Zahlungsbilanz entlastet und die Außenabhängigkeit gemildert werden könnte. Angesichts der protektionistischen Maßnahmen potentieller Handelspartner und der kritischen Höhe der Nahrungsmittelimporte erscheinen im Gegensatz zu früheren Zeitabschnitten vor allem Maßnahmen zur *Erweiterung der eigenen Versorgungsbasis* nötig. Zusätzlich wünschenswert, wenn auch wohl erst bei größeren innenpolitischen Unruhen als propagandawirksames Mittel denkbar, wäre eine vierte Runde der *Agrarreform* mit einer z.B. nochmals halbierten Flächenobergrenze, um den Bevölkerungsdruck nicht immer weiter in die Städte zu lenken. Damit die Gesamtheit der knappen Flächen nicht, wie in den letzten Jahren, immer kleiner wird, ist zusätzlich der durch Städte- und Straßenbau, Erosion, Versalzung und Ziegelbrennereien verursachte Verbrauch landwirtschaftlich nutzbarer Böden drastisch zu senken, ein Problem, das in Ägypten mittlerweile zwar erkannt, dem aber in der Praxis noch nicht ausreichend begegnet wird.

Weitere landwirtschaftliche Reserven liegen auch in einer *Steigerung der Erträge*. Trotz des hohen bisher erreichten Intensitätsgrades, der aus der im Vergleich zu den Weltdurchschnittswerten teilweise zwei- bis dreifachen Ertragshöhe zu erkennen ist, bietet ein ausgewogenes Bündel aus Be- und Entwässerungsmaßnahmen, Düngemitteleinsatz und verbessertem und erweitertem Pflanzenmaterial noch große Möglichkeiten. Dies mag auf den ersten Blick erstaunen, erklärt sich aber aus der Tatsache, daß die ägyptische Landwirtschaft auf Grund ihrer günstigen Rahmenbedingungen nicht am Weltmaßstab gemessen werden darf. *Höhere Ziele* sind gefragt und erreichbar, wie die Ergebnisse z.B. in vergleichbaren Bewässerungsgebieten der USA zeigen. Hier wird ein Rückstand der ägyptischen Landwirtschaft deutlich, der in einer ähnlichen Größenordnung wie der Vorsprung vor dem Weltdurchschnitt liegt und somit ein bemerkenswertes Potential offenbart.

Es ist aber klar, daß solche Maßnahmen bei all ihren positiven Effekten auch große Kosten nach sich ziehen würden, was direkt zum nächsten Ansatzpunkt, den *öffentlichen Finanzen*, führt. Hier muß die ägyptische Regierung durch eine Reihe von Maßnahmen erreichen, daß sie das Ruder des finanzpolitischen Handelns nicht völlig aus der Hand verliert. Zunächst scheinen die häufig undifferenzierten und unproduktiven Ausgaben, insbesondere für das auch Wohlhabende begünstigende Nahrungsmittelbezugssystem und das

Militär, günstige Voraussetzungen für Sparmaßnahmen zu bieten. Eine Beschränkung der Wohlfahrtsausgaben auf Bedürftige wird aller Voraussicht nach aber an fehlenden oder nicht funktionierenden Entscheidungs- und Verteilungsstrukturen scheitern. Einsparungen am hohen Militärhaushalt erscheinen kaum durchsetzbar, da keine noch so finanzschwache ägyptische Regierung ihr einziges noch zuverlässiges innenpolitisches Machtinstrument schwächen wird und zudem eine große Armee die Voraussetzung für den nie aufgegebenen Führungsanspruch in der arabischen Staatenwelt darstellt, der zudem seinerseits auch mit ökonomischen Vorteilen und Zuwendungen verbunden ist.

Was bleibt ist somit die Erschließung der vor allem seit Sadat *großen Reserven auf der Einnahmeseite*, wo sich, wie so oft in Ägypten, das Problem der qualitativen Verbesserung personell ausreichend ausgestalteter Institutionen und Organisationen stellt. Hier, wo zur Zeit eine große Zahl inadäquat ausgebildeter und schlecht bezahlter Beamter den Versuchungen der Korruption erliegt und die bestehenden Steuergesetzte infolgedessen nur sehr unvollkommen auf den kleinen, aber sehr finanzstarken Personenkreis der einflußreichen Oberschicht anwendet, liegt eindeutig ein großes Potential.

Um dieses auszuschöpfen, sind die in der Arbeit angeführten *Mängel der Bereiche Bildung und Ausbildung*, die besonders bei der Umsetzung des theoretisch Erlernten in die Praxis bestehen, abzustellen, was auch für die Wiederaufnahme des zum Stillstand gekommenen *Industrialisierungsprozesses* wichtig wäre. Die Stärkung dieses Wirtschaftszweiges wird künftig eine der wichtigsten Aufgaben sein, da der ohnehin schon übersetzte öffentliche- und Dienstleistungsbereich den rasch wachsenden städtischen Massen keine Einkommensperspektive mehr bietet und eine allein auf der Landwirtschaft beruhende Entwicklung illusorisch ist. Empfehlungen zur exakten Ausgestaltung einer künftigen Industrialisierung sind hier zwar nicht möglich, wohl aber die Warnung, nicht frühere Fehler zu wiederholen und erneut den zweiten Schritt vor dem ersten zu machen. Wünschenswert wäre, wenn sich Ägypten in die Lage versetzen würde, die nicht allzu viel Knowhow erfordernden Bedürfnisse seiner Bevölkerung, Wirtschaft und vor allem Landwirtschaft weitgehend mit eigenen Fertigungsanlagen zu decken, wobei zumindest in der ersten Zeit eine 'infant industry policy' hilfreich und in Anbetracht protektionistischer Maßnahmen von wirtschaftlich weit höher entwickelten Staaten auch gerechtfertigt wäre.

Der Herausforderung, künftig für immer stärkere Jahrgänge Einkommensmöglichkeiten bereitstellen zu müssen, wird auch durch eine noch so erfolgreiche Schaffung von Arbeitsplätzen allein nicht zu begegnen sein. Eine zur Zeit allerdings nicht verfolgte Politik mit langfristigen Perspektiven muß daher auch bei der zweiten Komponente, dem *Bevölkerungswachstum*, ansetzen. Der Ernst dieses Kernproblems erfordert nicht nur Appelle und Werbemittel, deren Wirksamkeit die erstarkende islamische Geistlichkeit künftig eher noch einschränken wird. Nötig ist vielmehr, die neben den nichtökonomischen Bestimmungsfaktoren für das Bevölkerungswachstum entscheidenden *Abweichungen der privaten Kosten-Nutzen-Relation von der sozialen* zu verringern.

Kinder zu haben, ist in Ägypten auf Grund vielfältiger öffentlicher Leistungen verhältnismäßig billig, ihr Nutzen durch frühe Beiträge zum Familieneinkommen nicht zu unterschätzen. Eine zielgerichtete, langfristige Politik muß deshalb bestrebt sein, einerseits mehr Arbeitsmöglichkeiten zu schaffen und zugleich die für wirtschaftliche Anreize durchaus empfänglichen Bürger zusätzlich an den durch ihre Kinder entstehenden sozialen Kosten zu beteiligen, wobei die Umsetzung einer solchen Politik natürlich nur ganz allmählich und sehr feinfühlig zu erfolgen hat. Von anderen Maßnahmen, etwa durch schon in leichter steuerbaren Bereichen ineffiziente administrative Eingriffe, sind hingegen kaum nennenswerte Wirkungen auf das Bevölkerungswachstum zu erwarten, so daß die hier nicht detaillierter darstellbare ökonomische Komponente zumindest ohne Vorbehalte geprüft werden sollte.

Weit positiver als in allen bisherigen Bereichen stellt sich die Lage beim letzten Ansatzpunkt, der Ausnutzung des größten nationalen Guts dar, der ungemein wichtigen *strategischen Lage des Landes*. Durch schon zeitweise von Nasser vorexerziertes, geschicktes Taktieren kann Ägypten diese Lage gewinnbringend ausnutzen und im Ausland noch stärker als zur Zeit für die Entwicklung des Landes erforderliche Ressourcen mobilisieren, vor allem Kapital. Die Fortschritte der Reislamisierung werden ungewollt dazu beitragen, den 'Marktwert' eines prowestlichen Ägypten zu erhöhen, ein Effekt, den das Land durch die Wiedergewinnung anderer Optionen noch verstärken kann.

Abschließend bleibt kritisch anzumerken, daß bei einigen der skizzierten Maßnahmen der zu ihrer Durchsetzung erforderliche soziale Druck noch nicht stark genug ist; andere würden unverzügliche Gegenreaktionen auslösen. Dennoch bieten sich immerhin einige lohnende Ansätze, wenn diese auch mit all ihren Einschränkungen und Unabwägbarkeiten insgesamt zu einer eher *negativen Einschätzung* der überschaubaren Zukunft Ägyptens führen. Bei einer Arbeit, deren Aufgabe u.a. in der Entwicklung problemlösender Ansätze zu bestehen hat, ist dies ein zunächst sehr unbefriedigender Abschluß. Angesichts der Fülle der anstehenden Probleme und dem Maß, in dem gleichzeitig in Ägypten an diesen Problemen vorbeidiskutiert und -gehandelt wird, mag dieser stärker realitätsbezogene Pessimismus aber durchaus auch segensreich sein.

10. Zusammenfassung

Ziel der vorliegenden Arbeit ist es, zur Diskussion über den Entwicklungsprozeß und die Bedeutung, die der Landwirtschaft darin zukommt, konstruktiv beizutragen. Dies soll durch die Analyse der Entwicklung in Ägypten erfolgen, um durch diesen länderspezifischen Ansatz möglichst konkrete Aussagen erlangen zu können.

Um aber den Blick für die grundsätzliche Problemstellung nicht zu verlieren, werden als theoretische Basis zunächst die Grundmuster des gesellschaftlichen Entwicklungsprozesses aufgearbeitet und im Anschluß die historische und moderne wissenschaftliche Literatur im Hinblick auf die Rolle, die sie der Landwirtschaft in diesem Prozeß einräumt, ausgewertet. Bei den modernen Autoren wird eine 'agraroptimistische' und eine 'agrarpessimistische' Richtung unterschieden und dies durch zwei als Beispiele herausgegriffene Wissenschaftler verdeutlicht.

Die entwicklungstheoretischen Grundlagen geben noch keine genauen Hinweise auf die analytische Vorgehensweise der Arbeit, die vor allem durch die geplante Ausrichtung bestimmt wird. Letztere soll sich an den Herrschafts- und Regierungsabschnitten orientieren, die gerade in Ägypten markante Einschnitte darstellen. Dieser historische Ansatz legt den Gedanken an eine Untersuchung der ökonomischen, sozialen und agrarpolitischen Veränderungen nahe.

Zwecks Vergleichbarkeit sollen die einzelnen Regierungsabschnitte nach einem einheitlichen Muster dargestellt und jeweils nach einem ebenfalls einheitlichen Auswertungsmuster analysiert werden, welches zum Abschluß auch auf den Gesamtzeitraum angewendet werden soll. Während die Form des Darstellungsmusters sich nach den spezifisch ägyptischen Verhältnissen richtet, müssen die ökonomischen, soziologischen und agrarpolitischen Kriterien des Bewertungsmusters durch die Auswertung der entsprechenden Fachliteratur entwickelt werden.

Nach einer Betrachtung der natürlichen Rahmenbedingungen der äygptischen Landwirtschaft folgt der Einstieg in die Analyse, deren Ausgangspunkt die Zeit um 1800 ist, also die Endphase der Mamelukenherrschaft und der französische Ägyptenfeldzug. Das Land am Nil war um die vorletzte Jahrhundertwende ein innenpolitisch zerrütteter, nahezu vollständig agrarisch geprägter Staat, dessen wenig leistungsfähige Landwirtschaft durch eine kleine Gruppe von Steuerpächtern dominiert wurde.

War die französische Besatzungsmacht auf Grund ihrer kurzen Präsenz nur in der Lage, Pläne für Verbesserungen zu entwickeln, so sah sich der ab 1805 nahezu absolut regierende Pascha Mohammed Ali in der Lage, solche Vorstellungen auch in die Praxis umzusetzen. Während ein Teil seiner Initiativen nur recht kurzlebig war, wie die Monopolisierung aller Wirtschaftsbereiche und der erste Industrialisierungsversuch der ägyptischen Geschichte, so bedeutete die Einführung der Dauerbewässerung und die Ausrichtung auf marktfähige Produkte, vor allem auf langfaserige Baumwolle, eine fundamentale Weichenstellung.

Seine Nachfolger hielten diese wegen der Ausnutzung komparativer Vorteile günstige Richtung bei, verfolgten aber wirtschafts- und agrarpolitisch einen völlig anderen, vom klassischen Liberalismus geprägten Weg. Dies bedeutete zwar, daß die einzelnen Wirtschaftssubjekte weitgehend ungehindert am ökonomischen Leben teilnehmen und davon profitieren konnten, hatte aber eine immense Verschuldung des in Ägypten zwangsläufig zu hohen Ausgaben gezwungenen Staates zur Folge, der nicht willens oder in der Lage war, entsprechende Einnahmen zu mobilisieren.

Dies gelang den durch die Schuldenkrise und vor allem durch die strategische Lage zur faktischen Übernahme der Macht veranlaßten Briten, die eine ebenfalls auf dem Hauptprodukt Baumwolle beruhende, langfristige Konsolidierungspolitik verfolgten. Als schweres Versäumis bleibt jedoch festzuhalten, daß es in dieser Zeit nicht gelang, die besonders hohe Dynamik der Agrarwirtschaft auf außerlandwirtschaftliche Bereiche zu übertragen. Britische Eigeninteressen und die immer ungleicher werdende Agrarstruktur sorgten dafür, daß zur Beschäftigung der ständig wachsenden Bevölkerung dringend im nichtlandwirtschaftlichen Bereich benötigte Investitionen weiterhin in den Agrarsektor flossen.

Die danach mit dem starken Anstieg der Bevölkerung konfrontierte konstitutionelle Monarchie wäre noch in der Lage gewesen, einigermaßen rechtzeitig außerlandwirtschaftliche Beschäftigungsmöglichkeiten aufzubauen, beispielsweise in den der Landwirtschaft vor- oder nachgelagerten Bereichen. Eine ausgeprägte Interessenpolitik zugunsten der kleinen Oberschicht verhinderte jedoch diesen notwendigen Kurswechsel und resultierte in einer im negativen Sinne 'konservativen' Politik.

Die nachfolgende Herrschaftsperiode, in der sich das Land noch heute befindet, wurde zunächst von einer deutlichen Schwächung der alten Oberschicht und dem Aufstieg neuer Eliten, anfangs von Militärs und später von Technokraten, bestimmt. Einer sozialistischen Phase, in der es neben moderaten Agrarreformen zur Durchsetzung der staatlichen Kontrolle in allen Wirtschaftsbereichen sowie zum Aufbau einer allerdings oft unzweckmäßigen und ungleichgewichtigen Industrie kam, folgte auf Grund der finanziellen Schwierigkeiten eine weitere, in der wieder stärker marktwirtschaftliche Akzente gesetzt wurden. Relativ unverändert blieb jedoch die Rolle der Landwirtschaft, die weiterhin durch Transfer von Ressourcen zum Aufbau anderer Wirtschaftszweige und zur Versorgung und somit Befriedung der wachsenden städtischen Bevölkerungsmassen beizutragen hatte, obwohl sie wegen der unausgewogenen Agrarpolitik nicht mehr über die Dynamik früherer Jahrzehnte verfügte.

In der disziplinär untergliederten Bewertung des Gesamtzeitraums wird bei der ökonomischen Interpretation deutlich, daß der langen Konstanz des Baumwollanbaus als Hauptproduktionsrichtung eine in vieler Hinsicht unrationelle Faktorverwendung gegenüberstand. Durch die vielfältigen Manipulationen und die Ungleichgewichte nahm Ägyptens Landwirtschaft einen Verlauf, der in vieler Hinsicht nicht dem nach der Faktorverfügbarkeit zu erwartenden entsprach.

In der soziologischen Interpretation zeigten sich die starken Beharrungskräfte in den gesellschaftlichen Grundmustern während des gesamten Zeitraums. Trotz anhaltender Differenzierung und Individualisierung blieben wesentliche Komponenten bestehen oder erlebten eine Renaissance. Bezeichnend für die Stellung der Landwirtschaft ist das Maß an urbaner Fremdbestimmung, die zudem oft noch ausländischer Herkunft war.

In der agrarpolitischen Gesamtwertung ist hervorzuheben, daß bei der Heterogenität der agrarpolitischen Träger und der völlig unterschiedlichen Ausgestaltung ihrer Politik eine erstaunliche Konstanz der Ziele und der Bereiche festzustellen ist. Das Hauptziel, die Landwirtschaft als wichtigste Ressourcenquelle des Landes zu nutzen, verfolgten alle Träger der Agrarpolitik, nur die Mittel waren wegen der unterschiedlichen wirtschaftspolitischen Einstellungen sehr verschieden.

In der dann folgenden integrierten Abschlußbewertung wird zunächst die grundsätzliche Ausrichtung auf das Hauptprodukt Baumwolle unter den ägyptischen Rahmenbedingungen als richtig eingeschätzt. Dieser wichtigen Weichenstellung folgten jedoch eine Reihe von Fehlentwicklungen. Der dringend nötige Aufbau einer Industrie wurde versäumt, eine ungleiche Agrarstruktur ließ die Erträge in die Hände nur Weniger fließen, eine breit angelegte Humankapitalbildung unterblieb.

Die im Anschluß aufgeworfene Frage, ob bei den eingangs angeführten Autoren eher den 'Agraroptimisten' oder den 'Agrarpessimisten' zuzustimmen ist, läßt sich nicht endgültig beantworten; sicher ist nur, daß die in Ägypten offenbar gewordene Dynamik der Landwirtschaft eine allzu negative Einschätzung dieses Wirtschaftsbereiches verbietet.

Die künftigen Perspektiven Ägyptens stimmen eher pessimistisch, da unter den aktuellen Rahmenbedingungen nur ein wenig befriedigendes Bündel von für sich allein genommen recht begrenzten Initiativen empfohlen werden kann. Doch je eher der Ernst der momentanen Lage deutlich wird, desto früher könnte ein Einsatz dieses Maßnahmenbündels wenigstens für eine gewisse Trendwende sorgen.

Literaturverzeichnis

(1) ABDEL-KHALEK, G., The Open Door Economic Policy im Egypt: It's Contribution to Investment and its Equity Implications. in: Kerr, M.H.; Yassin, El S. (Ed.), Rich and Poor States in the Middle East. Boulder und Kairo 1982

(2) ABDEL-FADIL, M., Development, Income Distribution and Social Change in Rural Egypt. Cambridge 1975

(3) AEREBOE, F., Agrarpolitik, Ein Lehrbuch. Berlin 1928

(4) ALDERMAN, H., u.a., Egypt's Food Subsidy and Rationing System: A Description. Washington 1982

(5) AL-GRITLY, A.A.J., The Structure of Modern Industry in Egypt. 'L'Egypte Contemporaire', 1947

(6) AL-HITTA, A.A., Tarikh Misr al iqtisadi (The Economic History of Egypt). in: Issawi, C., The Economic History of the Middle East. Chicago 1966

(7) ALIBONI, R.; u.a. (Hrsg.), Egypt's Economic Potential. Beckenham 1984

(8) AMIN, G., Urbanisation and Economic Development in the Arab World. Beirut 1972

(9) ANHOURY, J., L'Economie Agricole de l'Egypte. 'Egypte Contemporaire', 32, 1941

(10) ANHOURY, J., 'L'Egypte Contemporaire', 1947, zit.n. Issawi, C., Egypt at Mid-Century. London 1954, S.108

(11) ARMINJOU, P., Situation économique et financière de l'Egypte. Paris 1912

(12) ARTIN, J., La Propriété foncière en Egypte. Kairo 1883

(13) ARTIN, J., The Right of Landed Property in Egypt. London 1885

(14) ARTIN, J., Essai sur les causes du renchérissement de la vie materielle au Caire dans la courant du 19me siècle (1800 à 1907), in: Mémoires de l'Institut Egyptien, V, Kairo 1908

(15) AUDEBEAU BEY, M.C., L'Agriculture Egyptienne à la fin du XVIII. siècle, 'Egypte Contemporaire', 10, 1919

(16) AYROUT, H.H., The Egyptian Peasant. Boston 1963

(17) BAER, G., A History of Landownership in Modern Egypt 1800-1950. London 1962

(18) BAER, G., The Village Shaykh in Modern Egypt, 'Studies in Islamic History and Civilisation', vol. IX., Jerusalem 1961

(19) BAER, G., Studies In The Social History Of Modern Egypt. Chicago 1969

(20) BARNETT, C.J., Foreign Office Serie 78/623. London 1845, zit. n. Rivilin, H.A.B., The Agricultural Policy of Muhammed Ali In Egypt. Cambridge (Mass.) 1961, S.72

(21) BAXA, J., Die Wirtschaftslehre Adam Müllers, 'Nationalwirtschaft', Jg.2, H.2 (1929)

(22) BERGER, M., Bureaucracy and Society in Modern Egypt. Princeton 1957

(23) BONNÉ, A., The Economic Development of the Middle East. London o.J.

(24) BOWRING, J., Report on Egypt and Candia. London 1840

(25) BROWN, C.H., Egyptian Cotton. London 1953

(26) BURK, E.M., Das Engelsche Gesetz: Hundert Jahre später, 'Agrarwirtschaft', Jg.11, Hannover 1962

(27) BÜTTNER, F.; BÜTTNER, V., Ägypten. in: Nohlen, D.; Nuscheler, F. (Hrsg.), Handbuch der Dritten Welt, Bd.2,1. Hb. Hamburg 1976

(28) CENTRAL AGENCY FOR PUBLIC MOBILISATION AND STATISTICS (CAPMAS), Annual Bulletin of Co-operative Activities in the Agricultural Sector 1969. Kairo 1971

(29) CAPMAS, Statistical Yearbook. Kairo versch. Jg.

(30) CAPMAS, Statistical Handbook of ARE (1952-1970). Kairo 1971

(31) CAPMAS, Population and Development Kairo 1973

(32) CLARK, C., The Conditions Of Economic Progress. London 1960

(33) CLOT, A.B., Apercu général sur l'Egypte, II. Paris 1840

(34) COMMISSION DU COMMERCE ET DE L'INDUSTRIE, Present Condition of Industry in Egypt. in: Issawi, C., The Economic History of the Middle East 1800-1914. Chicago 1966, S.452ff.

(35) CRAIG, J.J.; ABDEL KARIM, M., Cereal Consumption in Egypt. Kairo 1947

(36) CROUCHLEY, A.E., The Investment of Foreign Capital in Egyptian Companies and public Debt. Kairo 1936

(37) CROUCHLEY, A.E., The Economic Development of Modern Egypt. London, New York, Toronto 1938

(38) DARRÉ, R.W., Das Bauerntum als Lebensquell der Nordischen Rasse. München 1929

(39) DAVID, E., Sozialismus und Landwirtschaft. Leipzig 1922

(40) DOUIN, G., Histoire du règne du Khedive Ismail I.. Rom 1933

(41) DUDGEON, G.C., Egyptian Agricultural Products - Cotton - History, Development and Botanical Relationship of Egpytian Cotton. Kairo 1917

(42) EGYPTIAN DEPARTMENT OF INFORMATION, Revolution After Five Years. Kairo 1957

(43) EL-BABLAOUI, H., L'Interdépendance Agriculture - Industrie et le Dévelopment Economique (l'exemple de la R.A.U.). Paris 1967

(44) EL DIN HAMMAN, E., The Real Impact of the Agrarian Reform on the Distribution of Income between Landowners and Tenants in U.A.R., Kairo 1964

(45) EL-GHONEMY, M.R., The Investment Effects of the Land Reform in Egypt. 'L'Egypte Contemporaire', 1954

(46) EL-IMAM, M.M., A Produktion Function for Egyptian Agriculture. Kairo 1962

(47) EL-MENSHAWI, M., Die ägyptische Wirtschaft zwischen 1952 und 75. Hintergründe und Bilanz der Liberalisierungspolitik. 'Orient', 1977

(48) EL-MOUELHY, J., L'Enregistrement de la propriété en Egypte 1798-1801. 'Bulletin de l'Institut d'Egypte', XXX, Kairo 1949

(49) ENGEL, E., Die Productions- und Consumptionsverhältnisse des Königreichs Sachsen. 'Zeitschrift des Statistischen Bureaus des Königl. Sächs. Ministeriums des Innern', Nr.8 und 9, Nov. 1857

(50) ESHAG, E.; KAMAL, M.A., Agrarian Reform in the 'AR'. 'Bulletin of the Oxford University Institut of Economics and Statistics', Nr.2, 1968

(51) FAHMY, M., La Révolution de l'Industrie en Egypte et ses Conséquences Sociales au 19e Siècle 1800-1850. Leiden 1954

(52) FOURESTIÉ, J., Die Grosse Hoffnung Des Zwanzigsten Jahrhunderts. Köln 1954

(53) FRANZ, G., Quellen Zur Geschichte Des Deutschen Bauernstandes In Der Neuzeit. Darmstadt 1963

(54) FRAUENDORFER, S.v., Ideengeschichte der Agrarwirtschaft und Agrarpolitik, Bd.1. München 1957

(55) GADALLA, S.M., Land Reform in Relation to Social Development. Egypt. Columbia 1962

(56) GIBB, H.A.R.; BOWEN, H., Islamic Society and the West, Vol. 1. London 1950

(57) GIRARD, P.S., Mémoire sur l'agriculture, l'industrie et le commerce de l'Egypte. in: Description de l'Egypte, etat moderne, I, Teil 1. Paris 1812

(58) GUÉMARD, G., Les Réformes en Egypte. Kairo 1936

(59) HAGEN, E.E., On the Theory of Social Change. Homewood 1962

(60) HAMDAN, G., Studies in Egyptian Urbanism. Kairo 1959

(61) HANSEN, B.; MARZOUK, G.A., Development and Economic Policy in the U.A.R. Amsterdam 1965

(62) HANSEN, B.; RADWAN, S., Employment Opportunities and Equity in Egypt. Genf 1982

(63) HARRIS, G.L., Egypt. New Haven 1957

(64) HASSAN, A., A Field Study on Crop Rotation in Ten Villages. Kairo 1974

(65) HAYAMI, Y.; RUTTAN, V.W., Agricultural Development: An International Perspective. Baltimore 1971

(66) HAYAMI, Y.; RUTTAN, V.W., Agricultural Development. An International Perspective. Revised and expanded edition. Baltimore and London 1985

(67) HEMMER, H.R., Wirtschaftsprobleme der Entwicklungsländer. München 1978

(68) HENRICHSMEYER, W.; GANS, O.; EVERS, J., Einführung in die Volkswirtschaftslehre. Stuttgart 1978, 1985

(69) HERLEMANN, H.H.; STAMER, H., Produktionsgestaltung und Betriebsgröße in der Landwirtschaft unter dem Einfluß der wirtschaftlich-technischen Entwicklung. Kiel 1958

(70) HERLEMANN, H.H., Grundlagen der Agrarpolitik. Die Landwirtschaft im Wirtschaftswachstum. Berlin und Frankfurt 1961

(71) HERLEMANN, H.H., Über die Relativität agrarpolitischer Ziele, in: Ohm, H., Methoden und Probleme der Wirtschaftspolitik. Berlin 1964

(72) HEYWORTH-DUNNE, J., An Introduction to the History of Education in Modern Egypt. London o.J.

(73) HIGGINS, B., Economic Development. New York 1959

(74) HOSELITZ, B.F., Sozialer Wandel in unterentwickelten Ländern. in: König, R., Handbuch der empirischen Sozialforschung, Bd.8. Stuttgart 1977

(75) HUSSEIN, M., Class Conflict in Egypt: 1945-1970. New York 1973

(76) INKELES, A., What is Sociology. New Jersey 1963

(77) ISHIKAWA, S., Economic Development in Asian Perspective. Tokio 1967

(78) ISSAWI, C., Egypt: An Economic and Social Analysis. London 1947

(79) ISSAWI, C., Egypt at Mid-Century. London 1954

(80) ISSAWI, C., Egypt in Revolution. London 1963

(81) ISSAWI, C., Egypt since 1800: A Study in Lopsided Development. in: Issawi, C., The Economic History of the Middle East 1800-1914. Chicago 1966

(82) JENTZSCH, E.G., Ernährungssicherung durch Selbstversorgung im Rahmen wirtschaftlicher Entwicklung. in: Groeneveld, S.; Melinczek, H., Rurale Entwicklung zur Überwindung von Massenarmut. Saarbrücken 1978

(83) JOHNE, G., Die Industrialisierungspolitik des neuen Ägypten unter besonderer Berücksichtigung der Weltwirtschaftsordnung. Berlin 1962

(84) JOHNSTON, B.; MELLOR, J.W., The Role of Agriculture in Economic Development. 'American Economic Review', 51, 1961

(85) JORGENSEN, D.W., The Development of a Dual Economy. 'Economic Journal' 71, 1961

(86) KAUTSKY, K., Die Agrarfrage. Stuttgart 1902

(87) KHALIL, E.S., Die Agrarpolitik Ägyptens seit der Revolution 1952 unter besonderer Berücksichtigung der Auswirkungen des Arabischen Sozialismus. Heidelberg 1973

(88) KÖTTER, H., Landbevölkerung im sozialen Wandel. Düsseldorf und Köln 1958

(89) KÖTTER, H., Landwirtschaft und Standort. Soziologische Aspekte, in: Schriften zur Gesellschaft für Wirtschafts- und Sozialwissenschaften des Landbaus e.V., Bd.3, Landentwicklung, soziologische und ökonomische Aspekte. München, Basel, Wien 1966

(90) KÖTTER, H., Zur Soziologie der Stadt-Land-Beziehungen. in: König, R., Handbuch der empirischen Sozialforschung. Stuttgart 1977

(90a) KRAMER, T.W., Neuere Geschichte Ägyptens. in: Schamp, H. (Hrsg.), Ägypten: das alte Kulturland am Nil auf dem Weg in die Zukunft. Tübingen und Basel 1977

(91) KUHNEN, F., Agrarreform, ein Weltproblem. Bonn 1980

(92) KUHNEN, F., Concepts for the Development of the Third World. A Review of the Changing Thoughts between 1945 and 1985. 'Quarterly Journal of International Agriculture', Vol.26, No.4

(93) KUZNETS, S., Economic Growth and the Contribution of Agriculture. 'The Role of Agriculture in Economic Development', 'Intern. Journal of Agrarian Affairs, 3, 1961'

(94) LAMBERT, M.A., Divers modes de faire valoir les terres en Egypte. 'Egypte Contemporaire', 1938

(95) LAMBERT, M.A., L'Egypte Contemporaire. 1943, zit. n. Issawi, C., Egypt: An Economic and Social Analysis. London 1947, S.80

(96) LERNER, D., Die Modernisierung des Lebensstils. in: Zapf, W. (Hrsg.), Theorien des sozialen Wandels. Köln 1969

(97) LEWIS, W.A., Economic Development with Unlimited Supplies of Labour . in: Manchester School of Economic and Social Studies 22, 1954

(98) LORD CROMER, E. BARING, Modern Egypt. London 1908

(99) MABRO, R., The Egyptian Economy. Oxford 1974

(100) MALTHUS, T.R., An Essay on the Principle of Population as it affects the Future Improvement of Society. London 1798

(101) MAREI, S., Agrarian Reform in Egypt. Kairo 1957

(102) MAREI, S., Die ägyptische Landwirtschaft. Kairo 1970

(103) MARX, K., Das Kapital, Bd.1, Vorwort zur ersten Auflage (1867). Berlin 1972

(104) MATZKE, O.; PRIEBE, H., Entwicklungspolitik ohne Illusionen. Stuttgart 1973

(105) MAYFIELD, J.B., Rural Politics in Nassers Egypt. Austin und London 1971

(106) MAZUEL, J., Le Sucre en Égypt. Kairo 1937

(107) MEAD, D.C., Growth and Structural Change in the Egyptian Economy. Homewood 1967

(108) MELLOR, J.W., The New Economics of Growth. Ithaca 1976

(109) MENGIN, F., Histoire de l'Egypte sous le gouvernement de Mohammed Ali. Paris 1824

(110) MICHLER, G.; PAESLER, R., Der Fischer Weltalmanach. Frankfurt/M. 1982

(111) MILL, J.ST., Principles of Political Economy. London 1909

(112) MINISTERE DE L'INTERIEUR, Essai de statistique générale de l'Egypte. Kairo 1878/79

(113) MINISTERE DES FINANCES, DIRECTION DE LA STATISTIQUE DE L'EGYPTE, Annuaire Statistique, Kairo, versch. Jg.

(114) MINISTRY OF AGRICULTURE, Agricultural Census. Kairo, versch. Jg.

(115) MOSTAFA, N.H., A Study of Accumulated Debts to the Organisation of Agricultural and Co-operative Credit. Kairo 1974

(116) MYRDAL, G., Economic Theory and Underdeveloped Regions. London 1957

(117) NAGY, E., Die Landwirtschaft im heutigen Ägypten und ihre Entwicklungsmöglichkeiten. Wien 1936

(118) NICHOLAS, R.W., Factions. A Comparative Analysis, in: Association of Social Anthropologists, Monograph 2, Political Systems and the Distribution of Power. New York 1965

(119) NICHOLLS, W.H., The Place of Agriculture in Economic Development, in Eicher, C.; Witt, L. (Hrsg.), Agriculture in Economic Development. New York 1964

(120) O'BRIEN, P., The long term growth of agricultural production in Egypt, in Holt, P.M., Political And Social Change In Modern Egypt. London 1968

(121) OECD, Agriculture and Economic Growth. Paris 1965

(122) OJALA, E.M., Agriculture and Economic Progress. Oxford 1952

(123) OWEN, E.R.J., Cotton Production and the Development of the Cotton Economy in the 19th Century Egypt, in: Issawi, C., The Economic History of the Middle East 1800-1914. Chicago 1966, S.417ff

(124) OWEN, E.R.J., Cotton and the Egyptian Economy. Oxford 1969

(125) PAPASIAN, E., L'Égypte économique et financière. Kairo 1926

(126) PAWELKA, P., Herrschaft und Entwicklung im Nahen Osten: Ägypten. Heidelberg 1985

(127) PREBISCH, R., Commercial Policy in the Underdeveloped Countries, 'American Economic Review' 49, 1959

(128) PRIEBE, H., Die Agrarprobleme der Entwicklungsländer im Spiegel der europäischen Entwicklung. 'Offene Welt', Zeitschrift für Wirtschaft, Politik und Gesellschaft, Nr.60, 1959

(129) PRIEBE, H., Landwirtschaft in der Welt von morgen. Düsseldorf und Wien 1970

(130) PRIEBE, H.; HANKEL, W., Der Agrarsektor im Entwicklungsprozeß. Frankfurt/M. 1980

(131) RADWAN, A., Old and New Forces in Egyptian Education. New York 1951

(132) RADWAN, A., Bedingungen, Funktionen Und Entwicklungsmöglichkeiten Der Tierischen Produktion in Ägypten. Göttingen 1987

(133) RADWAN, S., Agrarian Reform and Rural Poverty. Egypt 1952-75, Genf 1977

(134) RADWAN, S.; LEE, E., The State and Agrarian Change: A Case Study of Egypt 1952-77. in: Ghai, D., u.a., Agrarian Systems and Rural Development, Genf 1978

(135) RADWAN, S.; LEE, E., Agrarian Change in Egypt. Genf 1986

(136) RANIS, G; FEI, J.C.H., A Theory of Economic Development. in: American Economic Review 51,4, 1961

(137) RANIS, G; FEI, J.C.H., Innovation, Capital Accumulation, and Economic Development. 'American Economic Review', 53,3, 1963

(138) RANIS, G.; FEI, J.C.H., Development of the Labour Surplus Economy Theory and Policy. Homewood 1964

(139) RÉGNY, E. DE, Statistique de l'Egypte. Alexandria 1870

(140) RICARDO, D., On the Principles of Political Economy and Taxation, Vol.1. Cambridge 1951

(141) RICHARDS, A., Egypt's Agricultural Development 1800-1980. Boulder 1982

(142) RIEHL, W.H., Naturgeschichte des deutschen Volkes als Grundlage einer deutschen Sozialpolitik. Stuttgart 1869

(143) RIVLIN, H.A.B., The Agricultural Policy of Muhammed Ali In Egypt. Cambridge (Mass.) 1961

(144) ROSTOW, W.W., Stadien wirtschaftlichen Wachstums. Cambridge 1960

(145) ROSTOW, W.W., The Take-Off into Self-Sustained Growth. Oxford 1960

(146) ROSTOW, W.W., Leading Sectors and the Take Off. in: The Economics of the Take Off into the Sustained Growth, London 1963

(147) SAAB, G.S., The Egyptian Agrarian Reform 1952-1962. London 1967

(148) SAAB, G.S., Motorisation De l'Agriculture Et Dévelopment Agricole Au Proche-Orient. Paris o.J.

(149) SADD EL-AALI DEPARTMENT, Report on Sadd el-Aali Project. Kairo 1955

(150) SAFFA, S., L'Exploitation économique et agricole d'un domaine rural egyptien. 'L'Egypte Contemporaire', 1949

(151) SCHÄFER, H.B., Landwirtschaftliche Akkumulationslasten und industrielle Entwicklung. Berlin und Heidelberg 1983

(152) SCHANZ, M., Die Baumwolle in Ägypten und im englisch-ägyptischen Sudan. 'Beihefte zum Tropenpflanzer', Jg. 1913, Nr.1/2

(153) SCHMIDT, B.C., Diversifizierung der Produktionsstruktur von Entwicklungsländern. Das Beispiel Ägypten und Iran. München 1980

(154) SCHULTZ, T., Transforming Traditional Agriculture. New Haven 1964

(155) SÉKALY, A., Le Problème des wakfs en Égypte. Paris 1929

(156) SELIM, H.K., Twenty Years of Agricultural Development in Egypt (1919-39). Kairo 1940

(157) SHERIF, M.M.; EL-KHOLY, O.A., Die ägypto-arabische Landwirtschaft. Alexandria 1968

(158) SIMON, P., Die Entwicklung des Anbaus sowie die Verbreitung und Bedeutung der Nutzpflanzen in der Kulturlandschaft der Ägyptischen Nilstromoase von 1800 bis zur Gegenwart. Köln 1968

(159) SMITH, A., Der Wohlstand der Nationen; eine Untersuchung seiner Natur und Ursachen, dtsch. Übersetzung. München 1974

(160) STATISTISCHES BUNDESAMT, Länderbericht Ägypten 1977, Wiesbaden 1977

(161) STATISTISCHES BUNDESAMT, Länderbericht Ägypten 1984, Wiesbaden 1984

(162) STATISTISCHES BUNDESAMT, Länderbericht Ägypten 1986, Wiesbaden 1986

(163) TANGERMANN, S., Landwirtschaft im Wirtschaftswachstum. Hannover 1975

(164) TEICHMANN, V., Wirtschaftspolitik. München 1983

(165) THAER, A.D., Leitfaden zur allgemeinen landwirtschaftlichen Gewerbs-Lehre. Berlin 1815

(166) THIMM, H.U.; URFF, W.v., Strategien ländlicher Entwicklung. in: Blanckenburg, P.v.; Cremer, H.-D., Handbuch der Landwirtschaft und Ernährung in den Entwicklungsländern, Stuttgart 1982

(167) TOYNBEE, A.J., The World and the West. London 1953

(168) TROTHA, W.v.; SCHUH, A., Agrarpolitik. in: Kückelhaus, R.; Dörfler, J., Agrarwirtschaft, Teil A, München 1975

(169) TSCHAJANOW, A, Die Lehre von der bäuerlichen Wirtschaft. Versuch einer Theorie der Familienwirtschaft im Landbau. Berlin 1923

(170) TÜTTENBERG, E., Der Beitrag der Staaten des Ostblocks zur Wirtschaft der Entwicklungsländer Afrikas. St. Augustin 1977

(171) UNITED NATIONS, Review of Economic Conditions in the Middle East. New York 1951/52

(172) VERMEULEN, B., Labour Markets and Industry in Egypt. Kairo 1982

(173) WALLACE, D.M., Egypt and the Egyptian Question. London 1883

(174) WARREN, C.J., The Agricultural Economy of the United Arab Republik. Washington 1964

(175) WEBSTER, SIR C., The Foreign Policy of Palmerston 1830-1841. Britain, the liberal Movement and the Eastern Question, II. London 1951

(176) WEISS, D., Wirtschaftliche Entwicklungsplanung in der Vereinigten Arabischen Republik. Analyse und Kritik der ägyptischen Wachstumspolitik. Köln und Opladen 1964

(177) WHEELOCK, K., Nasser's New Egypt. New York 1960

(178) WÖRZ, J.G.F., Die genossenschaftliche Produktionsförderung in Ägypten als Folgeerscheinung der Agrarreform und als neues Element der genossenschaftlichen Entwicklung. Stuttgart 1967

9783924007485.4